JENS RABE

Optionsgewinne mit System

Wie jeder an der Börse
mit Optionen Geld verdient

Börsenbuchverlag

3. Auflage 2022

Gestaltung Cover: Daniela Freitag
Gestaltung und Satz: Sabrina Slopek
Bildquelle: Shutterstock
Herstellung: Daniela Freitag
Vorlektorat: Egbert Neumüller
Korrektorat: Claus Rosenkranz
Druck: GGP Media GmbH, Pößneck

ISBN 978-3-86470-622-6

Bibliografische Information der Deutschen Nationalbibliothek:
Die Deutsche Nationalbibliothek verzeichnet diese Publikation in der Deutschen Nationalbibliografie; detaillierte bibliografische Daten sind im Internet über <http://dnb.d-nb.de> abrufbar.

BÖRSEN MEDIEN
AKTIENGESELLSCHAFT

Postfach 1449 • 95305 Kulmbach
Tel: +49 9221 9051-0 • Fax: +49 9221 9051-4444
E-Mail: buecher@boersenmedien.de
www.boersenbuchverlag.de
www.facebook.com/boersenbuchverlag

Für Nicole, Kim, Leonie und Fritz. Keine Aktie, keine Option, kein Investment und kein Geschäft können auch nur annähernd so wichtig sein, wie Ihr es für mich seid.

Inhalt

Vorwort: Braucht es noch ein Börsenbuch?

Als ich 2010 am Manuskript meines ersten Buches saß und gefragt wurde, warum ich dieses Buch schreibe, war die Antwort ziemlich simpel: Ich wollte an meinem 40. Geburtstag ein Buch mit meinem Namen auf dem Cover in den Buchläden stehen haben. Und da ich bis dato kein so spektakuläres Leben geführt hatte – und somit eine Biografie ausschied –, lief es eben auf ein Sachbuch hinaus. Ich weiß, ein ziemlich banaler Grund, aber nichts als die blanke Wahrheit. Hätte ich geahnt, welche Folgen das Buch für mich und Tausende Leser haben würde, dann hätte ich es vielleicht ganz anders geschrieben. So war es jedoch einfach eine Darstellung meiner damaligen Art des Handelns – und daran hat sich bis heute auch nichts geändert.

Nach der Veröffentlichung des Buches im Jahr 2011 begannen sich in Deutschland, Österreich und der Schweiz immer mehr Menschen für den Optionshandel zu begeistern und ich bin stolz, dass ich mit meinem Buch dazu beigetragen habe. Gab es 2011 so gut wie kein einziges deutschsprachiges Video zum Thema Optionen auf Youtube, findet man mittlerweile Tausende davon. Unzählige Blogs und Websites beschreiben die Strategien, die für Privatanleger in der Praxis umsetzbar sind, und ein guter Teil davon stammt aus dem Buch von 2011. Allerdings gibt es einen Punkt, der mich, wenn ich heute in das Buch schaue, etwas stört. Und das ist der Fokus auf den Handel mit Rohstoff- und Futures-Optionen. Der Grund, warum ich hauptsächlich über den Handel mit Futures-Optionen geschrieben habe, liegt in meiner eigenen Historie begründet. Nachdem ich meine ersten Börsenerfahrungen in den 1990er-Jahren gesammelt und mir das Platzen der Dotcom-Blase in den Jahren 2001-2003 einige Blessuren zugefügt hatte, war ich im Laufe der Jahre neben den Aktienmärkten auch zu den Rohstoffmärkten gekommen. Mein damaliger Mentor war nicht nur ein ausgesprochener Kenner der Rohstoffmärkte, sondern auch ehemaliger Market Maker an der EUREX. Damit war es für ihn und in der Folge auch für mich vollkommen klar, dass ich neben dem klassischen Handel von Futures natürlich auch Optionen in meinen Handelsalltag einbauen musste. Für mich war dies ein ganz logischer Schritt und ich hatte ihn nie infrage gestellt. Nach Veröffentlichung des Buches stellte ich dann fest, dass Leser, die zum allerersten Mal mit dem Thema Optionen und Futures in Berührung kamen, grundsätzlich drei Probleme hatten.

Zum einen war es das Thema Optionen allgemein. Während in den USA Optionen für jeden, der an der Börse tätig ist, ein „natürliches" Werkzeug darstellen, ist die Situation in Deutschland eine ganz andere. Hierzulande findet der Anleger eine riesige Auswahl an Finanzinstrumenten vor: CFDs, Zertifikate, Optionsscheine, Turbos und so weiter. Eine schier unüberschaubare Anzahl an Instrumenten wird dem Privatanleger von der Finanzindustrie zur Verfügung gestellt. Ja, dem Privatanleger, denn er ist der Adressat all dieser Produkte, die ihm von den Banken und Institutionen angeboten werden. Nicht ein einziger Profi käme auf die Idee, sich solcher Produkte zu bedienen. Und der Grund dafür ist die Tatsache, dass ein Großteil dieser Produkte mithilfe von Optionen erstellt und dann mit einem ordentlichen Aufgeld an die privaten Endkunden weitergereicht wird. Das Aufgeld ist der risikolose Gewinn der Banken und der Endkunde muss diese Gebühren erst einmal herausverdienen. Ist es da nicht logisch, dass die Banken und die Finanzindustrie hierzulande keinerlei Interesse daran haben, die Kunden umfangreich über die Funktionsweise und die Möglichkeiten von Optionen aufzuklären? Daher ist das fehlende Verständnis für Optionen bei einem Großteil der Menschen absolut nachvollziehbar.

Das zweite Problem für die Leser meines ersten Buches war ihr fehlender Bezug zum Thema Rohstoffe. Wir Deutschen sind kein Land der Aktionäre und schon gar kein Land der Rohstoffhändler. Unser Land ist arm an Rohstoffen, außer Kohle gibt es nicht viel, was unserem Land an Rohstoffen zur Verfügung steht. Gold, Öl, Kupfer, Zucker, Kaffee – nichts von alledem verbinden wir mit Deutschland. Ja, wir haben Bauern, die Getreide anbauen, aber als eine Nation, bei der gerade bei Lebensmitteln das Motto „Geiz ist geil“ nach wie vor angesagt ist, ist ein tiefes Verständnis für Rohstoffe nicht gegeben. Der Spekulant gilt bei uns ohnehin als eher fragwürdige Person, der Rohstoffspekulant genießt den Ruf des Teufels in Person. Das Wissen um wirtschaftliche Zusammenhänge über Angebot und Nachfrage und deren Auswirkungen auf die Preisentwicklung ist nahezu nicht vorhanden. Daher fällt es vielen Optionseinsteigern auch schwer, ihr bereits vorhandenes Wissen auf die Rohstoffmärkte anzuwenden. Ein Rohstoff wie etwa Kaffee folgt eben ganz anderen Gesetzmäßigkeiten als beispielsweise eine Aktie eines Unternehmens wie McDonald’s, die regelmäßig Dividenden abwirft und dessen Geschäftsmodell wir verstehen und nachvollziehen können. Optionseinsteiger müssen also nicht nur die Funktionsweise von Optionen an sich erlernen, sondern auch noch die Besonderheiten des Rohstoffmarktes.

Und dann wäre da noch Problem Nummer 3: die Anwendung der Technik zur Umsetzung des Optionshandels. Während ein Einsteiger in den Aktienhandel mit ein paar Klicks ein Konto bei einem Broker eröffnet und zum Kauf seiner ersten Aktie nicht viel mehr als eine Idee und die dazugehörige Wertpapierkennnummer benötigt, stellt sich dies beim Optionshandel etwas anders da. Die Masse der in Deutschland ansässigen Broker bietet keinen Optionshandel an und die wenigen deutschen Broker, die dies tun, sind eigentlich nur „Zuarbeiter" für große Broker aus den USA. Und daher muss ein deutscher Kunde eben ein Konto in den USA mit allen dafür notwendigen Unterlagen eröffnen. Mit ein paar Klicks ist es nicht getan. Und auch die Bedienung der Handelsplattform verlangt ein wenig Übung.

Was also tun? Im vorliegenden neuen Buch habe ich versucht, das ganze Thema so darzustellen, dass noch mehr Menschen die Möglichkeiten der Optionen nutzen können. Viele Fachbegriffe aus dem Englischen habe ich durch deutsche Wörter ersetzt. Auf spezielle, tief greifende Erklärungen der Optionsmaterie habe ich bewusst verzichtet, da sie für Einsteiger weder verständlich noch notwendig sind. Niemand benötigt ausführliche Erläuterungen der Black-Scholes-Formel, um erfolgreich Optionen handeln zu können. Niemand muss in der Lage sein, die dritte Ableitung der Volatilität zu berechnen, um Optionen zum vergünstigten Kauf von Aktien zu nutzen. Optionshandel, dies ist eine meiner wichtigsten Erkenntnisse der letzten Jahre, ist für die Masse der Privatanleger umso lukrativer, je einfacher man ihn gestaltet. Lass alles Überflüssige weg, reduziere die Anzahl an Strategien, mach es unkompliziert. Je einfacher, desto besser. Und daher habe ich mich in diesem Buch auch nicht noch einmal dem Thema Rohstoffe gewidmet, sondern dem Aktienmarkt. Aktien kann jeder verstehen, wenn er begreift, dass es keine bedruckten Papiere, sondern Beteiligungen an Unternehmen sind. Besitze ich Aktien von Coca-Cola, Apple oder der Münchener Rück, dann bin ich Mitbesitzer dieser Firmen. Mir gehört ein Teil dessen, was die Firmen jeden Tag erwirtschaften. Hat man dies begriffen und verinnerlicht, dann werden der Aktienhandel und der Aktienbesitz aus der Ecke der Spekulation herausgeholt und zu einer wirtschaftlich sinnvollen Investition für den Privatanleger. Ich hoffe, dass viele Politiker dieses Buch lesen werden, denn im Hinblick auf die Sicherheit der Renten zukünftiger Generationen wäre es mehr als wünschenswert, wenn größere Teile der Bevölkerung Anteil am wirtschaftlichen Wohlergehen der Gesellschaft hätten. Die Hürde der Technik bleibt vorerst bestehen, aber auch hier tut sich einiges. Mussten sich Privatanleger vor Jahren noch vollkommen allein durch den Dschungel aus Kontoeröffnung und Erlernen der Handelsplattform kämpfen, bieten mittlerweile viele Broker hier Hilfestellung an. Und da die gesamte Branche gerade von neuen Unternehmen aufgemischt wird, die neben einer drastischen Reduzierung der Gebühren auch eine neue Benutzerfreundlichkeit an den Tag legen, bin ich sicher, dass die Eröffnung eines entsprechenden Handelskontos und der Handel von Optionen in wenigen Jahren ein Kinderspiel sein werden.

Meine Hoffnung ist, dass möglichst viele Menschen, die bislang noch nie mit Optionen oder dem Aktienmarkt in Berührung gekommen sind, dieses Buch lesen und sich für das Thema zu erwärmen beginnen. Finanzielle Freiheit bedeutet auch gedankliche Freiheit. Wer keine Geldsorgen hat, lebt freier, weil er sich nicht zum Sklaven seiner Arbeit, seines Chefs oder einer Institution machen muss. Er kann seiner Familie ein besseres Leben ermöglichen, er kann sich besser um seine Gesundheit kümmern und viele andere Dinge mehr. Erfolgreicher Börsenhandel bedeutet viel mehr als stupides Geldvermehren. Ich wünsche dir als Leser dieses Buches viel Spaß beim Lesen, neue Erkenntnisse und Gedanken, den Mut zur Umsetzung und den notwendigen Anfangserfolg, damit du dabeibleibst. Sollten wir uns irgendwann einmal treffen, dann freue ich mich auf ein persönliches Gespräch, über Anregungen und fundierte Kritik sowie Feedback zum Buch.

Herzliche Grüße
Jens Rabe

KAPITEL

1

Optionsgewinne mit System – gibt es automatische Gewinne?

Erwartungshaltung versus Realität

Wenn man ein Börsenbuch veröffentlicht, das im Titel das Wort „Gewinne" trägt, entsteht bei den Käufern natürlich sofort eine gewisse Erwartungshaltung in Bezug auf die Höhe dieser Gewinne. Als Autor hätte ich diese Erwartungshaltung und damit auch die Höhe der Verkäufe dieses Buches deutlich steigern können, indem ich anstatt des Titels „Optionsgewinne mit System" tief in die Marketing-Trickkiste gegriffen und den Titel mit ein paar Zahlen oder Prozenten aufgepeppt hätte. Ich bin mir relativ sicher, dass die Verkaufszahlen dieses Buches von Beginn an deutlich höher sein würden, hätte ich es beispielsweise mit einem der nachfolgenden Titel versehen:

1.000 Prozent Gewinn mit System
Systematisch 325.738 Euro gewinnen
So gewinnst du 1 Million Euro mit System

Ein solcher Titel hätte sicherlich die Verkaufszahlen deutlich nach oben getrieben, aber gleichzeitig den Effekt verstärkt, den ich in diesem Buch unbedingt zu vermeiden versuche – nämlich die Erwartungshaltung, dass ein Leser automatisch zum Gewinner an der Börse wird, nur weil er ein Buch mit dem Wort „Gewinn" auf der Titelseite liest.

Seit ich 1996 zum allerersten Mal mit der Börse in Berührung kam (Danke an die Bundeswehr, aber das ist eine andere Geschichte), ist mir immer wieder aufgefallen, dass einer der größten Fehler sowohl privater als auch institutioneller Anleger eine falsche Erwartungshaltung ist. Diese falsche Erwartungshaltung kann ich ganz konkret anhand meiner eigenen persönlichen Börsengeschichte erklären. Nachdem ich meinen ersten Trade abgeschlossen hatte und ich um einige 100 DM reicher war, wurde ich Opfer dieser falschen Erwartungshaltung. Denn anstatt diesen Gewinn als das zu akzeptieren, was er war, glaubte ich, dass ich den Stein der Weisen gefunden hätte. Die Realität war, dass ich einfach nur unheimliches Glück gehabt hatte, dass dieser erste Handel mit einem Gewinn beendet wurde. Genauso hätte ich aber einen Verlust erleiden können. Im Geiste sah ich mich schon in den kommenden Jahren in der Forbes-400-Liste, also der Liste der reichsten Menschen der Welt, Jahr für Jahr aufsteigen, um mich schon bald in der Gesellschaft von Bill Gates und Warren Buffett zu tummeln. Falls einer der Leser diese Liste regelmäßig verfolgt, wird er festgestellt haben, dass ich mich weder an der Spitze noch in der Mitte noch am Ende dieser Liste befinde. Und die Wahrscheinlichkeit, dass ich auch nur in die Nähe dieser Listenplätze kommen werde, beträgt wohl 0,00 Prozent.

Was hat es also mit dieser Erwartungshaltung auf sich? Meine Beobachtung ist, dass ein großes Problem vieler Börseneinsteiger ihre viel zu hohe Erwartungshaltung ist. Diese ist allerdings nicht nur bei Einsteigern in den Börsenhandel zu beobachten, sondern bei nahezu allen Dingen, die Menschen aus eigenem Antrieb zum ersten Mal tun. Beispiele dafür sind unter anderem der erstmalige Besuch in einem Fitnessstudio oder die ersten krampfhaften Versuche, ein Musikinstrument zu lernen. Derjenige, der zum ersten Mal in ein Fitnessstudio geht und sich im Geiste schon als nächster Mister Universum und neuer Arnold Schwarzenegger sieht. Und der Musikschüler, der zum ersten Mal seine Gitarre strapaziert, glaubt sicher auch, dass der Manager der Rolling Stones, der ihn für die nächste Welttournee engagieren möchte, nur einen Telefonanruf entfernt ist. Wir alle wissen, dass diese Erwartungshaltung vollkommen überzogen ist. Denn die Realität ist oftmals so, dass es eben viele Jahre braucht, um aus einem dicken Menschen einen Adonis zu formen und aus einem Gitarrenschüler einen einigermaßen passablen Musiker. Nun wird der eine oder andere einwenden, dass man doch sehr wohl eine langfristige und auch motivierende Vision benötige, um sein Ziel zu erreichen. Dem stimme ich vollkommen zu. Nun sollte man allerdings eine langfristige Vision nicht mit Übermut verwechseln. Denn eine zu große Erwartungshaltung an das eigene Können und die Dinge, die man in kurzer Zeit erreichen kann, führen häufig dazu, dass bei den ersten Rückschlägen eine derart starke Demotivation einsetzt, dass der- oder diejenige, der oder die mit einer zu hohen Erwartungshaltung angefangen hat, ziemlich schnell das Handtuch wirft und ganz aufhört. Auf Wiedersehen Traumkörper und goodbye Gitarrespielen am Strand. Genauso ist es beim Handel an der Börse. Viele Neueinsteiger glauben, dass sie mit wenigen Hundert oder vielleicht tausend Euro in kürzester Zeit den Weg zur finanziellen Freiheit finden werden. Stellt sich dann (logischerweise) der Erfolg nicht innerhalb weniger Monate ein, führt dies oftmals dazu, dass diese Anfänger den gerade erst begonnenen Weg schon wieder verlassen und sich ein neues Steckenpferd suchen.

Zugegebenermaßen ist hieran natürlich die Finanzindustrie nicht ganz unschuldig. Denn wie eine Zeitschrift, deren Titelbild zum Kauf animieren muss, so verspricht natürlich auch die Industrie aus Coaches, Brokern, Börsenzeitschriften, Youtube-Kanälen und so weiter nur allzu gern den leichten Weg zum schnellen Geld.

Daher will ich an dieser Stelle ein möglichst realistisches Bild davon zeichnen, was du an der Börse mithilfe der in diesem Buch besprochenen Systematik erreichen kannst. Schauen wir uns die langfristige prozentuale Performance der internationalen Aktienmärkte an. Je nach Dauer des historischen Rückblicks sollte eine klassische Anlage in ein breit gestreutes Aktienportfolio eine Rendite zwischen sieben und neun Prozent pro Jahr bringen. Dies bedeutet, dass sich dein eingesetztes Kapital alle acht bis zehn Jahre verdoppelt.

Grafik 1

Startkapital: 100.000€

Jahr	Ergebnis bei 7 % p. a.	Ergebnis bei 8 % p. a.	Ergebnis bei 9 % p. a.
1	107.000,00€	108.000,00€	109.000,00€
2	114.490,00€	116.640,00€	118.810,00€
3	122.504,30€	125.971,20€	129.502,90€
4	131.079,60€	136.048,90€	141.158,16€
5	140.255,17€	146.932,81€	153.862,40€
6	150.073,04€	158.687,43€	167.710,01€
7	160.578,15€	171.382,43€	182.803,91€
8	171.818,62€	185.093,02€	199.256,26€
9	183.845,92€	199.900,46€	**217.189,33€**
10	196.715,14€	**215.892,50€**	
11	**210.485,20€**		

Dauer in Jahren, bis sich ein Depot bei unterschiedlichen Renditen erstmalig verdoppelt

Ich persönlich glaube nicht, dass es den meisten nebenberuflich tätigen Händlern unter uns möglich sein wird, diese langfristige Rendite sehr deutlich zu überbieten. Und daher gehe ich auch bei der Planung meiner Handelssystematik von ihr aus. Um nun aber dennoch etwas mehr (und wir werden gleich sehen, dass etwas mehr auch sehr viel mehr sein kann) Rendite an den Märkten zu erzielen, setzen wir die in diesem Buch angesprochene Systematik ein. Wenn ich dir jetzt sage, dass das Ziel dieser Systematik ein zusätzlicher Ertrag in Höhe von 0,3 bis 0,5 Prozent pro Monat ist, dann weiß ich, dass ich damit keine Begeisterungsstürme auslösen werde. Das liegt aber nicht an der Höhe dieses Ertragsziels, sondern vielmehr daran, dass vielen einfach nicht bewusst ist, welcher Zinseszinseffekt sich aus diesen Zusatzerträgen ergibt.

Nehmen wir an, dir würde es gelingen, im Monat 0,35 Prozent zusätzlichen Ertrag auf ein langfristiges Aktienportfolio zu erzielen. Klingen 0,35 Prozent für dich realistisch? Falls ja, herzlich willkommen bei deiner Geldmaschine. Falls nein, dann werde ich versuchen, dich davon zu überzeugen. Was bedeutet nun aber 0,35 Prozent zusätzlicher Ertrag pro Monat? Schauen wir uns das wieder in einer Tabelle an. Du kennst vielleicht schon die 72er-Regel. Diese Regel besagt, dass du mithilfe der Zahl 72 relativ schnell ausrechnen kannst, wie lange es dauert, bis sich dein Kapital bei einem bestimmten Zinssatz verdoppelt. Erwirtschaftet dein Depot sieben Prozent pro Jahr, dauert es etwa zehn Jahre, bis sich dein Kapital verdoppelt. Würdest du hingegen 14 Prozent pro Jahr erwirtschaften, dann würde sich dein Geld bereits nach fünf Jahren verdoppeln.

72 durch Zinssatz = Anzahl der Jahre bis zur Verdopplung

Du kannst dies gern auch nachrechnen und wirst feststellen, dass es nicht bis auf die letzte Nachkommastelle stimmt, für unsere Zwecke aber vollkommen ausreichend ist.

Dies führt uns jetzt wieder zurück zu den angenommenen 0,35 Prozent Ertrag zusätzlich pro Monat. Das sind auf das Jahr hochgerechnet circa vier Prozent. Vergleichen wir nun die Wertentwicklung eines simplen Buy-and-Hold-Ansatzes (beispielsweise über die passive Anlage in einem ETF) mit einer durch die in diesem Buch beschriebenen Systematik aufgepeppten Strategie, mit der wir vergleichsweise geringe vier Prozent zusätzlich pro Jahr erwirtschaften. Dann erkennen wir recht schnell, dass diese anfangs unscheinbar wirkenden kleinen Zusatzerträge langfristig betrachtet schnell zu einem stattlichen Vermögen heranreifen.

Grafik 2

Startkapital: 100.000 €

Kapital	Dauer bei 8 % (in Jahren)	Dauer bei 12 % (in Jahren)
200.000,00 €	9	6
400.000,00 €	18	12
800.000,00 €	27	18
1.600.000,00 €	36	24
3.200.000,00 €	45	30

Dauer bis zur nächsten Depotverdopplung bei unterschiedlichen Renditen

Und siehe da, aus gerade einmal vier Prozent pro Jahr werden mehrere Hunderttausend Euro zusätzlicher Gewinn. Als ich persönlich vor vielen Jahren diese Rechnung zum ersten Mal von meinem damaligen Mentor vorgeführt bekam, war ich etwas skeptisch und rechnete natürlich sofort nach. Und jeder Leser, der an dieser Stelle ebenso skeptisch und kritisch ist, wie ich es einmal war, sollte dies auch tun und sich selbst davon überzeugen, welche enormen Auswirkungen der Zinseszinseffekt hat. Und ja, natürlich ist dies eine „Milchmädchenrechnung". Wir betrachten bei dieser Rechnung weder die Steuern noch die Tatsache, dass der Wertzuwachs nicht linear verläuft. Dies ändert aber nichts an der Tatsache, dass die Erwirtschaftung nur weniger zusätzlicher Prozente langfristig betrachtet einen enormen Einfluss auf das Endergebnis hat. Wir können diesen Effekt übrigens nicht nur am Beispiel der Zinseszinsrechnung beobachten, sondern auch in vielen anderen Bereichen des Lebens. So gewinnt beispielsweise nicht derjenige Fahrer ein Formel-1-Rennen, der doppelt so schnell wie der zweitplatzierte Fahrer über die Rennstrecke rast, sondern derjenige, der vielleicht nur ein paar wenige Zehntelsekunden schneller über die Piste fährt. Und auch der Goldmedaillengewinner, der bei Olympia als Sieger des 100-Meter-Laufs ganz oben auf dem Treppchen steht, ist nicht mit der doppelten oder dreifachen Geschwindigkeit gegenüber dem Zweit- oder Drittplatzierten unterwegs gewesen. Der Lohn des Erstplatzierten, sowohl finanziell als auch bezogen auf die Anerkennung, ist aber oftmals um ein Vielfaches höher als bei denjenigen, die auf den nachfolgenden Rängen ins Ziel einlaufen. Daher ist es auch für uns Börsenhändler nicht zwingend notwendig, astronomisch hohe Gewinnziele zu formulieren, sondern es ist vielmehr entscheidend, eine Strategie zu finden, die uns einen Vorsprung, und sei er noch so klein, gegenüber den anderen Marktteilnehmern verschafft. Darüber hinaus müssen wir diese Strategie so umsetzen können, dass sie nicht nur kurzfristig, sondern auch langfristig wiederholbar beziehungsweise reproduzierbar ist.

Nun wird es sicherlich sehr viele geben, die an dieser Stelle einwenden werden, es sei nicht möglich, sich einen Vorsprung vor den anderen Marktteilnehmern zu erarbeiten. Allerdings wird man diese Kritik immer nur von denjenigen hören, die selbst nicht in der Lage waren, sich einen solchen Vorsprung zu erarbeiten, und daher natürlich ganz vehement diesen Standpunkt verteidigen werden, weil sie ja sonst zugeben müssten, dass sie versagt haben. Mit dem gleichen Argument könnte man nahezu jede menschliche Leistung in den letzten Jahrhunderten anzweifeln. Lange glaubte man, dass die Erde der Mittelpunkt des Sonnensystems sei, bis der polnische Astronom Kopernikus wissenschaftlich bewies, dass eben doch die Sonne (und nicht die Erde) im Mittelpunkt des Sonnensystems steht. Und niemand glaubte daran, dass man Seuchen wie die Pest, die noch im Mittelalter fast die Hälfte der europäischen Bevölkerung auslöschte, schlussendlich besiegen kann, bis Menschen wie der Bakteriologe Alexander Fleming den Gegenbeweis antraten und damit Millionen Menschen das Leben retteten. Und hätten die Gebrüder Wright auf diejenigen gehört, die felsenfest davon überzeugt waren, dass der Mensch nicht wie ein Vogel in der Luft fliegen kann, dann würden wir noch heute unsere Urlaubsreisen mit dem Pferdefuhrwerk oder der Bahn antreten und nicht bequem in einem Hunderte Tonnen schweren metallenen Monstrum über die Ozeane fliegen. Und dieselben Kritiker, die heute behaupten, man könne sich am Markt keinen Vorteil gegenüber der Masse der Marktteilnehmer verschaffen, sind im Geiste die gleichen, die das Entstehen von Weltkonzernen wie Google, Amazon, Netflix oder Facebook innerhalb weniger Jahre für völlig abwegig und unrealistisch gehalten haben. Die Realität ist: Es gibt jede Menge erfolgreicher Marktteilnehmer, die Woche für Woche, Monat für Monat, Jahr für Jahr und teilweise seit Jahrzehnten beweisen, dass es sehr wohl möglich ist, sich einen entsprechenden Vorteil am Markt zu sichern. Der legendäre US-Investor Warren Buffett hat dies anlässlich einer Rede am 17. Mai 1984 an der Columbia University School of Business, die unter dem Namen „The Superinvestors of Graham-and-Doddsville" berühmt geworden ist, anschaulich bewiesen. Und jeder, der immer noch glaubt, dass es nicht möglich ist, den Markt zu schlagen, sollte sich diesen Aufsatz, den man mit wenigen Klicks im Internet finden kann, durchlesen.

Und daher sollten wir als private Investoren durchaus mit hohen Erwartungen an die Märkte herangehen. Gleichzeitig sollten wir es aber vermeiden, auf vollkommen unrealistische und nur dem Verkauf meist unsinniger Produkte dienende Versprechen von angeblichen Superinvestoren einzugehen. Gesunde Skepsis ist gut, Pessimismus hingegen ist an der Börse nicht angebracht. Gerade dem informierten, cleveren und optimistischen Anleger bieten die Börsen auch heute noch hervorragende Möglichkeiten.

Was sind Systeme und warum funktionieren sie?

Starten wir dieses Kapitel mit einem Blick auf ein Unternehmen, das in den letzten Jahrzehnten seine Gründer zu Milliardären und viele Investoren zu Millionären gemacht hat. Dieses Unternehmen ist das Sinnbild amerikanischen Unternehmertums und trotz oder vielleicht auch gerade wegen seines nunmehr fast sieben Jahrzehnte andauernden Erfolgs eine der umstrittensten Firmen weltweit. Die Firma, über die wir gleich sprechen werden, ist den meisten Menschen bekannt und ich gehe davon aus, dass jeder Leser dieses Buches entweder gelegentlich oder gar regelmäßig Kunde dieser Firma ist. Die wenigsten werden dies zwar zugeben wollen, Fakt ist aber, dass diese Firma zu den größten Versorgern der Menschheit mit Mahlzeiten gehört. Und sie ist zugleich ein Musterbeispiel für die Sinnhaftigkeit und die Funktionsweise von Systemen. Die Rede ist natürlich von McDonald's. Aber der Reihe nach.

Am 15. Mai 1940 gründeten die Brüder Richard und Maurice McDonald in San Bernardino, Kalifornien, das erste McDonald's-Restaurant der Welt. Im Jahr 1948 führten die Brüder ein bis dato nicht gekanntes System in ihrem Schnellrestaurant ein, das sogenannte „Speedee Service System". Hinter diesem System verbarg sich zu Beginn erst einmal die Umstellung auf das Selbstbedienungsprinzip, das zum damaligen Zeitpunkt eher ungewöhnlich war. Gleichzeitig reduzierten die Brüder McDonald das Angebot an Speisen und Getränken dramatisch und sorgten außerdem dafür, dass jede einzelne Speise, die zubereitet wurde – hauptsächlich Hamburger und Pommes Frites –, nach dem immer gleichen Prinzip und vor allem nach einem „idiotensicheren" System entstand. Während man zuvor beispielsweise bei der Zubereitung eines Hamburgers die Anzahl der Gurkenscheiben dem Wollen oder Können des jeweils zuständigen Mitarbeiters überließ, wurde nun nach einem bis ins kleinste Detail vorgeschriebenen System jede noch so scheinbar unwichtige Kleinigkeit festgeschrieben und durch Schulung der Mitarbeiter und deren Kontrolle auch umgesetzt. Dies führte dazu, dass in den Anfangsjahren der kleine McDonald's-Laden ordentlich florierte. Im Jahr 1954 trat dann mit Ray Kroc ein bis dato eher mittelprächtig erfolgreicher Milchshake-Verkäufer mit der Bitte an die beiden Brüder heran, weitere Filialen eröffnen zu dürfen. Der Rest ist Geschichte. Heute betreibt das Unternehmen mit nahezu 400.000 Mitarbeitern weltweit fast 40.000 Restaurants und es dürfte nur wenige Gegenden auf diesem Planeten geben, wo man kein Restaurant mit den goldenen Bögen findet, die ein M symbolisieren.

Es mag sicherlich den einen oder anderen Leser geben, der die bei McDonald's angebotenen Produkte nicht für das Nonplusultra in Sachen Ernährung halten wird. Im Gegenteil: In Bezug auf das Hauptprodukt, den Hamburger, wird mit Sicherheit ein Großteil der Leser in der Lage sein, ein deutlich besseres Produkt, sprich einen deutlich besser schmeckenden und wahrscheinlich auch gesünderen Hamburger, zu fabrizieren. Dies ist aber nicht der entscheidende Punkt. Denn das, was McDonald's auch heute noch auszeichnet, ist der unbedingte Fokus auf die Systematik, mit der dieses Geschäftsmodell immer weiter ausgebaut und letztendlich zum Welterfolg skaliert wurde. Gehen wir heute in eine Filiale in New York, in Kapstadt oder in Tokio, werden wir uns als Gast in jedem dieser Restaurants sofort zurechtfinden und selbst in Ländern, deren Sprache wir nicht mächtig sind, eine Bestellung aufgeben können, um etwas zu essen oder zu trinken. Bis auf minimale regionale Unterschiede werden wir auch genau das bekommen, was wir erwarten. Denn sowohl das Aussehen, der Geruch und der Geschmack als auch die Temperatur und die Verpackung werden in jedem einzelnen der 40.000 Restaurants nahezu identisch sein, unabhängig davon, welcher der 400.000 Mitarbeiter uns gerade bedient beziehungsweise das Essen oder das Getränk zubereitet hat. Möglich ist dies nur, weil McDonald's, wie schon erwähnt, jedes noch so kleine unscheinbare Detail ganz genau festgelegt und in ein System integriert hat.

Wir müssen nicht darüber streiten, ob uns persönlich das Essen bei McDonald's schmeckt oder nicht. Aber wie man auch am Aktienkurs ablesen kann, ist dieses System extrem erfolgreich und wird es aller Voraussicht nach auch in den kommenden Jahrzehnten sein.

Grafik 3

Historischer Chart der McDonald's-Aktie

Quelle: TradeNavigator, © GenesisFT, www.duo-strategie.com

Bevor ich zur Systematik im Börsenhandel übergehe, hier nochmals ein Gedankenanstoß: Natürlich haben wir alle einen Lieblingsitaliener, einen Lieblingschinesen oder einen Lieblingsgriechen, bei dem uns das Essen deutlich besser schmeckt als bei McDonald's. Aber sind wir doch einmal ganz ehrlich: Selbst in unserem Lieblingsrestaurant, dem wir viel durchgehen lassen, ist die Qualität nicht immer gleich und durchaus abhängig von der Tagesform der jeweiligen Mannschaft. Und nur in den seltensten Fällen können wir darauf vertrauen, dass es unser Lieblingsrestaurant auch in 5, 10, 25 oder 50 Jahren noch geben wird. Warum ist das so? Selbst Restaurants (hier könnte man auch jedes andere Geschäft nehmen), die zu einem gewissen Zeitpunkt sehr erfolgreich sind, verschwinden oftmals schon nach wenigen Jahren von der Bildfläche.

Kommen wir nun zum Börsenhandel. Auch hier gibt es Investoren wie etwa Warren Buffett – auf den wir später noch einmal zu sprechen kommen –, die sich nicht nur wenige Jahre, sondern über viele, viele Jahrzehnte erfolgreich an den Börsen gehalten haben. Dem steht aber eine Mehrzahl von privaten Tradern, Anlegern und Investoren gegenüber, die zwar gelegentlich das eine oder andere gute Jahr, vielleicht sogar ein gutes Jahrzehnt haben, jedoch auf Dauer eben nicht erfolgreich sind. Die Frage, die sich jeder Teilnehmer am Börsenspiel stellen sollte, ist die Frage nach dem „Warum". Warum schaffen es Investoren wie Warren Buffett, George Soros und andere, dauerhaft erfolgreich zu sein, wohingegen die große Mehrzahl, langfristig betrachtet, nur Verluste schreibt? Wäre dies eine Frage der Intelligenz, könnte man mit einem simplen IQ-Test herausfinden, ob jemand als Börseninvestor geeignet ist oder nicht. Wäre es eine Frage des Wissens, dann könnte man mittels eines einfachen Wissenstests entscheiden, ob der Betreffende schon bereit ist für den Börsenhandel oder noch nicht. Der Leser wird sich jetzt aber schon denken können, dass es weder eine Frage der Intelligenz noch des Wissens ist, ob man letztendlich ein Gewinner oder ein Verlierer in diesem Spiel ist, sondern dass es andere Dinge sein müssen, die am Ende entscheiden, zu welcher Spezies wir gehören. Und ein Punkt, der unbestreitbar zum Erfolg oder Misserfolg beiträgt, ist die Tatsache, ob ein Investor einen systematischen Prozess hat, den er fortlaufend verfolgt, oder ob er an der Börse mehr oder weniger zufällig agiert.

Schauen wir uns einmal den typischen Privatanleger an. Warum kauft ein Privatanleger Aktien eines bestimmten Unternehmens oder investiert in eine bestimmte Region, ein bestimmtes Land oder ein bestimmtes Wertpapier? Der häufigste Grund dafür wird sein, dass er irgendwo einen Artikel darüber gelesen, einen Beitrag dazu gesehen oder einen Bericht gehört hat, in dem die Vorteile eines Investments von einer anderen Person dargelegt wurden. In den letzten Jahren habe ich es immer wieder erlebt, dass beispielsweise Zuschauer unseres Youtube-Kanals ohne jegliche Eigenrecherche im Nachgang auf ein Video, das ich veröffentlicht habe, quasi blind eine Aktie gekauft oder verkauft haben. Und obwohl mich natürlich solch ein Quasi-Expertenstatus ehrt, ist es doch der vollkommen falsche Weg, um sein Geld an der Börse zu investieren. Denn glaubt wirklich jemand, dass ein Manager eines milliardenschweren Hedgefonds am Montagmorgen losgeht und für mehrere Millionen Dollar eine Aktie kauft, nur weil er am Wochenende einen Artikel oder einen Bericht über diese Aktie gelesen hat? Nein! Warum tun dies dann aber die meisten Privatanleger und zugegebenermaßen auch etliche institutionelle Anleger? Der Grund ist, dass den meisten nicht bewusst ist, dass zu einem erfolgreichen Geschäft – und Börsenhandel ist letztendlich nichts anderes als ein Geschäft – eine entsprechende Systematik gehört, die zwei Dinge in sich vereinigen muss. Zum einen muss die Systematik einen grundlegenden positiven Erwartungswert haben und zum anderen muss sie dauerhaft reproduzierbar sein. Und ein positiver Artikel über eine Aktie hat weder einen grundlegenden positiven Erwartungswert noch gibt er demjenigen, der sich auf diesen Artikel verlässt, die Möglichkeit, einen reproduzierbaren Prozess aufzubauen.

Auch meine ersten Erfahrungen an der Börse beruhten auf dem simplen Handeln irgendwelcher heißen Tipps, die ich in Börsenzeitschriften oder den damals gerade aufkommenden Foren im Internet gelesen hatte. Hier ein Erfolg, da ein Misserfolg und schon allein aufgrund der Gebühren ein langfristiges Vorgehen, das zwangsläufig zu negativen Renditen führen muss. Erst als mir bewusst wurde, dass langfristiger Anlageerfolg nur möglich ist, wenn man immer und immer wieder einem bestimmten System folgt, veränderten sich auch meine Anlageerfolge. Schauen wir dazu einfach noch einmal kurz beim Altmeister Warren Buffett vorbei. Obwohl dieser mittlerweile mehr als sieben Jahrzehnte an den Börsen aktiv ist, hat sich seine Grundsystematik nicht geändert. Natürlich haben sich sein Stil und die Dinge, in die er investiert, im Laufe der Jahrzehnte an die jeweiligen aktuellen Gegebenheiten angepasst, aber grundsätzlich ist das, was er tut, heute nichts anderes als vor 70 Jahren. Genauso ist es auch mit der Firma McDonald's, die heute ein vollkommen anderes Angebot als in den 40er-Jahren des letzten Jahrhunderts hat, aber dennoch ihrem System nicht nur treu geblieben ist, sondern es in den letzten Jahren sogar immer weiter ausgebaut und verbessert hat.

Wer an der Börse erfolgreich sein möchte, muss sich daher fragen: Ist das, was ich tue, systematisch oder bin ich gerade auf einem Zufallspfad unterwegs, der zwar hin und wieder ein paar Brocken abwerfen kann, mich aber auf Dauer nicht erfolgreich machen wird? Dieses Buch bietet demjenigen, der es will, daher beide beschriebenen Komponenten an: zum einen eine Systematik, die einen grundsätzlich positiven Erwartungswert hat, und zum anderen eine systematische Herangehensweise an die Märkte, die es erlaubt, das Ganze nicht nur für die nächsten Tage, Wochen oder Monate, sondern ganz bewusst für die nächsten Jahre und Jahrzehnte umzusetzen.

Die Lüge über passives Einkommen

Die Märchen und Lügen, die zum Thema „passives Einkommen" erzählt werden, sind wahrscheinlich genauso alt wie der Wunsch nach demselben. Und zugegeben, grundsätzlich ist es ja auch eine schöne Vorstellung. Ich baue mir auf irgendeine Art und Weise ein Einkommen auf und nachdem dies geschehen ist, gehe ich in den Ruhestand und von nun an fließt mir dieses Einkommen auf magische Art und Weise bis ans Ende meiner Tage zu. Und so kann ich fern jeder Verpflichtung entspannt auf einer Karibikinsel sitzen, kühle Cocktails trinken, aufs Meer schauen und einmal im Monat gehe ich zur ortsansässigen Bank und schaue nach, wie viel neues frisches Geld wie aus dem Nichts auf meinem Konto gelandet ist. Klingt zu schön, um wahr zu sein? Die meisten Dinge, die zu schön klingen, um wahr zu sein, sind es am Ende wirklich. Und beim sogenannten passiven Einkommen ist nahezu alles unwahr, was darüber erzählt und verbreitet wird.

Wikipedia definiert Einkommen so: „Einkommen bezeichnet die einer natürlichen oder juristischen Person in einem bestimmten Zeitraum als Geld oder Sache zufließenden Leistungen. Umgangssprachlich spricht man bei natürlichen Personen auch vom Verdienst, bei juristischen Personen hingegen vom Gewinn oder Überschuss." Allein wenn man sich diese Definition genauer anschaut, wird schon deutlich, dass es mit dem passiven Einkommen nicht ganz so sein kann, wie es diverse Anbieter immer noch versprechen. Schauen wir uns einmal den Satzteil mit den juristischen Personen an. Hier wird ganz klar davon gesprochen, dass bei juristischen Personen, also bei Firmen und Unternehmen, das Einkommen der Gewinn beziehungsweise der Überschuss ist. Wenn es denn so etwas wie ein passives Einkommen gibt, warum haben dann Unternehmen eigentlich überhaupt noch Angestellte? Denn gerade Unternehmen sollten doch in der Lage sein, dieses vermeintliche passive Einkommen einmal aufzubauen und dann bis in die Unendlichkeit für sich laufen zu lassen. Mir persönlich ist allerdings keine einzige Firma bekannt, die tatsächlich passives Einkommen erzielt. Denn hinter jedem einzelnen Cent, der einem Unternehmen zufließt, steckt immer eine zuvor wie auch immer erbrachte Leistung. Endet diese Leistung, fließen dem Unternehmen auch keine weiteren Einnahmen zu. Da wir bereits über McDonald's gesprochen haben, nehmen wir diese Firma zur Verdeutlichung noch einmal als Beispiel. McDonald's baut Restaurants und verkauft dann in diesen (entweder selbst oder über Franchisenehmer) Fast Food an Kunden. Dazu werden beispielsweise aus Brötchen, Gurken, Zwiebeln, Fleisch, Ketchup und Senf die allseits bekannten Hamburger produziert. Diese werden dann zusammen mit Pommes frites und einem Getränk an die Kunden verkauft. Dadurch erzielt das Unternehmen ein Einkommen respektive einen Gewinn. Um diesen Gewinn zu erzielen, müssen allerdings die Angestellten von McDonald's fortlaufend eine Leistung erbringen. Und dies ist eben nicht nur der Verkauf des Hamburgers am Tresen, sondern auch dessen Zubereitung in der Küche, die Logistik, die Lebensmittel in die Restaurants zu schaffen, der Einkauf der Lebensmittel, die Werbung, damit überhaupt Kunden in die Restaurants kommen, Buchhaltung, Ausbildung der Mitarbeiter und viele andere Dinge, die notwendig sind, um 40.000 Restaurants zu bewirtschaften. Von passivem Einkommen kann hier also keineswegs die Rede sein. Ganz im Gegenteil, es steckt ein aktives Tun hinter dem Ganzen. Aber kann ich denn nicht einfach McDonald's-Aktien kaufen und damit ein passives Einkommen erzielen? Diese durchaus berechtigte Frage mag auf den ersten Blick zu einer brillanten Antwort führen. Ich kaufe Aktien, erhalte viermal im Jahr eine Dividende, im Laufe der Jahre steigt sogar noch der Wert meiner Anteile und ich erziele somit ein passives Einkommen. Erinnerst du dich noch: „... klingt zu schön, um wahr zu sein"? Auch hier stimmt es wieder: Es ist zu schön, um wahr zu sein. Denn auch ein Investor, der sich einmal eine Aktie gekauft hat, kann nicht davon ausgehen, dass er nun für alle Zeiten ein passives Einkommen hat. Ein paar Beispiele gefällig? Die älteren Leser erinnern sich vielleicht noch an einige der Firmen beziehungsweise Aktien, die jetzt gleich folgen, die jüngeren Leser können sie im Internet schnell recherchieren.

Enron, Worldcom, Lehman Brothers, US Airways, Global Crossing, Bethlehem Steel, W.R. Grace, Owens Corning, Beate Uhse, Air Berlin, Mifa, Schlecker.

Zugegeben, Schlecker war nicht börsennotiert, alle anderen aber schon. Und mit Enron, Worldcom, Lehman Brothers und US Airways habe ich hier einige Firmen aufgezählt, deren Historie teilweise mehrere Jahrzehnte oder sogar länger als ein Jahrhundert umfasste und die aber doch durch den Lauf der Geschichte Insolvenz anmelden mussten. „Auf Wiedersehen, passives Einkommen", hieß es dann für die Aktionäre. Und dies sind beileibe keine Ausnahmen, sondern ich könnte hier seitenweise Firmen auflisten, die einst in Glanz und Gloria dastanden und mittlerweile nur noch eine Notiz in den Geschichtsbüchern sind. Und auch wenn wir uns dies nicht vorstellen können, so wird eines Tages vielleicht auch McDonald's in die Insolvenz abrutschen – und wäre es unsere Quelle des passiven Einkommens, dann wäre dieses damit hinfällig. Selbst die momentan (zum Zeitpunkt der Niederschrift dieses Buches) wertvollste Firma der Welt, der amerikanische Superkonzern Amazon, wird eines Tages wieder in der Versenkung verschwinden. Und dies ist keineswegs meine persönliche pessimistische Annahme für die Zukunft, sondern eine Tatsache, die von keinem Geringeren als dem Gründer und mittlerweile reichsten Mann der Welt, Jeff Bezos, ausgesprochen wurde.

Als Aktionär kann man natürlich durch eine geschickte Diversifikation seiner Aktienanlagen die Auswirkungen einer solchen möglichen Pleite eines einzelnen Unternehmens relativ gering halten. Es sei jedoch daran erinnert, dass die Wahrscheinlichkeit eines allgemeinen Börsenrückgangs, wie wir ihn beispielhaft in den Jahren 2000-2003 und während der Finanzkrise 2007-2009 gesehen haben, auch in der Zukunft definitiv groß sein wird. Es ist nicht die Frage, ob, sondern lediglich wann dies wieder passieren wird. Vielleicht sehen wir einen solchen Kursrückgang, der die Preise um 50 Prozent oder mehr in den Keller drückt, innerhalb der nächsten Monate oder Jahre. Vielleicht dauert es aber auch noch etliche Jahrzehnte, so wie es die ehemalige Vorsitzende der US-Notenbank, Janet Yellen, mit Rückblick auf die Finanzkrise 2007-2009 gesagt hat. Darauf zu vertrauen scheint allerdings keine gute Lösung zu sein.

Warum aber reite ich überhaupt so sehr auf dem Thema „passives Einkommen" herum? Der Grund ist, dass ich dich als Leser dazu animieren möchte, nicht mit zu großer Sorglosigkeit an den Aufbau deiner finanziellen Zukunft heranzugehen. Bitte verstehe mich nicht falsch. Ich persönlich glaube daran und bin fest davon überzeugt, dass die Börsen demjenigen, der dazu bereit ist, etwas mehr zu tun als das „dumpfe" Besparen eines ETF-Sparplans, nach wie vor und auch in Zukunft gigantische Möglichkeiten bieten werden, in relativ kurzer Zeit finanziellen Wohlstand aufzubauen. Dies funktioniert aber eben nicht mit einer falschen Herangehensweise beziehungsweise dem falschen Denken, also nach dem Motto: schnell einmal ein paar Aktien kaufen und dann für alle Zeiten ein passives Einkommen haben. Erfolgreiche Spekulationen an der Börse benötigen fortlaufende Aktivitäten, um entsprechendes Einkommen zu erzielen. Betrachte daher deine Börsenaktivitäten am besten als dein persönliches Unternehmen. Sei bereit, immer wieder Aktivitäten zu unternehmen und deine Firma nach vorn zu bringen. Wie jeder Erfolg ist auch der Erfolg an der Börse sehr eng mit *Tun* verbunden und nicht mit Passivität.

Als kleine Inspiration möchte ich dir an dieser Stelle daher noch kurz die Geschichte meines ersten Buches („Optionsstrategien für die Praxis") erzählen. Zuerst 2011 erschienen, wird es heute bereits in der vierten Auflage verkauft und ist das bislang meistverkaufte Buch eines deutschen Autors zum Thema Optionen. Dieser Erfolg kam aber nicht einfach so – und schon gar nicht passiv. Denn zum selben Zeitpunkt, als mein Buch veröffentlicht wurde, erschien auch eine Vielzahl anderer Börsenbücher, die keineswegs schlechter waren als mein eigenes. Dennoch sind all diese Bücher wieder in der Versenkung verschwunden und mit etwas Glück kannst du sie heute auf einem Bücherflohmarkt für wenige Cent kaufen. Der Grund für den Unterschied hinsichtlich der Verkaufszahlen meines Buches gegenüber den Verkaufszahlen der anderen Autoren ist schlicht und ergreifend die Passivität, mit der die meisten Buchschreiber nach Abschluss des Buches an die Sache herangehen. Nach dem Motto „Ich habe jetzt ein Buch geschrieben, dieses verkauft sich nun von ganz allein und ich kassiere Jahr für Jahr die Buchtantiemen" haben die Autoren nichts unternommen, um ihre jeweiligen Bücher in die Öffentlichkeit zu bringen. Das heißt, sie sind dem Trugschluss des passiven Einkommens erlegen. Ich hingegen habe mein Buch immer wieder promotet und dafür Werbung gemacht. Und daher erreicht mich jedes Jahr auch immer noch ein Scheck mit den Buchtantiemen, wohingegen den anderen Autoren lediglich die Erinnerung bleibt, dass sie einmal ein Buch geschrieben haben.

Zum Thema passives Einkommen könnte ich jetzt noch seitenweise Argumente aus allen möglichen Wirtschaftsbereichen wie etwa Immobilien, Multi-Level-Marketing und anderen bringen. Dies ist aber nicht Thema dieses Buches. Daher an dieser Stelle noch einmal meine Aufforderung an dich: Bitte tappe nicht in die Falle des scheinbar passiven Einkommens! Börsenhandel, Börsenspekulation, Börseninvestments, egal wie du das Ganze jetzt nennen magst, können nur dann außerordentlich erfolgreich sein, wenn du aktiv dazu beiträgst, dass sich der Erfolg auch bei dir einstellen kann. Die Systematik und die Werkzeuge dazu findest du unter anderem hier in diesem Buch.

KAPITEL

2

Warum der Warren-Buffett-Weg für 99 Prozent der Börsianer nicht funktioniert

Der Warren-Buffett-Weg

Es gibt wohl niemanden in der Welt der Börse, dessen Leben und Handeln so umfangreich und detailliert beschrieben wurde, wie den Mann, der schon zu Lebzeiten eine Legende ist und als „Orakel von Omaha" bezeichnet wird. Die Rede ist natürlich von Superinvestor Warren Buffett. Auch bei mir im Büro hängen einige Bilder von ihm sowie einige persönliche Andenken, die ich von einer der Hauptversammlungen von Berkshire Hathaway mitgebracht habe, die jedes Jahr am ersten Maiwochenende stattfindet. Und in meiner Bibliothek finden sich natürlich auch etliche Bücher über ihn, darunter die

Biografie. „Warren Buffett – das Leben ist wie ein Schneeball", das mehr als 1.000 Seiten umfasst, habe ich mehrmals gelesen. Und daher zähle ich auch Warren Buffett zu meinen persönlichen Mentoren, obwohl ich ihm nie näher als 50 Meter gekommen bin. An dieser Stelle möchte ich dir jetzt nicht die Lebensgeschichte und den Investmentansatz von Warren Buffett im Detail vorstellen. Ich kann dir die erwähnte Biografie über ihn nur wärmstens ans Herz legen und auch zumindest ein Besuch des Aktionärstreffens, das als „Woodstock der Kapitalisten" bezeichnet wird, sollte für jeden Börsianer Pflicht sein.

Obwohl es so viele Informationen von und über Warren Buffett gibt und es somit im Grunde genommen ein Leichtes wäre, seiner Investmentstrategie zu folgen, stelle ich jetzt und hier die Behauptung auf, dass 99 Prozent der Börsianer nicht in der Lage sein werden, den Weg von Warren Buffett nachzugehen.

Aus meiner Sicht gibt es drei Dinge, die den Erfolg von Warren Buffett ausmachen. Da ist zum einen die als Kompetenzkreis („circle of competence") bezeichnete Eigenschaft, dass Warren Buffett nur solche Investments tätigt, von denen er ein tiefes Verständnis hat. Dies bedeutet, er investiert nur in Unternehmen oder Geschäfte, bei denen er über ausreichende Detailkenntnis verfügt und bei denen er sich gleichzeitig zutraut, einen Blick in die Zukunft zu werfen. Der zweite Punkt, den Warren Buffett für sich nutzt, ist das Prinzip OPM – „other peoples' money". Die Bezeichnung OPM ist im amerikanischen Sprachgebrauch weit verbreitet und es gibt sogar einen wunderbaren Film mit Danny DeVito, der diesen Namen trägt. Auf Deutsch bedeutet er „das Geld anderer Leute". Warren Buffett nutzt dieses Prinzip, indem er Gelder, die ihm über die Beiträge seiner Versicherungsgesellschaften zufließen, aktiv an den Kapitalmärkten anlegt. Der dritte und letzte Punkt, der für seinen Anlageerfolg entscheidend ist, kann durchaus mit den Begriffen „Mindset" beziehungsweise „positives Denken" oder auch „unerschütterlicher Glaube an die Zukunft Amerikas" definiert werden. Im Gegensatz zu den beiden ersten angesprochenen Punkten scheint dies für die meisten Privatanleger eigentlich relativ leicht nachvollziehbar zu sein, aber genau hier scheitert die Mehrzahl sowohl der privaten als auch der institutionellen Anleger. Wir werden dies im Kapitel über ETFs noch genauer betrachten.

Schauen wir uns die drei aufgeführten Punkte kurz an und überprüfen, warum meine Behauptung, dass 99 Prozent der Börsianer nicht in der Lage sind, ähnliche Anlageerfolge wie Warren Buffett zu erzielen, vielleicht etwas provokativ, aber durchaus wahr ist. Starten wir mit dem Kompetenzkreis, also dem tief greifenden Verständnis eines Anlegers dessen, wo er sein Geld investiert. Seit ich vor über 20 Jahren angefangen habe, an den Kapitalmärkten zu investieren, war es mir persönlich immer ein Bedürfnis, zu verstehen, was ich tue. Ich weiß nicht, woher dieser persönliche Drang in mir kommt, aber schon als Schüler war ich immer sehr gut in den Fächern, in denen ich etwas verstehen konnte – oder auch anders ausgedrückt, in denen ich mir etwas vorstellen konnte, wie etwa Mathematik oder anfänglich auch Physik. Aber gerade im letztgenannten Fach wurden meine schulischen Leistungen im Laufe der Jahre immer schlechter, und zwar genau ab dem Zeitpunkt, ab dem wir uns mit physikalischen Dingen beschäftigten, die nicht nur für mich nicht mehr sichtbar waren, also beispielsweise der Bewegung von elektrisch geladenen Teilchen in Magnetfeldern. Randbemerkung: An dieses Thema kann ich mich noch sehr gut erinnern, weil es mein Prüfungsthema im Abitur war. Über den Ausgang dieser Prüfung möchte ich hier lieber kein Wort verlieren, aber spätestens zu diesem Zeitpunkt war klar, dass meine akademische Laufbahn hier endete. Meine größten Erfolge im Börsenhandel habe ich immer dann erzielt, wenn ich mich bei Firmen engagierte, deren Geschäftsprinzip ich nachvollziehen konnte. Dies waren entweder Firmen, deren Produkte ich selbst intensiv nutzte, beispielsweise Apple oder Amazon, oder Firmen, bei denen ich nachvollziehen konnte, wie sie ihr Geld verdienen, also beispielsweise McDonald's, Starbucks oder der eine oder andere Technologiekonzern. Geld verloren habe ich hingegen immer, wenn ich in Dinge investiert habe, bei denen ich nicht wirklich verstanden habe, wie diese Firmen und Unternehmungen eigentlich Geld verdienen. Beispiele sind Firmen aus den Bereichen Chemie und Biotechnologie. Wenn ich mir anschaue, wo viele Privatanleger ihr angespartes Geld investieren, wird mir klar, dass die meisten dieses einfache Prinzip wahrscheinlich weder kennen geschweige denn nutzen und somit von vornherein eine schlechte Ausgangslage bei ihren Investments haben. Wenn also Lieschen Müller ihr Geld in irgendwelche obskuren Lithium-Aktien, Cannabis-Unternehmen oder andere heiße Tipps investiert, von denen sie keine ausreichende Kenntnis und in den meisten Fällen nicht mehr als ein paar Informationsbroschüren eines Tippgebers hat, ist es doch vollkommen klar, dass der Anlageerfolg damit kaum gegeben sein kann. Die Pflicht Nummer 1 eines jeden Anlegers ist es also, sich das notwendige Wissen anzueignen und nur in Dinge zu investieren, die er auch versteht. Und so banal und simpel es auch klingt, so ist es dennoch eine Tatsache, dass die allermeisten Anleger sowohl im privaten als auch im institutionellen Bereich vollkommen ahnungslos und ohne Wissen an den Märkten unterwegs sind. Würde man die Kapitalmärkte mit einer Autobahn vergleichen, dann könnte man sagen, dass die meisten Anleger in hochmotorisierten Pkw sitzen, aber leider mit verbundenen Augen Vollgas fahren.

Das zweite Prinzip, das Warren Buffett anwendet, ist die Verwendung von Fremdkapital. Zwar hat der eine oder andere Anleger, der sich mit dem Warren-Buffett-Weg beschäftigt, schon einmal etwas von diesem sogenannten „Float" gehört, aber welche unglaubliche Macht dahintersteckt, ist den meisten nicht bewusst. Einfach ausgedrückt bedeutet dies im Falle von Warren Buffett, dass er von den Kunden seiner Versicherungsgesellschaften riesige zinslose Darlehen zur Verfügung gestellt bekommt, die er oftmals erst nach vielen Jahren oder Jahrzehnten an diese Versicherten zurückzahlen muss. Damit verfügt er über einen permanenten Strom neuen Geldes, das er nutzen kann, um damit Erträge für sich und seine Anleger zu erzielen. Nun müssen wir wissen, dass es sich dabei um Summen handelt, die mittlerweile im Milliardenbereich liegen und im Laufe der Jahre Milliarden an Gewinnen abgeworfen haben. Für uns als Privatanleger dürfte es relativ schwierig sein, eine ähnliche Form der Finanzierung zu erhalten. Es ist allerdings von entscheidender Bedeutung, dass ein Privatanleger zu jeder Zeit in der Lage ist, die sich bietenden Gelegenheiten am Markt auch zu nutzen. Was er dazu benötigt, ist freies Kapital. Im Klartext: Ein Privatanleger, der sich entschließt, einmalig einen Betrag an den Märkten zu investieren, und es für sich persönlich ausschließt, zukünftig weitere Gelder zu investieren, wird niemals in der Lage sein, den Markt zu schlagen oder in die Sphären vorzudringen, in denen sich Investoren wie Buffett und Co bewegen. Denn entweder ist er jederzeit zu 100 Prozent an den Märkten investiert und ihm fehlt daher bei Rücksetzern weiteres Kapital, um die jetzt billigeren Kurse zum Kauf zu nutzen, oder aber er behält immer eine gewisse Cash-Reserve, um bei Rücksetzern kaufen zu können. Dies wiederum verhindert aber, dass er während der Phasen, in denen die Märkte steigen, zu 100 Prozent an der Wertentwicklung wird partizipieren können. Also beißt sich die Katze in den Schwanz, denn egal wie es der Privatanleger dreht oder wendet, er kommt nicht umhin, sich von vornherein quasi selbst die Verpflichtung aufzuerlegen, permanent für einen neuen Zufluss an Kapital zu sorgen. Aber gerade dann, wenn die Märkte einmal den Rückwärtsgang einlegen, sind die meisten Investoren alles andere als bereit, neues, frisches Geld zu investieren. Im Gegenteil, meist wird zu diesen Zeitpunkten eher Geld aus den Märkten abgezogen anstatt die Gelegenheit zu nutzen.

Und dies führt uns zum letzten Prinzip, das von erfolgreichen Investoren wie Warren Buffett angewandt wird. Beschäftigt man sich mit seinen Aussagen der letzten Jahrzehnte, dann findet sich darin immer ein roter Faden. Und dieser rote Faden ist der unglaubliche Optimismus, mit dem Warren Buffett, genau wie andere extrem erfolgreiche Investoren, die zukünftige Entwicklung der Märkte und auch der Welt im Allgemeinen sieht. Dies ist aber extrem notwendig, denn wer ist schon bereit, bei einem Kursrückgang um vielleicht 30 Prozent oder im Extremfall auch einmal 50 bis 60 Prozent frisches

Geld in die Märkte zu stecken, wenn er keinen positiven Blick auf die Zukunft hat? Wenn wir uns nun aber anschauen, wie das Stimmungsbild der meisten Menschen ausschaut, dann ist es tendenziell pessimistisch geprägt. Die Bestsellerlisten sind voll mit Büchern von Autoren, die den Crash und den Untergang unseres Wirtschaftssystems herbeisehnen. Die Talkshows sind besetzt mit Pessimisten, die den endgültigen Untergang des Kapitalismus beschwören, und auch in der Politik – ganz besonders in der deutschen Politik – sind es nicht die Optimisten, die den Ton angeben, sondern die Pessimisten, die Zweifler, die Bürokraten und die Bestandswahrer. Dass es den meisten Menschen in einem solchen Umfeld schwerfällt, trotz des über die letzten Jahrzehnte permanent gestiegenen Wohlstands positiv in die Zukunft zu schauen, erscheint daher logisch.

Ein tiefes Verständnis der Dinge, in die ich investieren möchte, die Bereitschaft und die Möglichkeit, permanent neues, frisches Geld bereitzustellen, um es bei den besten Gelegenheiten investieren zu können, sowie eine optimistische Sicht auf die Zukunft sind Grundvoraussetzungen, um als Investor einen vergleichbaren Weg, wie ihn Warren Buffett in den letzten sieben Jahrzehnten gegangen ist, auch selbst gehen zu können. Stell dir daher an dieser Stelle ruhig einmal die Frage, ob du von dir sagen kannst, dass all diese Prinzipien für dich auch uneingeschränkt gelten.

Auf der Website www.duo-strategie.com habe ich dir hierzu einen einfachen Test hinterlegt, anhand dessen du innerhalb weniger Minuten für dich persönlich überprüfen kannst, an welchen Stellen du schon den richtigen Weg eingeschlagen hast und ob es noch Punkte gibt, an denen du dich und deine Handlungsweisen optimieren kannst.

Das Problem ist der Neandertaler in uns

Wie wir gerade bei der Beschreibung des Weges von Warren Buffett festgestellt haben, ist einer der Punkte, der die meisten Privatanleger an der Börse scheitern lässt, ihre pessimistische Sicht auf die Zukunft. Wir Menschen sind per se tendenziell eher Pessimisten als Optimisten. Und diese Einstellung ist in unseren Genen verankert. Der Mensch, so wie er heute ist (und damit auch der Börsenhändler), ist im Grunde genommen immer noch ein Verwandter des Neandertalers. Dies mag jetzt vielleicht für den einen oder anderen nicht gerade schmeichelhaft klingen. Die meisten unserer Handlungen und Emotionen, Gefühle und Gedanken sind allerdings sehr stark durch unsere Neandertaler-Gene geprägt.

Der Neandertaler musste, um überleben zu können, Pessimist sein. In unserer heutigen Zeit haben Optimisten oftmals mehr Erfolg als Pessimisten. Dies war in der Zeit des Neandertalers, also vor etwa 200.000 Jahren, noch anders. Stellen wir uns dazu einmal folgende simple Situation vor: An einem Lagerfeuer sitzen zwei Neandertaler. Plötzlich raschelt es im Gebüsch. Der eine Neandertaler ist ein Pessimist und befürchtet sofort, dass im Gebüsch ein feindlicher Stamm, ein Raubtier oder eine andere Gefahr lauern könnte, und bereitet sich umgehend auf eine mögliche Flucht vor. Der andere Neandertaler ist ein Optimist und geht davon aus, dass das Geräusch lediglich von einem Windhauch oder einem kleinen Vögelchen verursacht wurde. Sollte dieses Geräusch aber nicht von einem Windhauch oder einem kleinen Vögelchen verursacht worden sein, sondern tatsächlich der Vorbote einer Gefahr gewesen sein, haben wir nun einen toten optimistischen und einen überlebenden pessimistischen Neandertaler. Dieses Beispiel zeigt, dass es für das Leben unserer eiszeitlichen Verwandten durchaus sinnvoll war, tendenziell eine Geisteshaltung an den Tag zu legen, die wir heute als pessimistisch bezeichnen würden. In einer Zeit, in der es vorrangig um das Überleben der eigenen Spezies ging und tödliche Gefahren allgegenwärtig waren, war es überlebenswichtig, lieber einmal zu oft als einmal zu wenig an mögliche Risiken und Gefahren zu denken.

Es gibt eine weitere Verhaltensweise, die wir genetisch vererbt bekommen haben und die damals lebensnotwendig war, sich heute allerdings eher negativ auf unser Handeln an den Börsen auswirkt. Dies ist die Tatsache, dass wir Verluste deutlich höher bewerten als Gewinne. Wenn wir also beispielsweise bei einem Spaziergang einen 10-Euro-Schein finden, löst dies in uns eine positive Emotion aus. Verlieren wir einen 10-Euro-Schein, löst dies ebenfalls eine Emotion aus, in diesem Fall eine tendenziell negative. Würde man diese beiden Emotionen messen und miteinander vergleichen, könnte man feststellen, dass die Emotion, die wir empfinden, wenn wir den Verlust erleiden, sehr viel stärker ist als die Emotion bei einem Gewinn. Die Ursache für diese unterschiedlich starken Emotionen bei Gewinnen und Verlusten lässt sich auch mit den Verhaltensweisen unserer Vorfahren erklären. Ein Verlust bedeutet ja immer, dass etwas fehlt, was wir zuvor bereits in unserem Besitz hatten. Nun mag dies durchaus ärgerlich sein. Es ist aber in den meisten Fällen für uns nicht potenziell tödlich. Vor etlichen 10.000 Jahren bedeuteten aber Verluste durchaus den Tod. Würden wir beispielsweise heutzutage nach Hause kommen und unser Kühlschrank und unsere ganzen Vorräte wären plötzlich verschwunden, dann wäre dies zwar ärgerlich, aber eben nicht tödlich, weil ja nur einige Minuten entfernt im nächsten Supermarkt Nachschub in ausreichender Menge vorhanden wäre. Bei den Neandertalern und unseren Vorfahren bedeutete allerdings der Verlust von Nahrung, Werkzeugen, Kleidung oder auch der Verlust von Gemeinschaft oftmals den sicheren Tod. So waren unsere Vorfahren schon allein aus Gründen des bloßen Überlebens gezwungen, Verluste unbedingt zu vermeiden. Es war also damals wesentlich wichtiger, bestehende Güter zu beschützen, als neue Vorräte zu sammeln oder zu jagen. Unsere Natur zwang uns sozusagen, tendenziell Beschützer beziehungsweise Bewahrer statt „Anhäufer“ zu sein. Diese Verhaltensmuster sind auch heute noch in uns allen verankert. Sie führen in der heutigen Realität dazu, dass wir Verluste an den Börsen sehr viel mehr vermeiden wollen, als wir es anstreben, Gewinne zu erzielen. Und dies wiederum führt dazu, dass die meisten Marktteilnehmer, die an den Börsen agieren, eher davon angetrieben sind, keine Verluste zu erleiden, als von dem Drang, möglichst große Profite einzustreichen.

Persönlich habe ich dies im Jahr 1999 zum ersten Mal am eigenen Leib beziehungsweise im eigenen Kopf gespürt. Ich hatte zum damaligen Zeitpunkt mit einigen Freunden und Bekannten einen Aktienklub gegründet. Wir hatten auf ein Gemeinschaftsdepot alle zusammen etwas Geld eingezahlt und davon verschiedene Aktien gekauft. Eine dieser Aktien war die japanische Softbank, ein Unternehmen, das es auch heute noch gibt und das bis dato sehr erfolgreich agiert. Nun muss man aber wissen, dass es im Jahr 1999 noch eine Regel gab, wonach Gewinne aus Aktiengeschäften nach einer Haltedauer von zwölf Monaten komplett steuerfrei waren. Wir hatten die Aktie im März 1999 gekauft und so wussten wir, dass wir bis zum März des Jahres 2000 warten mussten, um unsere Gewinne steuerfrei mitnehmen zu können. Nach dem Kauf der Aktie 1999 stieg diese jedoch im Zuge der Endphase der damaligen Dotcom-Blase auf nahezu 1.000 Prozent Gewinn für uns an. Allerdings geschah dies so schnell, dass wir noch etliche Monate warten mussten, bis wir endlich im März 2000 die Gewinne steuerfrei realisieren konnten. Leider wurde der aufgelaufene Gewinn von nahezu 1.000 Prozent im Laufe der kommenden Tage und Wochen immer kleiner und wir mussten zusehen, wie sich unsere schönen Gewinne einfach in Luft auflösten. Als dann endlich der Tag gekommen war, an dem wir die Aktie verkaufen konnten, um unseren Gewinn steuerfrei zu realisierten, waren von den einstigen 1.000 Prozent nur noch circa 280 Prozent übrig. Und jetzt passierte etwas sehr Erstaunliches mit uns: Obwohl wir innerhalb von gerade einmal zwölf Monaten einen steuerfreien Gewinn von 280 Prozent realisiert hatten und damit ein überragendes Anlageergebnis feiern konnten, fühlten wir uns allesamt wie Verlierer und keineswegs wie die Gewinner, die wir doch eigentlich waren. Die Ursache waren unsere eiszeitlichen Gene, die den entgangenen Gewinn (den wir ja potenziell schon einmal hatten) deutlich höher bewerteten als den tatsächlich realisierten. Die Folge war, dass uns dieses Erlebnis dazu verleitete, in den nächsten Monaten und Jahren aufgelaufene Gewinne jeweils sehr schnell zu realisieren. Damit vermieden wir zwar, dass wir uns erneut über einen schon einmal aufgelaufenen und anschließend wieder verschwundenen Gewinn ärgern mussten. Gleichzeitig bedeutete es aber, dass wir nun auch nicht mehr in der Lage waren, wirklich große Gewinne von mehreren Hundert oder gar tausend Prozent zu erzielen, weil wir viel zu schnell geneigt waren, Gewinne bei der kleinsten Gegenbewegung des Marktes und der einzelnen Aktie mitzunehmen. Jeder kann sich vorstellen, dass dies sicherlich auch kein sehr erfolgreiches Agieren an den Märkten bedeutete.

Unser eiszeitliches Gehirn hält uns also potenziell davon ab, wirklich erfolgreich an den Börsen zu handeln. Die meisten von uns haben viel zu viel Angst vor möglichen Verlusten und vertrauen lieber dem angeborenen Pessimismus als einem auf Daten basierenden notwendigen Optimismus, wodurch wir Chancen verstreichen lassen, die uns wirklich erfolgreich machen würden. Nun können wir diese angeborenen Verhaltensweisen nicht einfach mit einem Knopf ausschalten oder einschalten, aber wir können uns bewusst machen, dass uns unser Gehirn sehr häufig einen Streich spielen will, wenn es darum geht, an der Börse das eigentlich Richtige zu tun. Umso wichtiger ist es, sich an Systeme zu halten und sich gleichzeitig immer wieder bewusst zu machen, dass viele der Entscheidungen, die wir tagtäglich treffen, eben nicht, wie von uns gewünscht oder vielleicht auch vermutet, rational begründet sind, sondern zum Großteil emotional. Dies führt auch dazu, dass es viele Investmentansätze gibt, die zwar grundsätzlich richtig, leider jedoch für die Masse der Anleger letztendlich nicht umsetzbar sind. So ist beispielsweise der simple Ansatz des Kaufens und Haltens, auch als „Buy and hold“ bekannt, zwar zu 100 Prozent mathematisch richtig, wird aber dennoch für die meisten Anleger nicht funktionieren. Oftmals müssen wir deshalb einige Dinge an der Börse tun, die im ersten Moment theoretisch nicht richtig erscheinen, uns aber helfen, die mentalen Hürden, die wir in uns tragen, zu überwinden. Und auch die hier im Buch dargestellte Systematik des Einsatzes von Aktien in Kombination mit Optionen mag sich für den einen oder anderen sicherlich etwas „unlogisch“ anhören, aber es ist eine der Systematiken, von denen wir wissen, dass sie in der Praxis funktionieren und von einem Großteil der Anleger nicht nur kurzfristig, sondern auch langfristig sehr erfolgreich angewandt werden können.

Gefährliches Halbwissen

Beschäftigt man sich mit den erfolgreichsten Investoren der Welt, wird man sehr schnell feststellen, dass sie alle ein bestimmtes Gebiet haben, auf dem sie sich außerordentlich gut auskennen, sodass sie mit Kapitalanlagen, die sich auf dieses Gebiet beziehen, enorme Gewinne erwirtschaften. So gilt beispielsweise Warren Buffett als großer Kenner der Finanzindustrie. Daher finden sich in seinem Portfolio jede Menge Aktien und Beteiligungen aus den Bereichen Versicherungen und Banken. Der legendäre Fondsmanager Peter Lynch, der während seiner aktiven Zeit den von ihm gemanagten Magellan Fund auf eine durchschnittliche Wertentwicklung von nahezu 30 Prozent pro Jahr brachte, hat sich besonders auf mittelgroße Wachstumsunternehmen spezialisiert. Der mittlerweile 83-jährige Fondsmanager Mark Mobius ist hingegen in der Finanzwelt als der Guru für Anlagen in asiatischen Aktien beziehungsweise den sogenannten Emerging Markets bekannt. Einer der reichsten Fondsmanager der Welt ist der 1938 in Newton im US-Bundesstaat Massachusetts geborene James „Jim“ Harris Simons. Nach einer sehr erfolgreichen Karriere als Mathematiker gründete er im Jahr 1982 die New Yorker Investmentgesellschaft Renaissance Technologies, die er zu einer der erfolgreichsten Hedgefonds-Gesellschaften der Welt ausbaute. Sie brachte ihm und seinen Kunden Gewinne von vielen Milliarden Dollar ein. Er hat sich auf den Handel mittels Algorithmen spezialisiert.

Wir könnten diese Liste noch seitenweise fortsetzen. Was dabei auffallen sollte, ist die Tatsache, dass alle genannten Investoren außerordentlich erfolgreich sind, dies aber keineswegs, weil sie alle das Gleiche tun. Ganz im Gegenteil, sowohl Warren Buffett als auch Peter Lynch, Mark Mobius und Jim Simons sind deshalb so erfolgreich, weil sie sich alle auf ein ganz spezielles Fachgebiet konzentrieren und ihren Kompetenzkreis nicht nur gefunden, sondern auch immer weiter ausgebaut haben. Viele Privatanleger glauben hingegen, dass es zwingend notwendig sei, sich an der Börse möglichst viele unterschiedliche Gebiete und Fachbereiche anzuschauen und dann in diesen aktiv zu werden. Das Ergebnis ist allerdings oftmals etwas, was ich als gefährliches Halbwissen bezeichne.

Viele Privatanleger sind auch von der Angst getrieben, etwas zu verpassen. Die Informationen, über die sie verfügen beziehungsweise über die sie zu verfügen glauben, drängen sie zu der Annahme, es sei möglich, sich auf mehreren Gebieten, beispielsweise der langfristigen Geldanlage, dem Swingtrading, dem kurzfristigen Trading, dem Devisenhandel, Kryptowährungen, dem Optionshandel und vielen anderen Dingen mehr zu engagieren und dann auch noch gute Ergebnisse zu erzielen. Die Realität ist allerdings, dass die meisten Privatanleger so schlecht informiert sind und über so wenig nutzbares Wissen verfügen, dass im Endeffekt ihre Anlageergebnisse oft nicht nur deutlich schlechter als bei einem auf ein Fachgebiet spezialisierten Profi sind. Langfristig betrachtet fahren sie sogar eine negative Rendite ein. Es ist zwar allgemein bekannt, dass auch die meisten professionellen Geldverwalter nicht in der Lage sind, den Markt – was auch immer das genau bedeutet – zu schlagen. Dies bedeutet aber nicht im Umkehrschluss, dass Privatanleger mindestens so gut sind wie die meisten professionellen Investoren. Denn sehr häufig schaffen es die professionellen Investoren immerhin im Laufe der Jahre, positive Ergebnisse zu erzielen, wohingegen die meisten privaten Investoren die Zahlmeister im Börsenspiel sind und auf längere und lange Sicht betrachtet tendenziell eher Lehrgeld bezahlen als Geld verdienen.

Aus Erfahrung kann ich bestätigen, dass einer der Gründe für diese Misere die Tatsache ist, dass nur die wenigsten Privatanleger bereit sind, sich auf ein Spezialgebiet zu fokussieren. Wegen der bereits erwähnten Angst, etwas zu verpassen, haben die meisten Privatanleger gar nicht die Zeit und oftmals auch nicht den Willen, sich in einen Bereich detailliert einzuarbeiten, sondern sie springen von Gelegenheit zu Gelegenheit. Diese Gelegenheiten entpuppen sich bei näherer Betrachtung oftmals lediglich als heiße Tipps, die sie an irgendeiner Stelle aufgeschnappt haben. Und so ist es vollkommen logisch, dass auf Dauer eine solche Vorgehensweise nicht zum gewünschten Erfolg führen kann. Was ist nun aber die Lösung für diese Misere? Im Grunde genommen ist es, wie so oft im Leben, relativ einfach. Wenn es mir nicht möglich ist, mir in allen Fachbereichen ein Wissen anzueignen, das bei seiner Anwendung dazu führt, dass ich überragende Ergebnisse produzieren kann, dann muss ich mir die Frage stellen, warum ich weiterhin versuchen sollte, in all diesen unterschiedlichen Bereichen tätig zu sein. Um diese an sich simple Einsicht noch einmal an Bildern festzumachen, möchte ich dich an dieser Stelle bitten, dir die folgenden Wirtschaftsbereiche näher anzuschauen:

Softdrinks
Onlinehandel
Elektroautos
Kreditkarten
Luxusautos
Mobiltelefone
Schokolade
Sportbekleidung
Lebensmitteldiscounter

Bitte nimm dir nun einen Stift zur Hand und schreibe hinter all diese Begriffe eine Firma, die dir ganz spontan dazu einfällt. Schreibe wirklich das auf, was dir spontan einfällt, und denke nicht mehr als ein, zwei Sekunden über den jeweiligen Begriff nach.

Wenn du dies getan hast, dann hast du mit großer Wahrscheinlichkeit folgende Firmen genannt: Bei den Softdrinks wirst du wahrscheinlich Coca-Cola oder Pepsi-Cola aufgeschrieben haben. Beim Onlinehandel würde es mich wundern, wenn bei dir nicht Amazon dastehen würde, ebenso wie bei den Elektroautos der Name Tesla von dir aufgeschrieben worden sein dürfte. Bei den Kreditkarten dürfte es eine 50:50-Verteilung zwischen Mastercard und Visa geben und bei den Luxusautos wirst du wie viele andere auch vielleicht Mercedes, Porsche oder Rolls-Royce aufgeschrieben haben. Ein Großteil der Leser wird sich bei Mobiltelefonen entweder für Apple oder Samsung entschieden haben. Bei den deutschen Lesern wird die Milka-Schokolade das Rennen gemacht haben und bei Sportbekleidung dürfte es einen Kampf zwischen Adidas und Nike geben. Schlussendlich werden wir bei den Lebensmitteldiscountern die Namen ALDI oder Netto finden.

Du kannst deine Antworten übrigens vergleichen, indem du ein Foto von deinen Antworten machst, es auf der Website www.duostrategie.com hochlädst und schaust, welche Antworten die anderen Leser gegeben haben.

Was soll dir dieses kleine Beispiel demonstrieren? Du wirst feststellen, dass ein Großteil der Leser, und du vielleicht ja auch, bei der Nennung der Firmennamen die jeweiligen Marktführer genannt hat. Und die Marktführer sind es ja in der Regel auch, die den meisten Profit aus ihren Unternehmungen ziehen. Nehmen wir also beispielsweise im Bereich Sportbekleidung die beiden meistgenannten Antworten Adidas und Nike. Es ist ja nicht so, dass es keine anderen Firmen gäbe, die Sportbekleidung herstellen. Darunter sind auch bekannte Namen, etwa Puma, Under Armour, Asics, North Face oder Reebok, um nur einige zu nennen. Warum entfällt dann aber auf zwei Marken der Großteil der in diesem Bereich erzielten Gewinne? Der Grund ist zum einen natürlich die Bekanntheit der Marken, zum anderen aber auch der technologische Fortschritt, den diese Firmen für sich seit Jahren und teilweise Jahrzehnten in Anspruch nehmen können. Ein weiterer Punkt ist, dass diese Firmen sich zu 100 Prozent auf einen einzigen Bereich konzentrieren, in diesem Falle eben auf alles, was mit dem Thema Sportbekleidung zu tun hat. Du kannst von Adidas weder einen schicken Herrenanzug noch von Nike eine Damenhandtasche kaufen, mit der eine Frau gewillt ist, in die Oper zu gehen. Nun sind aber sowohl Herrenanzüge als auch Damenhandtaschen durchaus lukrative Geschäftsfelder. Warum verzichten also diese beiden Weltmarken dennoch darauf, solche Produkte herzustellen? Der Grund ist, dass beide über einen ganz speziellen Zirkel der Kompetenz verfügen, dass sie diesen konsequent ausnutzen und nicht den Fehler machen, in andere Geschäftsbereiche zu investieren, von denen sie keine Ahnung haben. Übrigens, die Geschichte der Wirtschaft ist gespickt mit Firmen, die Letzteres versucht haben, am Ende kläglich scheiterten und oftmals Millionen oder gar Milliarden für sich und ihre Anteilseigner verbrannt haben.

Was du als Privatanleger aus diesen Überlegungen mitnehmen kannst, ist, dass du dich unbedingt auf ein oder zwei Fachbereiche im Börsenhandel konzentrieren solltest, um aus dem vielleicht jetzt noch bei dir vorhandenen gefährlichen Halbwissen ein solides Fachwissen zu machen. Viele glauben beispielsweise, dass zur „Buy and hold"-Strategie nichts anderes gehören würde, als eine Handvoll Aktien zu kaufen und diese einfach zu halten. Wirkliche Profis in diesem Bereich wissen aber, dass es extrem viele Aspekte gibt, die aus dieser anscheinend simplen und im Übrigen für die meisten Privatanleger auch nicht funktionierenden Strategie eine solide und verlässliche Geldmaschine machen. Als Privatanleger, der auf vielen Hochzeiten tanzt, kannst du dies allerdings gar nicht wissen, weil du ja gar nicht die Zeit hast, dich wirklich intensiv und fortwährend mit den Details dieser beispielhaft angeführten Strategie zu beschäftigen. Tust du dies aber nicht, bleibst du ewig im Kreis der Anleger, die zwar mit viel Euphorie und Begeisterung an der Börse tätig sind, deren Engagement sich aber finanziell nie auszahlt. Deine Aufgabe ist es, dies zu ändern, und dieses Buch kann und wird dir dabei helfen.

KAPITEL

3

Mit ETFs zum Erfolg? Leider nein

ETFs sind wie Diäten – logisch, aber unwirksam

Hätte ich den Titel dieses Unterkapitels bei einem meiner Youtube-Videos verwendet, dann hätte ich jetzt schon jede Menge Daumen nach unten und unter Garantie bereits die ersten negativen Kommentare von Hardcore-ETF-Verfechtern. Daher an dieser Stelle gleich eine ganz wichtige Information:

ETFs gehören zu den bedeutendsten Finanzinnovationen der letzten Jahrzehnte und die grundsätzlichen Vorteile, die sie bieten, etwa eine breite Streuung und

vor allem die extrem niedrigen Gebühren, machen sie für die meisten privaten und institutionellen Anleger zu einem absoluten Muss. Ich gehe sogar so weit, zu behaupten, dass ein Großteil der Anleger mit dem Kauf von ETFs langfristig deutlich besser fahren würde, als wenn sie einzelne Aktien kaufen würden.

Ja, ich oute mich hier als Fan von ETFs und nutze diese sowohl privat als auch in meinem Unternehmen sehr häufig als Anlagevehikel. Für all diejenigen, die mit der Abkürzung ETF nichts anfangen können, folgt nun eine kurze Zusammenfassung, was ETFs sind. In den 1970er-Jahren kam in den USA die Idee auf, dass es für Anleger sinnvoller wäre, anstatt einzelner Aktien doch lieber einen ganzen Korb von Wertpapieren zu kaufen. Diese Idee war natürlich nicht neu, denn auch ein Aktienfonds ist letztendlich nichts anderes als ein Korb verschiedenster Wertpapiere. Der Unterschied zwischen einem aktiv gemanagten Aktienfonds und einem ETF besteht allerdings darin, dass ein ETF (Exchange Traded Fund) zum einen selbst als eigenständiges Wertpapier an der Börse gehandelt wird (auch einige aktiv gemanagte Fonds werden an der Börse gehandelt), aber vor allem darin, dass ein ETF auf das aktive Fondsmanagement verzichtet und stattdessen beispielsweise einen Aktienindex wie etwa den DAX oder den S&P 500 im Verhältnis eins zu eins nachbildet. In der Praxis bedeutet dies, dass ein DAX-ETF genau die 30 Aktien enthält, die im Deutschen Aktienindex DAX enthalten sind. Und zwar in genau der Aufteilung, wie die einzelnen Aktien auch im Index gewichtet werden.

Als einer der Urväter der ETF-Bewegung gilt der 2019 verstorbene John Clifton „Jack" Bogle, der den US-Finanzdienstleister Vanguard Group gründete und jahrzehntelang leitete. Er erkannte, dass die Mehrzahl der aktiven Fondsmanager nicht in der Lage war, die Performance eines Index auf Dauer zu schlagen. Seine Idee war nun, anstatt dies weiterhin zu versuchen, doch einfach direkt in den Index zu investieren und somit eine analoge Performance zum Index zu erreichen. Die amerikanische Zeitschrift *Fortune* zählt Jack Bogle zu den vier Giganten des 20. Jahrhunderts im Bereich Finanzanlagen und der aus Omaha stammende Superinvestor Warren Buffett bezeichnet das, was Jack Bogle geschaffen hat, als den größten Gewinn, den je ein Finanzdienstleister dem Anleger beschert hat. Im Laufe der letzten Jahre und Jahrzehnte ist der Anteil der verwalteten Gelder, die in ETFs angelegt sind, gigantisch angestiegen. 2018 betrug das weltweit verwaltete ETF-Vermögen nahezu sechs Billionen Dollar. Mittlerweile gibt es eine riesige Anzahl verschiedenster Formen von ETFs und als Anleger kann man nahezu jede Anlageklasse in Form dieser preisgünstigen Produkte kaufen.

Nach all diesen Lobreden wirst du dich vielleicht fragen, warum ich dennoch als Überschrift die Aussage gewählt habe: „ETFs sind wie Diäten – logisch, aber unwirksam". Zugegebenermaßen ist dieser Titel natürlich provokativ und auf Youtube hätte ich ihn gewählt, um möglichst viele Klicks auf das Video zu bekommen. Mir geht es hierbei aber nicht nur um Clickbait, sondern ich bin fest davon überzeugt, dass der durchschnittliche Anleger trotz der überragenden Vorteile, die ETFs bieten, kaum in der Lage sein wird, diese für sich gewinnbringend zu nutzen. Es ist unbestritten, dass beispielsweise ein regelmäßiger Sparplan mit einem oder mehreren ETFs für die meisten Anleger eine herausragende Geldanlage wäre, und auch ich empfehle jedem Einsteiger zu Beginn seiner Börsenkarriere, mit einem solchen Sparplan zu starten. Auch in meinen Depots und in den Depots meiner Kinder findet sich eine Reihe von ETFs wieder. Ich bin also, wie schon erwähnt, ein großer Befürworter von ETFs. Dennoch bin ich gleichzeitig überzeugt, dass viele Privatanleger langfristig mit ETFs kein Geld verdienen werden. Der Grund liegt allerdings nicht in dem Produkt ETF begründet, sondern in dessen Anwendung durch die meisten Anleger. Dafür ist jedoch auch zu einem Großteil die ETF-Industrie selbst verantwortlich, da sie in ihren Werbeversprechen lediglich die positiven Seiten von ETFs hervorhebt. Die psychologischen Fallstricke, die man mit dem Erwerb dieser Produkte überwinden muss, werden hingegen nicht einmal ansatzweise erwähnt.

Was sind diese psychologischen Fallstricke, die auf einen ETF-Anleger lauern, und wie kann er sie überwinden? In der Werbung der ETF-Anbieter wird vor allem immer ein Hauptaspekt hervorgehoben, nämlich die Tatsache, dass viele Fondsmanager nicht in der Lage sind, einen Vergleichsindex wie etwa den DAX oder den S&P 500 dauerhaft zu schlagen. Daraus folgt im Umkehrschluss, dass ein Anleger, der sich passiv an den Märkten engagiert, dadurch zumindest die Performance dieser Märkte erreicht. Der psychologische Fallstrick, der allerdings in dieser Aussage lauert, ist die Tatsache, dass es kaum einen Anleger gibt, der wirklich passiv agiert. Ganz im Gegenteil, ein Großteil der Anleger, und zwar sowohl die privaten als auch die institutionellen, ist viel zu aktiv in den Märkten unterwegs. Und wenn wir uns als Beispiel die jährliche Performance des S&P 500 anschauen, können wir schnell erkennen, an welchen Stellen die meisten ETF-Anleger scheitern.

Grafik 4

Jahr	Schlussstand in Punkten	Veränderung in %
1985	211,28	26,33
1986	242,17	14,62
1987	247,08	2,03
1988	277,72	12,40
1989	353,40	27,25
1990	330,22	-5,65
1991	417,09	26,31
1992	435,71	4,46
1993	466,45	7,06
1994	459,27	-1,54
1995	615,93	34,11
1996	740,74	20,23
1997	970,43	31,01

Jahr	Schlussstand in Punkten	Veränderung in %
1998	1.229,23	26,67
1999	1.469,25	19,53
2000	1.320,28	-10,14
2001	1.148,08	-13,04
2002	879,82	-23,37
2003	1.111,92	26,38
2004	1.211,92	8,99
2005	1.248,29	3,00
2006	1.418,30	13,62
2007	1.468,36	3,53
2008	903,25	-38,49
2009	1.115,10	23,45
2010	1.257,64	12,78
2011	1.257,60	0,00
2012	1.426,19	13,41
2013	1.848,36	29,60
2014	2.058,90	11,39
2015	2.043,94	-0,70
2016	2.238,83	9,54
2017	2.673,61	19,42

Jährliche prozentuale Performance des S&P 500 von 1985 bis 2017

Es ist eben nicht das fehlende Wissen, das die Anleger auf lange Sicht verlieren lässt, sondern ihre Emotionalität und der uns immer noch innewohnende Pessimismus des Neandertalers. Seit 1800 gab es im S&P 500 41 Jahre, in denen der Index mindestens zehn Prozent Verlust erlitten hat. Bei 219 Jahren Historie bedeutet dies, dass der Index durchschnittlich alle fünf Jahre einen Jahresverlust von zehn

Prozent oder mehr erlitten hat. Schauen wir uns die Tabelle der Performance-Entwicklung des S&P 500 noch einmal genau an, dann werden wir feststellen, dass es allerdings auch Jahre gab, in denen der Index deutlich größere Verlustphasen durchleben musste. So verlor der Index im Jahr 2008 über 38 Prozent und im Jahr 2002 gut 23 Prozent (im Jahr 1974, in der Tabelle nicht aufgeführt, waren es rund 29 Prozent). Ich habe bewusst nur die Jahre genannt, in denen ich schon auf dieser schönen Welt war.

Grafik 5

Wochenchart des S&P 500 von 2000 bis 2002

Quelle: TradeNavigator, © GenesisFT, www.duo-strategie.com

Nun bleibt es aber nicht dabei, dass der Index in einem Jahr einen Verlust erleidet und im nächsten Jahr gleich wieder auf der Gewinnerseite ist, sondern es gibt auch immer wieder Phasen, in denen man mehrere Jahre hintereinander Verluste erzielt hätte, wenn man ganz einfach passiv im Index investiert gewesen wäre. Das jüngste Beispiel dafür sehen wir während des Platzens der ersten Technologieblase in den Jahren 2000 bis 2002, als der Index in drei Jahren rund 46 Prozent an Wert einbüßte. Und dies ist noch nicht einmal die ganze Wahrheit, denn vom damaligen Allzeithoch im März 2000 bis zum letztendlichen Tief im Oktober 2002 verlor der Index sogar 50 Prozent.

Grafik 6

Wochenchart des S&P 500 von 2018

Quelle: TradeNavigator, © GenesisFT, www.duo-strategie.com

Das Jahr 2018 endete mit einem zu verschmerzenden Verlust von gerade einmal 4,38 Prozent auf Jahressicht, aber vom Allzeithoch im September 2018 bis zum Tiefpunkt im Dezember 2018, der ironischerweise genau an Weihnachten markiert wurde, verlor der Index über 20 Prozent.

Im Nachgang sagen viele Anleger, die in solchen Verlustphasen nicht investiert waren, dass dies hervorragende Kaufgelegenheiten gewesen wären. In der Realität sehen wir aber, dass es genau diese Phasen sind, in denen aus den passiven äußerst aktive Anleger werden, die im Überschwang ihrer Emotionen zum denkbar schlechtesten Zeitpunkt ihre ETFs verkaufen. Und dies ist nicht etwa eine Vermutung, sondern eine auf Daten basierende Tatsache.

Hier finden wir auch die Verbindung zu den am Kapitelanfang angesprochenen Diäten. Der Kauf eines passiven ETFs oder das Aufsetzen eines langfristig ausgerichteten Sparplans auf einen solchen ETF ist eine vollkommen logische und nachweislich hochrentable Anlage. In der Realität schaffen es aber nur die allerwenigsten Anleger, diese Anlagen auch wirklich dauerhaft zu halten. Bei einer Diät ist es genau das Gleiche. Die Reduzierung der Kalorienmenge durch weniger und gesünderes Essen, in Kombination mit regelmäßiger Bewegung, versetzt nahezu jeden Menschen in die Form seines Lebens und lässt dicke Bäuche, Hintern und Oberschenkel schlank und straff werden. So zumindest die Theorie. Jeder weiß, dass es kaum eine lukrativere Branche gibt als den Markt für Diätprodukte. Dies liegt an der Tatsache, dass Milliarden von Menschen immer wieder an diesen zwei einfachen Dingen scheitern, nämlich „Iss weniger" und „Bewege dich mehr". Schon im Evangelium nach Matthäus steht geschrieben: „Der Geist ist willig, aber das Fleisch ist schwach."

Zwar bin ich kein Experte für Diäten, aber ich weiß, dass sich Erfolg in diesem Bereich nur dann einstellen kann, wenn man seine Einstellung und seine täglichen Gewohnheiten ändert. Bei der Geldanlage ist es genauso. So wie der Vorsatz, endlich seine Ernährungsgewohnheiten zu verändern, das erste Mal auf die Probe gestellt wird, wenn einen am Abend der Appetit auf eine Tafel Schokolade überkommt und der Kühlschrank nicht weit weg ist, so wird auch der Vorsatz, langfristig in einen ETF-Sparplan zu investieren, permanent von den Märkten sabotiert.

Stellen wir uns dazu zwei unterschiedliche Situationen vor. Der erste Proband ist ein Student, der sich entschließt, mit 50 Euro im

Monat einen ETF-Sparplan zu starten. Im Laufe von 20 Monaten, also gut anderthalb Jahren, schafft er es, über die regelmäßigen Einzahlungen eine Summe von 1.000 Euro aufzubauen. Angenommen, nun würden die Märkte wieder einmal 20 Prozent, 30 Prozent oder vielleicht auch 40 Prozent korrigieren, würde unser Student zwischen 200 Euro und 400 Euro „Buchverluste" erleiden und dies mit großer Wahrscheinlichkeit als hervorragende Gelegenheit sehen, sich in die Märkte einzukaufen. Die Gefahr, dass er an dieser Stelle seinen ETF-Sparplan unterbricht oder gar auflöst, ist relativ gering. Der Grund dafür ist, dass die Summen, um die es hier geht, selbst für jemanden mit einem geringen Einkommen noch absolut überschaubar sind und der sogenannte Wiederbeschaffungswert sehr gering ist. Denken wir allerdings das Leben unseres Studenten einige Jahre beziehungsweise Jahrzehnte weiter. Nachdem er jetzt an seiner beruflichen Karriere arbeitet und sein Einkommen deutlich angestiegen ist, hat er seine Sparrate auf mehrere Hundert oder vielleicht sogar auf 1.000 Euro erhöht und sein im ETF angelegtes Vermögen ist auf 300.000 Euro angestiegen. Nun kommt es dazu, dass die Märkte erneut um 20 Prozent, 30 Prozent oder vielleicht auch 40 Prozent korrigieren. An dieser Stelle liegt nun der Buchverlust zwischen 60.000 und 120.000 Euro. Je nach Einkommen und persönlichem Wohlstand kann der Verlust, der dann zu akuten Bauchschmerzen führt, natürlich auch deutlich geringer oder höher sein. Während also der prozentuale Verlust in beiden Fällen absolut identisch ist, unterscheiden sich die absoluten Beträge, die sich hier plötzlich in Luft auflösen, sehr deutlich voneinander. Und dies wiederum wird dazu führen, dass all die guten Vorsätze, die man hatte und die man bei einem geringen Vermögen auch noch umgesetzt hat, nun plötzlich in Vergessenheit geraten. Als Folge dessen wird in einer solchen Situation aus dem ursprünglich passiven Investor nun doch ein aktiver Investor, der auf der Verkaufsseite steht und im denkbar schlechtesten Moment seine ETF-Bestände verkauft. All dies ist vollkommen menschlich und für jemanden, der das schon einmal selbst erlebt hat, auch durchaus nachvollziehbar.

Hilfe in einer solchen Situation versprechen die in letzter Zeit immer öfter auftauchenden Anbieter, die dem Anleger versprechen, ihn mithilfe von Computeralgorithmen in genau diesen Situationen zu beschützen. Aber funktioniert das in der Praxis?

Robo-Advisors und Co – Beleg für die Fehlbarkeit der Grundideen

In den letzten Jahren gab es im ETF-Universum zwei bedeutende Entwicklungen, wobei die eine, nämlich die zweite, auf die ursprüngliche Entwicklung zurückzuführen ist. Die eine Entwicklung, die wir in den letzten Jahren beobachten konnten, war ein enormes Anwachsen der Volumina, die sowohl von privaten als auch von institutionellen Anlegern in ETFs angelegt wurden. Dies führte dazu, dass aus der ursprünglichen Nische mittlerweile ein Mainstream-Angebot wurde. Infolgedessen drängten immer mehr Anbieter auf den Markt und platzierten ihre Angebote. Der immer größer werdenden Nachfrage stand also gleichzeitig ein immer größer werdendes Angebot gegenüber. Und wie in freien Märkten üblich, führte dies dazu, dass die ersten Anbieter begannen, ihre ohnehin schon sehr geringen Gebührensätze nochmals deutlich zu senken. Diese für den Anleger sehr positive Entwicklung brachte es allerdings auch mit sich, dass die Margen der Anbieter immer kleiner wurden und es gerade für die kleineren extrem schwierig war, überhaupt noch eine positive Marge zu erzielen. Was also tun? Hier kommt die zweite Entwicklung ins Spiel, die besonders in den letzten vier bis fünf Jahren zu beobachten war – das Auftauchen von Anbietern, welche die Vorteile von ETFs mithilfe eines auf Computeralgorithmen basierenden Auswahlprozesses für den Anleger maximieren wollen, so zumindest steht es in den Werbeversprechen dieser sogenannten Robo-Advisors. Was ist ein Robo-Advisor? Dahinter steckt ein zumindest für die Anbieter ziemlich geniales Geschäftsmodell. Mittlerweile ist nämlich vielen Anlegern bewusst geworden, dass ETFs zwar hervorragende passive Investmentvehikel sind, dass die Anleger, die diese Produkte nutzen, wie gerade beschrieben, jedoch alles andere als passiv, sondern zum ungünstigsten Zeitpunkt aktiv sind. Das Versprechen dieser neuen Anbieter ist nun, dass ein Computeralgorithmus in der Lage sei, diese Schwankungen, die ein Anleger verständlicherweise vermeiden will, im Voraus zu erkennen und durch Umschichtungen in verschiedene ETFs zu minimieren oder sogar gänzlich zu vermeiden. Die Algorithmen sollen also in der Lage sein, beispielsweise während einer Börsenhausse das Geld des Anlegers komplett in reine Aktien-ETFs zu investieren und bei Anzeichen von Gefahr diese dann wieder in weniger riskante ETFs, beispielsweise Anleihe-ETFs oder gar Termingeld-ETFs, umzuschichten.

Was in der Theorie hervorragend klingt, erscheint bei näherer Betrachtung geradezu absurd. Denn hier wird das eigentliche Grundprinzip des ETF-Gedankens komplett auf den Kopf gestellt. Der Hauptgrund, der für ETFs spricht, ist ja gerade die Tatsache, dass es den meisten aktiv handelnden Anlegern, egal ob sie nun privat oder institutionell an den Märkten aktiv sind, eben nicht gelingt, auf lange Sicht einen Index zu schlagen. Die Frage, die sich nun stellt, ist aber, warum gerade ein von Menschen programmierter Algorithmus in der Lage sein sollte, dies zu tun. Ich nehme also ein Produkt, dessen größter Vorteil seine Passivität ist, kombiniere es mit einer aktiven Komponente und verkaufe das Ganze dem Anleger als etwas völlig Neues und noch nie da Gewesenes. Was aber unterscheidet ein solches Angebot dann überhaupt noch von einem von Menschen aktiv gehandelten Fonds? Und diese Idee ist nicht einmal neu, denn schon seit vielen Jahren gibt es eine Kategorie unter den Investmentfonds, die unter dem Namen Mischfonds genau das oben beschriebene Prinzip umsetzt. Es ist also, wie man so schön sagt, alter Wein in neuen Schläuchen. Eines muss man den Anbietern dieser Produkte allerdings lassen: Es ist eine hervorragende Geschäftsidee, die sich derzeit sehr gut verkauft, wie die Zuwachszahlen der Anbieter und die von ihnen verwalteten Vermögen zeigen.

Nun könnte man allein aufgrund der Tatsache, dass dem Anleger hier etwas als neu verkauft wird, was es schon seit Jahren gibt, misstrauisch werden. Es gibt aber zwei weitere Punkte, die Anleger aus meiner Sicht von diesen Produkten fernhalten sollten. Der erste ist die Tatsache, dass in der zugegeben noch recht kurzen Historie diese Produkte beziehungsweise ihre Wertentwicklung sehr deutlich hinter den eigenen Ansprüchen hinterherhinken. Das wiederum ist nicht sehr verwunderlich, denn auch die vor einigen Jahren als neueste Errungenschaft angepriesenen Mischfonds leiden unter massiver Underperformance und dies bei deutlich höheren Kosten als klassische Aktienfonds. Selbst wenn ein Investor durchaus eine Kombination beispielsweise von Aktien und Anleihen in seinem Depot haben möchte, ist er also in der Vergangenheit deutlich besser gefahren, wenn er sich von Beginn an für eine Aufteilung seiner Anlagen in Aktien- und Anleihefonds entschieden hat. Dies hätte ihm gegenüber den angepriesenen Mischfonds eine deutlich bessere Performance bei sehr viel geringeren Gebühren gebracht. Und auch bei der Anlageklasse ETF dürfte dies, wie die ersten Erfahrungen zeigen, nicht anders sein. Warum aber gibt es dann so viele Robo-Advisors? Der Grund ist der, dass der eingangs erwähnte Wettbewerb und die infolgedessen gesunkenen Margen die Anbieter nach Möglichkeiten suchen ließen, diese niedrigen Margen zu erhöhen. Wie macht man dies am besten? Indem man ein Produkt mit deutlich höheren Gebühren als für klassische einzelne ETFs kreiert. Und diese Gebührenunterschiede sind nicht etwa marginal, sondern teilweise drastisch. So kann es sein, dass ein Anleger für das Produkt eines Robo-Advisors durchaus den vier- bis fünfmal so hohen Gebührensatz bezahlt wie bei der Auswahl einzelner ETFs. Was also hier verkauft wird, ist letztendlich nichts anderes als eine Dienstleistung zu einem enormen Gebührensatz, die jeder Anleger vollkommen selbstständig für sich umsetzen könnte – und dies sogar viel preiswerter.

Sollte man also komplett die Finger von ETFs lassen? Gibt es keinen Weg, wie man auch als privater Anleger langfristig an der

Wertentwicklung der Wirtschaft und der Aktienmärkte partizipieren kann, ohne dabei in die in diesem Kapitel beschriebenen mentalen Fallen zu tappen? Dieses Buch wäre nicht geschrieben worden, wenn ich persönlich nicht davon überzeugt wäre, dass es sehr wohl einen Weg gibt, wie man diese Problematik, auch und gerade als privater Anleger, in den Griff bekommen kann. Und dafür muss man keineswegs auf die Vorteile von ETFs verzichten. Es geht auch nicht darum, dass man eine geheime Strategie oder Systematik anwenden müsste, um die Märkte zu schlagen, sondern es geht vielmehr darum, dass es uns als Anlegern gelingen muss, unsere eiszeitlichen Gehirne gewissermaßen zu überlisten und uns in eine Lage zu versetzen, in der wir auch bei fallenden Kursen – sogar deutlich fallenden Kursen – keinerlei emotionale Schmerzen haben, an den Märkten weiter engagiert zu bleiben. Was wir brauchen, ist ein Plan B, wenn die Aktienmärkte nicht wie in 80 Prozent der Zeit steigen, sondern wenn sie fallen. Die in diesem Buch beschriebene Systematik hat also gar nicht den Anspruch, den Markt oder seine Performance schlagen zu wollen. Sie soll uns vielmehr in die Lage versetzen, tatsächlich an den Märkten engagiert bleiben zu können, wenn es den meisten Menschen rein emotional nicht mehr möglich ist, und im Idealfall in diesen Zeiten, die sich im Nachhinein immer als hervorragende Kaufgelegenheiten erweisen, auch tatsächlich entsprechende Käufe an den Märkten tätigen zu können.

KAPITEL

4

Das DuO-Prinzip – der eingebaute Plan B

Warum du an der Börse einen Plan B benötigst

Im Laufe meines Lebens hat sich eine Reihe von Menschen herauskristallisiert, die ich als Vorbilder betrachte. Diese Menschen haben Dinge getan, die mich inspirieren, und ich orientiere mich an ihrem Handeln. Eines dieser Vorbilder ist schon seit geraumer Zeit Arnold Schwarzenegger. Ich brauche wohl nichts über ihn zu schreiben, da selbst diejenigen, die keine Fans von ihm sind, wissen, wer er ist und was er im Laufe seines Lebens geleistet hat. Es gibt einige inspirierende Reden von Arnold Schwarzenegger, in denen er seine Erfolgsgeheimnisse des Lebens offenbart. Und ich habe mir diese zu weiten

Teilen auch zu eigen gemacht. Nun gibt es allerdings einen Punkt, dem ich prinzipiell zustimme, der allerdings beim Investieren nicht so zielführend ist wie in anderen Lebensbereichen. Arnold Schwarzenegger hat gesagt: „There is no plan B." Auf Deutsch: „Es gibt keinen Plan B." Gemeint hat er damit, dass man, wenn man ein Ziel verfolgt, dieses Ziel zu 100 Prozent verfolgen und sich nicht schon im Vorfeld einen Ausweg, also einen Plan B, zurechtlegen sollte. Denn dies führe dazu, dass man nicht alle notwendige Energie in das Erreichen seines Ziels investiert. Dies ist keine neue Erkenntnis, sondern sie wurde schon vor Urzeiten angewandt, beispielsweise als die Wikinger bei ihren Eroberungsfeldzügen beim Anlanden auf feindlichem Gebiet ihre Boote verbrannten, um keine Rückzugsmöglichkeit, also keinen Plan B, zu haben. Während ich im normalen Leben dieses Erfolgsgeheimnis als äußerst sinnvoll erachte, habe ich für mich persönlich herausgefunden, dass es an der Börse und auch bei anderen Investments absolut Sinn machen kann, von Beginn an einen Plan B zu haben.

Schauen wir uns dies zuerst an einem Beispiel aus dem Immobilienbereich an. Stell dir vor, du hättest dir gerade eine Eigentumswohnung gekauft und wolltest diese als Ferienwohnung über ein Portal wie Airbnb vermieten. Dann solltest du natürlich all deine Energie in deine Bemühungen investieren, diese Wohnung auf der Plattform optimal zu präsentieren und sie für deine potenziellen Kunden so zu gestalten, dass der Vermietungserfolg entsprechend hoch ist. Stell dir aber vor, dass sich herausstellt: Nachdem du alles getan hast, was notwendig ist, um deine neu erworbene Wohnung als Ferienwohnung zu vermieten, besteht in der Stadt, in der sich die Wohnung befindet, entweder kaum Nachfrage nach Ferienwohnungen oder eine solche Vermietung wird vielleicht, wie mittlerweile in einigen Städten, vom Gesetzgeber untersagt. Macht es jetzt aus deiner Sicht noch Sinn, tatsächlich an deinem ursprünglichen Plan festzuhalten, oder wäre es nicht schon von vornherein sinnvoll gewesen, sich Gedanken darüber zu machen, was du tun wirst, wenn genau dieser Fall eintritt? Eine Wohnung, die du vermieten möchtest, ist immer noch eine wertvolle Anlage, aber eben nur dann, wenn du auch entsprechende Einnahmen erzielst. Statt nun also mit dem Kopf gegen die Wand zu rennen und auf Teufel komm raus zu versuchen, diese Wohnung doch noch als Ferienwohnung zu vermieten, könnte es viel sinnvoller sein, die Immobilie anderweitig zu verwerten, beispielsweise als ganz normale Wohnung, die du einem Mieter anbietest. Dieser Plan B ist dann keineswegs etwas, das dich erfolglos macht, sondern ganz im Gegenteil: Er ist wirtschaftlich sehr sinnvoll.

Schauen wir uns das Ganze einmal aus Sicht eines Aktieninvestors an. Hier wirst du permanent einen Plan B benötigen, wenn du dauerhaft und langfristig erfolgreich sein möchtest. Angenommen, du kaufst eine Aktie, weil du von den Zukunftsaussichten der Firma zu 100 Prozent überzeugt bist. Wenn sich nun aber herausstellt, dass diese Zukunftsaussichten und die weitere Entwicklung der Firma nun doch nicht so positiv sind wie von dir ursprünglich gedacht, ist es geradezu zwingend notwendig, dass du einen Plan B für solch einen Fall hast. Denn oft genug beharren Anleger auf ihrer einmal getroffenen Entscheidung und behalten Anteile von Unternehmen in ihren Depots, die sich langfristig als Kapitalvernichter herausstellen. Ein guter Plan B wäre beispielsweise, ganz rational die jeweilige Situation zu analysieren und dann, wenn du feststellst, dass deine ursprüngliche Investmentidee nicht mehr intakt ist, die entsprechenden Aktien zu verkaufen.

Um noch einmal ganz klar den Unterschied zwischen dem darzustellen, was Arnold Schwarzenegger meint, und dem, was du als Investor tun solltest, will ich dir dies aufzeigen: Wenn du eine Firma gründest und sich diese Firma nicht gleich von Beginn an so entwickelt, wie du dir das vorstellst, dann solltest du keinen Plan B haben, sondern – das ist die Aussage von Arnold Schwarzenegger – so lange an der Firma arbeiten, bis du sie erfolgreich gemacht hast. Du hast es selbst in der Hand, die zukünftige Entwicklung deiner Firma zu gestalten und sie auf den Erfolgsweg zu führen. Daher benötigst du auch keinen Plan B. Wenn du als Investor allerdings Anteile an einer Firma – und

Aktien sind nichts anderes als Anteile an einer Firma – erwirbst und sich nach deinem Kauf die Firma nicht so entwickelt wie von dir gedacht, dann kannst du selbst keinen Einfluss auf die zukünftige Entwicklung der Firma nehmen. Und daher solltest du auch nicht stur an deinem Investment festhalten, sondern einen entsprechenden Plan B zur Verfügung haben, um dein Investment zu schützen. In den meisten Fällen sollte dies den Verkauf der entsprechenden Aktien nach sich ziehen.

Das in diesem Buch vorgestellte DuO-Prinzip, das ich dir später im Detail vorstellen werde, basiert genau auf diesem Grundgedanken eines Plan B. Wir gehen mit einer bestimmten Erwartungshaltung in den Markt, haben allerdings gleich einen Plan B als festen Bestandteil der Systematik integriert. Dies hat für dich den Vorteil, dass das Konzept zwei wesentliche Kernelemente verbindet. Zum einen reduziert sich der Zeitaufwand, der notwendig ist, um deine Investments zu überwachen, sehr deutlich, da in dem Fall, dass Plan A nicht aufgeht, automatisch Plan B greift. Zweitens bietet dir diese Form des Handels einen enormen psychologischen Vorteil gegenüber vielen anderen Händlern, die sich permanent überlegen müssen, ob und wie sie ihre Positionen gerade dann verwalten, wenn es nicht so läuft, wie sie sich das zu Beginn vorgestellt hatten.

Mein Ziel ist es, dir eine Systematik an die Hand zu geben, die es dir erlaubt, langfristig erfolgreich an den Börsen aktiv zu sein. Und mit „langfristig" ist nicht ein Zeitraum von einigen Jahren, sondern von einigen Jahrzehnten gemeint. Denn wirklicher Wohlstand wird an den Kapitalmärkten nur geschaffen, wenn es dir gelingt, so lange wie möglich an den Märkten zu bleiben. Wie du bei den Ausführungen zu ETFs jedoch bereits gesehen hast, ist dies zwar theoretisch recht einfach, aber eben nicht in der Praxis. Das DuO-Prinzip vereint hingegen mehrere Komponenten, die technisch betrachtet relativ einfach sind, enthält gleichzeitig aber auch ein fortlaufendes Belohnungssystem, das dich mental unterstützt, sodass du in die Lage versetzt wirst, auch bei Kursrückgängen in den Märkten engagiert zu bleiben und im besten Fall sogar noch weitere Investments zu tätigen.

Gewinne gleichen Verluste nur mathematisch aus

Im Grunde genommen ist es ganz einfach. Angenommen, wir kaufen eine Aktie. Diese entwickelt sich nicht so wie erwartet und wir entschließen uns, sie wieder zu verkaufen. Da wir die Akte zu einem tieferen Kurs verkaufen, als wir sie gekauft haben, entsteht ein Verlust. Nehmen wir der Einfachheit halber an, dass es sich um einen Verlust von 500 Euro handelt. Da uns diese Aktie keinen Gewinn gebracht hat, versuchen wir unser Glück erneut und kaufen nun Aktien eines anderen Unternehmens. Dieses Mal läuft alles wie von uns erwartet und nachdem unsere Aktien im Preis gestiegen sind, verkaufen wir sie und realisieren einen Gewinn von 500 Euro.

500 Euro Verlust + 500 Euro Gewinn = 0

Lassen wir in diesem Beispiel einmal die Gebühren außen vor, dann hat sich der Wert unseres Kontos nach diesen zwei Käufen und Verkäufen nicht verändert. Der Gewinn aus dem zweiten Handel hat den Verlust aus dem ersten Handel ausgeglichen. Mathematisch ist das vollkommen korrekt, mit der Börsenrealität hat dies aber leider nur sehr wenig zu tun. Falls du jetzt glaubst, dass an dieser Stelle das Thema Steuern eine Rolle spielt, dann muss ich dich leider enttäuschen, denn der Punkt, um den es mir geht, ist ein ganz anderer. Vielmehr handelt es sich hierbei um einen psychologischen Effekt, der als Verlustaversion bekannt ist. Dieses Phänomen wurde im Jahr 1979 von den beiden Wissenschaftlern Amos Tversky und Daniel Kahneman als Bestandteil der von ihnen begründeten Prospect Theory wissenschaftlich belegt. Ich will an dieser Stelle nicht zu tief in diese Theorie einsteigen, sondern lediglich einige grundlegende Punkte aufzeigen.

Eines der bekanntesten Experimente hat der US-amerikanische Ökonom und Professor für Wirtschaftswissenschaften Colin F. Camerer in den 1990er-Jahren durchgeführt. Seine Untersuchungen sind als das sogenannte Taxifahrer-Phänomen bekannt geworden.

Camerer untersuchte das Verhalten von Taxifahrern in New York. Sie erhalten flexible Löhne und somit schwankt ihr Einkommen von Tag zu Tag. Es gibt Tage, an denen Taxis deutlich mehr nachgefragt werden als an anderen Tagen, beispielsweise wenn Großveranstaltungen stattfinden oder zum Beispiel ein Regentag die Benutzung eines Taxis deutlich attraktiver erscheinen lässt als ein lauer Sommerabend, an dem man auch einmal zu Fuß gehen kann. Wären diese Taxifahrer in ihrem Verhalten rational, würden sie an den Tagen, an denen sie mehr Umsatz machen könnten, mehr arbeiten und an anderen Tagen, an denen die Chancen auf Umsatz äußerst gering sind, weil beispielsweise ein Schneesturm herrscht, viel weniger arbeiten. Camerer fand allerdings heraus, dass die meisten Taxifahrer ein tägliches Umsatzziel haben und daher an Tagen, an denen kaum etwas zu tun ist, deutlich länger arbeiten als an Tagen, an denen das Geldverdienen für sie viel leichter ist. Logisch wäre, dass man an Tagen, an denen man viel Geld verdienen, sprich Gewinne erzielen, kann, mehr arbeitet und an Tagen, an denen man nur wenig Geld verdienen kann, also wahrscheinlich Verluste anfallen, weniger arbeitet. Bei den Taxifahrern ist allerdings die Angst vor einem Verlust viel höher als die Freude über einen Gewinn und so kommt dieses völlig unlogische Verhalten zustande.

Wir Anleger sind allerdings keinen Deut besser als die Taxifahrer in New York. Auch ich kann dies anhand eines sehr prägenden eigenen Erlebnisses bestätigen. Erinnerst du dich noch an die Geschichte mit der japanischen Softbank-Aktie? Dies ist ein klassischer Fall der Prospect Theory. Wir hatten damals den entgangenen Gewinn deutlich höher gewichtet als den tatsächlich realisierten Gewinn. Das heißt also, selbst wenn wir einen Gewinn erzielen, heißt dies noch lange nicht, dass wir mit unseren Ergebnissen zufrieden sind. Nun könnte man meinen, dass letztendlich der unter dem Strich stehende Gewinn ausschlaggebend ist und nicht die Emotionen, die wir dabei empfinden. Aber dies stimmt eben nicht. Unsere Emotionen entscheiden darüber, ob wir langfristig Geld an den Märkten verdienen oder nicht. Und daher wird ein Anleger, der wie oben beschrieben Gewinne und Verluste erzielt, die unter dem Strich zwar netto nichts an seinem Kontostand ändern, sich eben nicht neutral fühlen, sondern er wird sich wie ein Verlierer fühlen. Dies wiederum wird dazu führen, dass er sein Anlageverhalten verändert, da er seit Jahren mit seinen bisherigen Ergebnissen unzufrieden ist. Rational gibt es dafür überhaupt keinen Grund, da er ja keinerlei Verluste erlitten hat und vielleicht lediglich einfach weiter an seiner Strategie arbeiten müsste. In der Realität wird er aber seine Strategie über den Haufen werfen und nach neuen und vor allem „besseren" Strategien suchen. Es gibt noch viele weitere spannende Dinge im Verhalten von Anlegern, die sich mithilfe dieses Phänomens erklären lassen. So kann man beispielsweise mithilfe der Verlustaversion erklären, warum Aktienanleger die Tendenz haben, Gewinne schnell zu realisieren, an verlustreichen Positionen hingegen festzuhalten. Der Grund dafür ist, dass die Realisierung eines Verlusts deutlich mehr negative Emotionen erzeugt, als die Erzielung eines gleich hohen Gewinns positive Emotionen erzeugt. Ein Psychologe hat mir einmal erklärt, dass ein Börsenhändler, nachdem er einen Verlust von 100 Euro erlitten hat, im Anschluss mindestens 250 Euro Gewinn erzielen muss, damit er den zuvor erlittenen Verlust emotional überwinden kann.

Ich kann dir auf jeden Fall empfehlen, dich mit der Prospect Theory einmal näher zu beschäftigen. Wie stark bei dir selbst Gewinne und Verluste emotional wirken, kannst du anhand eines kleinen Tests nachvollziehen, den ich dir auf unserer Website www.duo-strategie .com hinterlegt habe.

Falls du jetzt glaubst, dass all das eine brandneue Entwicklung ist, dann will ich dich an ein Zitat von Börsenaltmeister André Kostolany erinnern, der einmal sagte: „An der Börse ist 2 + 2 niemals 4, sondern immer 5 - 1." Es ist daher sehr wichtig, dass du dich mit diesen Dingen intensiver auseinandersetzt, als du es vielleicht bislang getan hast, denn auch an der Börse gilt: Gewinnen beginnt im Kopf. Ja, das mag etwas abgedroschen klingen und an eine Motivationsveranstaltung aus den 80er-Jahren denken lassen, nichtsdestotrotz ist es wahr.

Die Strategie, die in diesem Buch beschrieben wird, ist daher mathematisch keineswegs besser als eine der vielen anderen Strategien, die es an der Börse gibt. Deutlich angenehmer sind allerdings die emotionalen Auswirkungen, wenn du nur diese Strategie für dich persönlich umsetzt. Denn eines ist ganz klar: An der Börse gewinnt nicht derjenige, der das theoretisch profitabelste Handelssystem nutzt, sondern derjenige, der eine Strategie anwendet, die aus zwei Komponenten besteht. Zum einen muss die Strategie natürlich einen positiven Erwartungswert haben. Es ist jedoch mindestens genauso wichtig, wenn nicht sogar viel entscheidender, dass du persönlich in der Lage bist, diese Strategie auch dauerhaft und fortwährend umzusetzen.

Mathematisch richtig – mental leider falsch

Bevor wir im nächsten Abschnitt dann endgültig zur Strategie – dem DuO-Prinzip – kommen, will ich dir an dieser Stelle noch ein paar weitere Punkte aufzeigen, die von den meisten Börsianern wie auch von Wirtschaftsjournalisten, Buchautoren, Börsen-Coaches und so weiter bewusst und wahrscheinlich oft auch unbewusst vollkommen falsch dargestellt werden.

Nehmen wir zum Beispiel das in Deutschland überaus beliebte Phänomen Markttechnik. Ich schreibe hier deswegen „Phänomen Markttechnik“ weil es diesen Begriff beispielsweise im amerikanischen Sprachraum überhaupt nicht gibt und weil viele, die von sich behaupten, nach markttechnischen Gesichtspunkten zu handeln, in Wahrheit überhaupt keine Ahnung haben, was sie da eigentlich tun. Die Markttechnik hat ihre Ursprünge in der sogenannten Dow Theory, die von dem US-Amerikaner Charles Dow ab dem Jahr 1884 in einer Reihe von Artikeln im *Wall Street Journal* veröffentlicht wurde. Charles Henry Dow wurde 1851 in Connecticut in den USA geboren und verstarb mit gerade einmal 51 Jahren 1902 in New York.

Er war ein amerikanischer Journalist, Wirtschaftswissenschaftler und Mitgründer des *Wall Street Journal*, das zum ersten Mal am 8. Juli 1889 erschien und noch heute als die auflagenstärkste Zeitung der Vereinigten Staaten gilt. Bereits im Jahr 1882 hatte er die Firma Dow Jones & Company gegründet und 1896 kreierte er den weltweit bekannten Aktienindex Dow Jones Industrial Average, der auch heute noch in jeder Börsensendung meist unter der Kurzform „Dow Jones" besprochen wird. In den Artikeln, die Charles Dow veröffentlichte, beschrieb er das Verhalten von Aktienpreisen und wie diese aufgrund von Angebot und Nachfrage täglich schwanken, sodass langfristige Trends entstehen. Dies war die Grundlage der Technischen Analyse und auch dessen, was wir heute unter dem Namen „Markttechnik" kennen. Die Ehre, diese Bezeichnung im deutschsprachigen Raum geprägt zu haben, gebührt Michael Voigt, einem nicht nur außerordentlich begnadeten Autor, sondern auch sehr erfolgreichen Börsenhändler, Geschäftsmann und nicht zuletzt einem meiner langjährigen Freunde, dem ich persönlich enorm viel verdanke, auch wenn ich nie nach Markttechnik gehandelt habe.

Bricht man das Thema Markttechnik herunter, dann handelt es sich letztendlich um eine Art Trendfolgesystem. Trendfolge ist eine Strategie, die auf der Idee beruht, dass man als Händler auf einen sich gerade entwickelnden Trend aufspringt und diesen dann so lange begleitet, bis er endet. Es gibt eine Reihe von äußerst erfolgreichen Händlern, die mithilfe von Trendfolgesystemen im Laufe der Jahre enorme Gewinne erzielt haben. Vielleicht kennst du ja die Geschichte der Turtle-Trader. Bei dieser wahren Geschichte ging es darum, dass zwei äußerst erfolgreiche Händler namens Richard Dennis und William Eckhardt im Jahr 1983 ein Experiment starteten. Grundlage dieses Experiments war eine Diskussion zwischen den beiden. Dabei vertrat Richard Dennis die Meinung, dass es möglich sei, erfolgreiche Börsenhändler ähnlich wie Schildkröten zu züchten, wohingegen William Eckhardt dies verneinte. Um zu prüfen, wer von ihnen beiden nun recht habe, schalteten sie im *Wall Street Journal* eine Anzeige. Aus den sich daraufhin bewerbenden 1.000 Menschen wählten sie letztendlich 13 aus, denen sie innerhalb von zwei Wochen ein Trendfolgesystem beibrachten. Nachdem die Gruppe eine Zeit lang einen simulierten Handel durchgeführt hatte, wurden letztendlich zehn Teilnehmer ausgewählt, die mit einem Startkapital zwischen 500.000 und zwei Millionen US-Dollar das gelernte System an der Börse umsetzen konnten. Die Gewinne, die diese Gruppe in den darauffolgenden Jahren erzielte, waren spektakulär und wurden in etlichen Büchern und Berichten ausführlich beschrieben. Infolgedessen versuchten auch viele private Händler, sich mithilfe von Trendfolgesystemen an der Börse zu engagieren. Diese Ergebnisse waren aber in den meisten Fällen weitaus weniger spektakulär und schon gar nicht gewinnbringend. Denn was die meisten privaten Händler und auch viele Coaches nicht bedachten, war die Tatsache, dass ein Ansatz, der auf Trendfolge basiert, langfristig zwar funktioniert, aber zwischenzeitlich mit sehr großen Schwankungen einhergeht. Des Weiteren wurde auch nicht beachtet, dass bei einem Trendfolge-Ansatz die Trefferquote oftmals sehr gering ist, was in der Praxis bedeutet, dass häufig nur drei von zehn Trades einen Gewinn zur Folge haben. Dies führt wiederum dazu, dass die meisten privaten Händler zwar theoretisch das Richtige tun, aber in der Praxis an dem Umstand scheitern, dass sie emotional nicht in der Lage sind, die sehr viel häufiger auftretenden Verluste auszuhalten. Sicherlich hast du schon einmal gehört, dass man an der Börse „Verluste begrenzen und Gewinne laufen lassen" soll. Dies ist grundsätzlich richtig, funktioniert aber bei der Masse der Anleger in der Praxis nicht. Vielleicht glaubst du jetzt, dass dies daran liegt, dass viele Anleger ihre Verluste nicht begrenzen, und dies würde auch gut zu der im vorherigen Abschnitt besprochenen Verlustaversion passen. Dies mag in einigen Fällen auch zutreffen, jedoch ist noch viel häufiger zu beobachten, dass die Händler zwar konsequent ihre Verluste begrenzen, aber gleichzeitig nicht in der Lage sind, Gewinn-Trades so lange laufen zu lassen, dass der daraus entstehende Gewinn die viel häufiger entstandenen kleinen Verluste überkompensiert. Tatsache ist, dass die meisten markttechnisch orientierten Händler langfristig Verluste einfahren, weil es ihnen nicht gelingt, die notwendigen großen Gewinnserien laufen zu lassen. Viel zu schnell werden aus Angst, dass ein einmal aufgelaufener Gewinn sich wieder in Schall und Rauch auflösen könnte, kleinste Profite mitgenommen und damit die Chance verpasst, die wirklich großen Gewinne zu erzielen.

Und damit haben wir dasselbe Phänomen wie schon im Abschnitt über die ETFs beschrieben, dass Trendfolge oder eben auch Markttechnik zwar grundsätzlich einen Weg darstellt, wie man langfristig an der Börse Geld verdienen kann, die Realität aber zeigt, dass es nur den allerwenigsten Menschen gelingt, diese Systematiken tatsächlich umzusetzen. Aus meiner Erfahrung der letzten 20 Jahre, die ich bei der Arbeit mit anderen Händlern, angehenden Händlern, Seminarteilnehmern und Kunden machen durfte, kann ich festhalten, dass es eben einen Unterschied gibt zwischen Dingen, die in der Theorie und auch bei kleinen Gruppen von Anwendern funktionieren, und dem, was die Masse der Anleger tatsächlich umsetzen kann. Jetzt könnte man natürlich sagen (vielleicht sagst du dir das auch gerade selbst), dass es ja durchaus sein kann, dass die anderen Händler nicht in der Lage sind, mit diesen Systemen Geld zu verdienen, ich bin es aber sehr wohl. Und ja, es kann durchaus sein, dass du einer dieser wenigen Auserwählten bist. Realistisch ist dies allerdings nicht. Es ist das Gleiche wie bei der Frage, ob du ein guter Autofahrer bist. Stellt man diese Frage in einem Raum vor 1.000 Menschen, dann werden wahrscheinlich 800 von ihnen die Hand heben und von sich behaupten: „Na klar, ich bin ein herausragender Autofahrer." Fragt man allerdings dasselbe Publikum, wie viel Prozent der Menschen gute Autofahrer seien, dann wird man in der Regel Antworten bekommen, die im Bereich zwischen zehn und 20 Prozent liegen. Hier liegt also eine deutliche Diskrepanz zwischen Realität und persönlicher Wahrnehmung vor.

In meiner Börsenlaufbahn hat es mir enorm geholfen, dass ich erkannte, dass ich weder schlauer, klüger noch cleverer als andere Marktteilnehmer bin. Ich habe die gleichen kontraproduktiven Emotionen in mir wie alle anderen auch, ich neige dazu, die gleichen

Fehler zu machen wie alle anderen, und ich bin garantiert auch nicht schlauer als der durchschnittliche Leser dieses Buches. Der einzige Unterschied, der es mir möglich gemacht hat, sehr viel Geld an den Börsen zu verdienen, ist die Tatsache, dass ich mir dessen bewusst bin und deshalb für mich einen Ansatz gewählt habe, der es mir ermöglicht, all diese Schwachpunkte möglichst wenig Einfluss auf mein Handeln nehmen zu lassen und somit einer grundsätzlich positiven Strategie auch tatsächlich zu folgen. Diese Strategie beziehungsweise Systematik ist das DuO-Prinzip, das ich dir jetzt aufzeigen möchte.

Das DuO-Prinzip

Nachdem du dich jetzt durch eine ganze Reihe von Aspekten gearbeitet hast, anhand deren ich dir hoffentlich zeigen konnte, dass bei den üblichen Herangehensweisen an den Börsenhandel die eine oder andere Klippe lauert, will ich dir an dieser Stelle jetzt endlich das DuO-Prinzip vorstellen.

DuO = Dividenden und Optionen

Was? Hier geht es lediglich um Dividenden und Optionen? Gib zu, das war vielleicht der erste Gedanke, der dir in den Kopf geschossen ist, als du die ersten Zeilen dieses Abschnitts gelesen hast. Ich kann dir aber an dieser Stelle schon versichern, dass es um viel mehr als lediglich um Dividenden und Optionen geht, auch wenn Dividenden und Optionen im DuO-Prinzip eine tragende Rolle spielen. Dennoch unterscheidet sich die Herangehensweise eines DuO-Prinzip-Anwenders deutlich von dem, was du bislang vielleicht schon kennst, und auch von dem, was andere Händler nutzen. Dabei ist das DuO-Prinzip keineswegs eine neue Erfindung oder gar etwas Geheimnisvolles und es ist schon gar nicht die einzige Möglichkeit, an den

Börsen Geld zu verdienen. Die dahinterstehende Systematik ist auch hinsichtlich der Umsetzung oder der Performance nicht besser als andere Strategien. Weshalb solltest du dich also mit dem DuO-Prinzip beschäftigen?

Das DuO-Prinzip ist die Methode, mit der es mir möglich war, an der Börse ein konstantes und regelmäßiges Einkommen zu erzielen. Nun ist für dich nicht sonderlich wichtig, was ich erreicht habe, sondern vielmehr, ob es dir auch gelingen kann, ähnliche Erfolge zu erzielen. Ich bin der festen Überzeugung, dass das DuO-Prinzip genau dies für dich leisten kann. Der Grund, warum ich davon so überzeugt bin, ist die Tatsache, dass es sich beim DuO-Prinzip um eine Kombination aus einem mathematisch sinnvollen Ansatz und einer mentalen Belohnungskomponente handelt. Gerade der letzte Punkt wird von den meisten Börsenstrategien nicht beachtet. Die Gründe dafür habe ich ja bereits angesprochen. Aus rein mathematischer Sicht oder aus dem Blickwinkel der Performance ist die mentale Komponente vollkommen unwichtig und sie kann ja auch nicht gemessen werden. In der Realität wird es dir aber nur dann gelingen, langfristig erfolgreich an den Märkten zu agieren, wenn dein Tun und Handeln für dich einen Sinn ergibt und dies auch dann, wenn es einmal nicht so gut läuft. Es gibt genügend Schönwetteraktionäre, die bei Sonnenschein von Reichtum träumen und beim ersten Anzeichen von Regen das Handtuch werfen oder spätestens bei einem Gewitter pleitegehen. Wenn du das DuO-Prinzip jedoch richtig und vollumfänglich anwendest, wirst du in jeder Situation und in jeder Börsenlage Erfolge verzeichnen können.

Albert Einstein hat einmal gesagt: Wenn man etwas nicht einfach erklären kann, hat man es nicht verstanden. Daher werde ich dir jetzt die Grundpfeiler des DuO-Prinzips in Kurzform erläutern. In den darauffolgenden Kapiteln werden wir uns dann jeden einzelnen Punkt detailliert anschauen.

D = Dividenden

Beim DuO-Prinzip konzentrieren wir uns auf Aktien von Unternehmen, die regelmäßig eine Dividende ausschütten, die sich im Optimalfall sogar regelmäßig steigert. Der Grund dafür ist der sogenannte Cashflow, das heißt eine regelmäßige Einnahmequelle. Dividenden dienen uns als mentale Belohnung, die uns hilft, durch schwierige Zeiten an den Märkten zu kommen. Warum gerade der Cashflow für einen Investor sehr wichtig ist, werde ich dir in den folgenden Kapiteln noch näher erläutern.

O = Optionen

Optionen setzen wir ein, um ebenfalls einen regelmäßigen Cashflow zu generieren und gleichzeitig eine Systematik einzusetzen, die es uns ermöglicht, Aktien immer dann zu kaufen, wenn sie günstig sind. Auch wenn das Thema Optionen für dich momentan noch gänzlich neu ist, musst du dir keine Gedanken machen, denn das Ganze ist viel einfacher, als du dir jetzt vielleicht vorstellst.

Die Kombination aus Aktien mit einer regelmäßigen und vor allem steigenden Dividendenauszahlung mit dem Einsatz einer relativ einfachen Optionshandelsstrategie hilft dir zum einen, ein regelmäßiges Einkommen zu erzielen, und zum anderen (und dies ist für mich der Hauptpunkt für den Erfolg dieses Prinzips) gerade in den Situationen, in denen 95 Prozent der Anleger verlieren, auf der Seite der Gewinner zu stehen.

Ich möchte dir an dieser Stelle jedoch noch eines ganz klar vor Augen führen. Weder das DuO-Prinzip noch irgendeine andere Börsenstrategie wird in der Lage sein, aus einem Startkapital von 5.000 Euro ein Multi-Millionen-Konto zu zaubern. Es ist zwar theoretisch möglich, aber in der Realität mehr als unwahrscheinlich. Vergleiche dies am besten mit den Wahrscheinlichkeiten beim Lotto. Natürlich gibt es sie, die Gewinner, die durch den Kauf eines 5-Euro-Lottoscheins mehrere Millionen Euro gewonnen haben. Wenn dies geschieht, sind die Zeitungen voll mit Nachrichten über die glücklichen Gewinner und treiben somit gleichzeitig Millionen von Möchtegerngewinnern in die Lottoannahmestellen, die dort ihre wöchentlichen Spieleinsätze abliefern. Theoretisch kann man also mit fünf Euro Einsatz Millionär werden und es gibt tatsächlich immer wieder den einen oder anderen Zufallstreffer. Du musst dir nur überlegen, ob du deine finanzielle Freiheit auf einem solchen Zufallsprinzip aufbauen willst. Genauso wirst du im Internet wahre Geschichten von Menschen finden, die für wenige Hundert Dollar Anteile von Unternehmen gekauft haben und dadurch zu Millionären wurden. Du glaubst mir nicht? Hier zwei Beispiele:

Hättest du beim Börsengang des US-Getränkeherstellers Monster Beverage im Jahr 1985 für lediglich 2.000 Dollar Aktien gekauft, dann wärst du heute Millionär.

Grafik 7

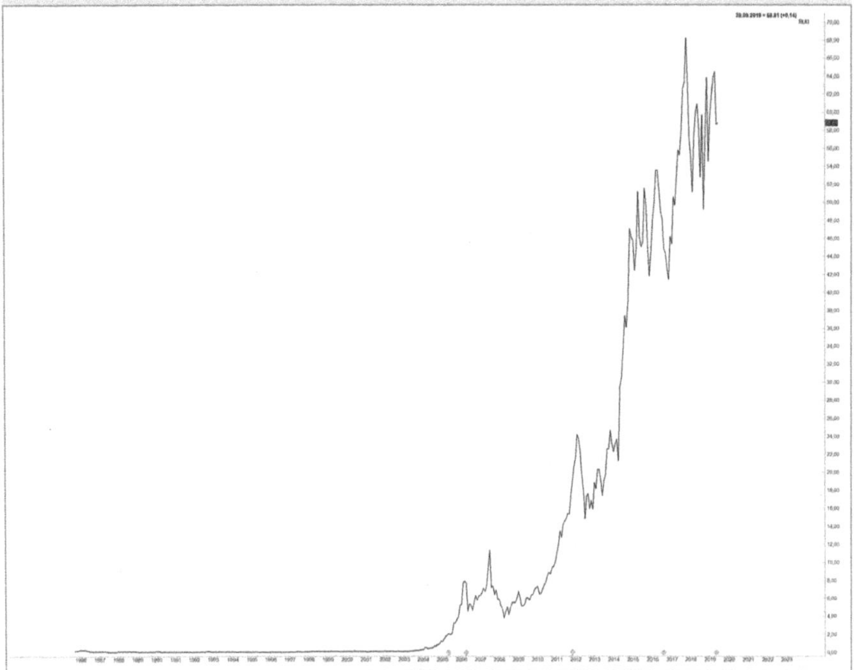

Historischer Chart der Monster-Beverage-Aktie

Quelle: TradeNavigator, © GenesisFT, www.duo-strategie.com

Oder nehmen wir die Aktien von Amazon. Hier hätten sogar 1.000 Dollar gereicht, um dich, wenn du beim Börsengang 1997 zu 1,50 Dollar pro Stück Aktien gekauft und diese bis heute behalten hättest, zum Millionär zu machen. So einfach kann das Börsenglück sein.

Grafik 8

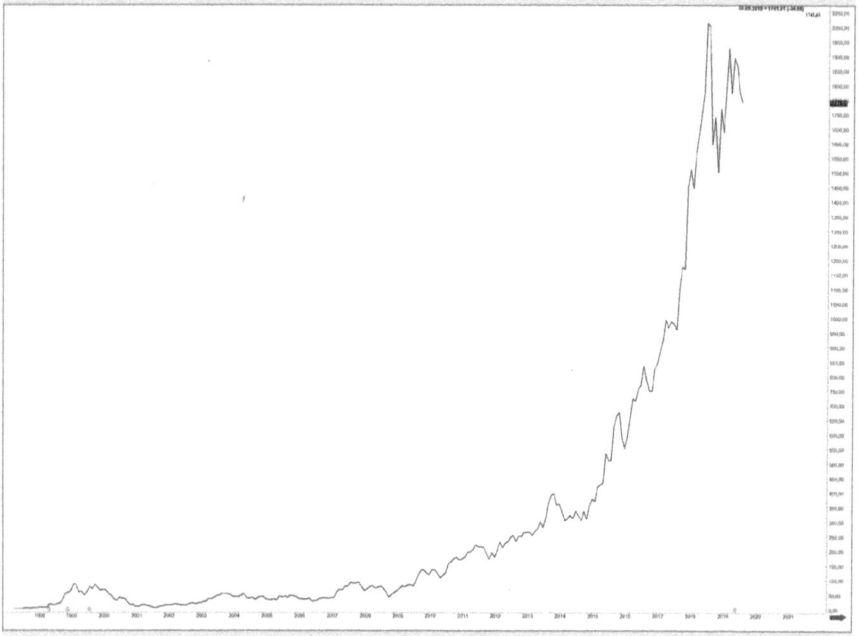

Historischer Chart der Amazon-Aktie

Quelle: TradeNavigator, © GenesisFT, www.duo-strategie.com

Wenn du also jetzt weißt, welches die nächsten Monster-/Amazon-Aktien sind, dann nur zu! Investiere ein paar Tausend Euro und in 20 Jahren bist du Multimillionär. Solltest du allerdings nicht wissen, welche Aktien sich in Zukunft wie die beiden dargestellten entwickeln werden, dann musst du dir einen anderen Weg suchen, um an der Börse ein Vermögen zu verdienen.

Einer der Fehler, den viele Börsianer machen, ist der, den ich bereits im Kapitel über den Warren-Buffett-Weg beschrieben habe: Viele

Anleger investieren einmalig eine Summe und hoffen dann, dass aus dieser Summe ein riesiges Vermögen wird. Die Geschichte und auch der gesunde Menschenverstand zeigen aber, dass man nur dann ein Vermögen aufbauen kann, wenn man zusätzlich zu seinen Anfangsinvestitionen immer wieder neues Geld investiert. Schauen wir uns dazu ganz einfach das schon erwähnte Unternehmen Amazon an. Jeff Bezos gründete seine Firma 1994 im US-Bundesstaat Washington. Als Onlinebuchhandlung, wie man in der Biografie über ihn nachlesen kann, startete er zu Beginn mit ein paar gebrauchten Büromöbeln, einigen wenigen Computern und vor allem viel Elan. Seine Anfangsinvestition wird sich auf wenige Tausend Dollar beschränkt haben. In dem Moment, da ich dieses Buch schreibe, ist das Unternehmen nahezu eine Billion Dollar, also 1.000 Milliarden Dollar, wert. Im Laufe der Zeit sind aber auch Millionen und Milliarden US-Dollar als Investitionen in das Unternehmen geflossen. Und nicht etwa nur aus Einnahmen, die das Unternehmen generiert hat, sondern auch jede Menge OPM – „other people's money" –, in den Anfangsjahren durch Kapitalgeber, durch den Börsengang des Unternehmens im Jahr 1997 und nicht zuletzt durch Kredite in Milliardenhöhe.

Dir als privatem Investor stehen solche Möglichkeiten nur in einem sehr begrenzten Rahmen zur Verfügung. Daher ist es absolut zwingend notwendig, dass du deine Anfangsinvestition ausbaust, indem weitere Mittel auf dein Investmentkonto fließen. Falls du dich jetzt fragst, wie du das anstellen sollst, dann ist die Lösung ziemlich simpel. Da du ja über irgendeine Art von Einkommen verfügen wirst, sei es nun einen Lohn, ein Gehalt, ein Stipendium, Mieterlöse, Tantiemen oder Ähnliches., musst du davon einen Teil auf dein Investmentkonto einzahlen. Dieser Gedanke muss dir jetzt persönlich nicht gefallen, es ist aber die einzige Möglichkeit, die du hast, an der Börse ein wirklich großes Vermögen aufzubauen. Falls du glaubst, dass es auch ohne regelmäßige Investitionen auf dein Konto möglich wäre, dann lass einfach die Mathematik für sich sprechen.

Angenommen, du startest mit einer Investition von 20.000 Euro. Du kannst stattdessen auch einen Betrag einsetzen, der zu deiner momentanen Situation passt, das heißt, das Ganze funktioniert mit 2.000 Euro genauso wie mit 200.000 Euro. Bleiben wir der Übersichtlichkeit halber einfach bei 20.000 Euro. Nehmen wir des Weiteren an, du bist derzeit 35 Jahre alt (und damit deutlich jünger als ich). Lass uns als letzte Annahme noch davon ausgehen, dass du ein ähnliches Investmentgenie wie Warren Buffett bist und es dir gelingt, 20 Prozent Rendite pro Jahr zu erwirtschaften. Unter uns gesagt: Damit wärst du besser als 95 Prozent der Börsianer. Wie würde sich dein Kapital entwickeln? Du kannst dir das jetzt wieder mit der 72er-Regel ausrechnen oder du nutzt einen ganz simplen Zinseszinsrechner, wie du sie zuhauf im Internet findest.

Nach zehn Jahren wären (ohne Berücksichtigung der Steuer) aus deinen 20.000 Euro 123.834 Euro geworden.

Nach 20 Jahren wäre (erneut ohne Berücksichtigung der Steuer) dein Anlagekonto auf 766.752 Euro angewachsen. Das ist schon eine ganze Menge, Millionär bist du aber immer noch nicht.

Tatsächlich brauchst du noch einmal knapp zwei Jahre, um die Million zu knacken. Und nach 30 Jahren hättest du (wir gehen immer noch davon aus, dass du keine Steuern zahlst) immerhin 4.747.526 Euro auf deinem Konto. Du hast es geschafft, du bist 65 Jahre alt und du bist mehrfacher Millionär. Herzlichen Glückwunsch!

Bevor du jetzt aber losrennst und der nächste Warren Buffett wirst, müssen wir doch noch etwas realistischer werden. Starten wir damit, dass unweigerlich Vater Staat seinen Anteil an deinen Gewinnen haben möchte. Aktuell, also im Jahr 2019, liegt der Steuersatz für Anlagen an den Finanzmärkten bei 26,375 Prozent. Und da wir davon ausgehen, dass du 20 Prozent Rendite pro Jahr erzielst, können wir nicht mit Steuerfreiheit wie bei einer klassischen Buy-and-hold-Anlage rechnen, da bei einer solchen eine derart hohe Rendite völlig utopisch ist. Wie sieht nun unsere Rechnung aus?

Startkapital 20.000 Euro
nach 10 Jahren 83.229 Euro
nach 20 Jahren 332.975 Euro
nach 30 Jahren 1.319.434 Euro –
du bist wieder Millionär, aber gerade so

Also dann doch lieber Steuerfreiheit und dafür mit einem klassischen Buy-and-hold-Ansatz auf Rendite verzichten? Machen wir auch hier wieder eine Rechnung. Anstatt der 20 Prozent nehmen wir jetzt einfach die viel beschworenen acht Prozent Rendite pro Jahr, die du beispielsweise mit einem weltweit anlegenden ETF in der Vergangenheit erzielen konntest. Voilà, hier sind die Zahlen:

Startkapital 20.000 Euro
nach zehn Jahren 43.178 Euro
nach 20 Jahren 93.219 Euro
nach 30 Jahren 201.253 Euro – tut mir leid,
das mit dem Millionär hat diesmal nicht geklappt.

Damit es mit der Million klappt, musst du 20.000 Euro fast 51 Jahre lang für acht Prozent pro anno steuerfrei anlegen. Aus der Traum von Millionen-Depot.

Würdest du nun aber, anstatt nur einmalig 20.000 Euro zu investieren, einmal jährlich weitere 10.000 Euro zu deinem Anfangskapital zuschießen, dann könntest du immerhin nach 26 Jahren die Million in deinem Depot sehen.

Ich habe dir auf der Website www.duo-strategie.com zu diesem Thema noch ein speziell hierfür gedrehtes Video hinterlegt, in dem ich dir ausführlich erläutere, welche Möglichkeiten du hast und warum das regelmäßige Investieren so enorm wichtig ist, um wirklich finanziell wohlhabend zu werden. Schaue dieses Video daher jetzt unbedingt an, bevor du weiterliest, denn auch dies ist ein essenzieller Bestandteil des DuO-Prinzips.

Herzlichen Glückwunsch, wenn du es bis hierher geschafft hast. Ich weiß, dass einige der Punkte, die ich bislang aufgezählt habe, stark von den Werbeversprechen der Finanzindustrie abweichen. Ich weiß auch, dass ein Großteil der Leser an dieser Stelle das Buch zuklappen und nicht weiterlesen wird. Vielleicht gefällt auch dir nicht unbedingt, was ich bislang gesagt habe. Ich verspreche dir aber, dass ich dir in diesem Buch nicht das Blaue vom Himmel verspreche, sondern dir einen realistischen Blick auf die Chancen und Möglichkeiten der Finanzmärkte vermittle. Du musst dich nun entscheiden, ob du jetzt aufgibst, weil es dir zu anstrengend erscheint, oder ob du bereit bist, deinen Blickwinkel auf die Märkte vollkommen zu verändern und dir damit völlig neue Möglichkeiten zu erschließen. Bist du bereit? Dann los! Starten wir die Reise mit dem DuO-Prinzip.

KAPITEL

5

Optionen – jeder hat welche, weiß es nur nicht

Was ist eine Dampfmaschine?

Die jüngeren unter den Lesern dieses Buches werden dieses fabelhafte Zitat wahrscheinlich nicht mehr kennen. Es stammt aus dem Film „Die Feuerzangenbowle" mit Heinz Rühmann aus dem Jahr 1944. In einer Szene in diesem Film versucht ein Lehrer seinen Schülern etwas zu erklären und da er diese wahrscheinlich für etwas begriffsstutzig hält, startet er seinen Vortrag mit den Worten „Also, wat is en Dampfmaschin? Da stelle mehr uns janz dumm."

Was er natürlich versucht, ist, seinen Schülern etwas zu erklären, wovon sie seiner Meinung nach überhaupt keine Ahnung haben, und deswegen beginnt er ganz von vorn. Nun halte ich dich natürlich für alles andere als begriffsstutzig, denn immerhin warst du ja schon so clever und hast dir dieses Buch gekauft. Falls du schon mein Buch „Optionsstrategien für die Praxis“ gelesen hast oder auf andere Art und Weise bereits Erfahrungen mit dem Thema Optionen, ihrem Aufbau, ihrer Funktionsweise und ihrer Anwendung gemacht hast, dann kannst du die nächsten beiden Kapitel komplett überspringen und steigst erst wieder beim Thema Dividenden ein. Solltest du dagegen bei dem Begriff Optionen an so etwas wie Optionsscheine, binäre Optionen oder böhmische Dörfer gedacht haben, dann kommt jetzt dein Einstieg in die Welt der Optionen.

Lass mich dir gleich die Angst vor dem Thema Optionen nehmen. Ich persönlich bin zum ersten Mal vor über 20 Jahren darauf gestoßen. Damals arbeitete ich bei einem Versicherungsmakler und anlässlich eines Urlaubs beziehungsweise einer Motivationsreise für die besten Verkäufer schipperte ich mit anderen Verkäufern auf einer gemieteten Jacht durch die türkische Ägäis. Unsere Tage bestanden aus nicht viel mehr als Essen, Trinken, Baden, Trinken, Lesen, Trinken, Miteinander-Sprechen und – weil ich es noch nicht erwähnt habe: Trinken. In der Regel sind ja die Gespräche bei dieser Art von Reisen eher flach, allerdings war damals ein Teilnehmer dabei, der sich neben seiner Verkäufertätigkeit den einen oder anderen Euro (vielleicht waren es damals auch noch D-Mark) mit dem Handel von Optionen verdiente. Und da ich schon immer am Geldverdienen interessiert war, unterhielt ich mich mit ihm sehr häufig und versuchte zu verstehen, was er da eigentlich tat. Bis zu diesem Zeitpunkt waren mir Optionen noch niemals untergekommen und meine Finanzwelt bestand aus Aktien und Optionsscheinen. Ich sollte übrigens später lernen, dass Optionen und Optionsscheine etwas vollkommen Unterschiedliches sind. Nach dem Ende der Reise hatte ich zwar immer noch nicht verstanden, was mein Mitfahrer eigentlich tat, aber irgendwie hatte er doch mein Interesse an dem Thema Optionen so weit geweckt, dass ich kurzentschlossen in einen Buchladen ging und mir ein Buch über Optionen kaufte. Da das einzige

Buch, das es zum damaligen Zeitpunkt auf Deutsch gab, nicht vorrätig war, musste ich es bestellen und konnte es nach ein paar Tagen abholen. Der Prime-Service von Amazon war damals noch nicht erfunden. Als ich dieses Buch dann endlich in den Händen hielt und voller Begeisterung und Erwartung aufschlug, traf mich fast der Schlag. Denn auf der aufgeschlagenen Seite strahlten mir mathematische Formeln entgegen, bei denen ich nicht einmal ansatzweise verstand, was sie bedeuten sollten. O. k., die falsche Seite erwischt, einfach die nächste nehmen. Doch auch die war nicht viel besser. Ich fand auf der nächsten und auch auf den weiteren Seiten mehr oder minder viele Formeln vor, mit denen ich überhaupt nichts anfangen konnte. Damit war mein erster Ausflug in die Welt der Optionen relativ schnell wieder beendet.

Wenn du auf meine Website www.duo-strategie.com gehst, findest du bei den weiterführenden Materialien zu diesem Buch auch ein kleines Video, in dem ich dir dieses Buch vorstelle.

Aber irgendwo im Hinterkopf hatte sich die Idee mit den Optionen festgesetzt und so war es wahrscheinlich Bestimmung, dass ich nur kurze Zeit später auf einer Börsenmesse einen Händler kennenlernte, der an der Terminbörse EUREX arbeitete und damit ein ausgesprochener Profi zum Thema Optionen war. Was aber noch viel entscheidender war: Er war ein herausragender Lehrmeister und konnte komplizierte Dinge sehr gut erklären. Als er mein Interesse an Optionen erkannte, nahm er mich an einem Abend beiseite und innerhalb von einer Stunde erklärte er mir mit ein paar wenigen DIN-A4-Blättern und einem Stift, was Optionen sind, wie sie funktionieren und wie man damit Geld verdient. Die Getränke an diesem Abend gingen auf meine Rechnung, denn in dem Moment hatte ich für mich etwas entdeckt, das meine ganze Börsenkarriere verändern sollte. Während mir zu Beginn Optionen wie etwas zwar Faszinierendes, aber vollkommen Unverständliches vorkamen, erkannte ich an diesem Abend, welche gigantischen Möglichkeiten sich mit ihrer Hilfe ergaben. Und ohne jetzt in Pathos verfallen zu wollen: Es erschien mir wie eine Offenbarung. Für mich öffneten sich an jenem

Abend Türen, von denen ich im Vorfeld nicht einmal wusste, dass es sie überhaupt gab.

Wenn du dich mit dem Thema Optionen beschäftigen möchtest, musst du ganz zu Beginn eine Entscheidung treffen. Und diese Entscheidung wird dein ganzes Leben als Optionshändler bestimmen. Denn in der Welt der Optionen gibt es zwei unterschiedliche Arten von Teilnehmern. Da gibt es zum einen die Optionsakademiker, die den kompletten Optionshandel aus Sicht der Theorie und der Wissenschaft betrachten. So wird beispielsweise vielen Studenten von ihren Professoren während des Studiums der BWL, der VWL oder in einigen Finanzstudiengängen das eine oder andere zum Thema Optionen nahegebracht. Doch leider zeigen meine Erfahrungen, dass viele dieser Professoren dabei lediglich über eine Theorie sprechen und in ihrem Leben selbst noch nie auch nur eine einzige Option gehandelt haben. Diese Optionsakademiker kennen Optionen in- und auswendig. Sie kennen die ganzen Formeln, vor denen ich damals flüchtete und mit denen ich bis heute nicht viel anfangen kann. Und es sind beileibe nicht nur Professoren, die zur Gruppe der Optionsakademiker gehören. Angehörige dieser Gruppe gibt es in jedem Börsenforum, in jeder Facebook-Gruppe, du findest sie auf Börsentagen oder auf Börsenmessen, wo sie sich mit ihresgleichen treffen und die herausragenden Möglichkeiten, die Optionen bieten, bis ins kleinste Detail ausdiskutieren. Na ja, zumindest die theoretischen Möglichkeiten, denn wie schon erwähnt sind diese Optionsakademiker tendenziell nicht zu sehr an der Praxis interessiert. Wenn du als Neueinsteiger auch einen Vertreter dieser Gattung triffst, dann kann es übrigens passieren, dass du dir in einem Gespräch ziemlich dumm vorkommst, weil dein Gegenüber so viel mehr weiß als du. Ich kann dich an dieser Stelle aber beruhigen, denn die Diskussion mit einem Optionsakademiker macht genauso viel Sinn wie die Diskussion mit einem im Zölibat lebenden Einsiedler über das Thema Sex.

Ich persönlich zähle mich zur Gruppe der Optionspraktiker. Henning, der mir das Thema Optionen zu Beginn so erklärte, dass ich es bis heute profitabel anwenden kann, war auch so ein typischer Optionspraktiker. Er wusste auch um all die Formeln und er konnte sie deutlich besser interpretieren, als ich es je können werde. Aber von ihm habe ich gelernt, dass all dies für die Praxis nur sehr geringe Relevanz hat. Optionspraktiker sind Menschen, die das Finanzinstrument Optionen einfach als das nehmen, was es ist, nämlich ein Hilfsmittel, um an den Börsen dieser Welt Geld zu verdienen. Nicht mehr, aber auch nicht weniger. Optionen sind für mich und die Gruppe der Optionspraktiker nichts anderes als ein Mittel zum Zweck. Daher sind wir auch viel mehr daran interessiert, wie man mithilfe von Optionen diesen Zweck erreichen kann, als daran, jedes noch so kleine Detail zu hinterfragen. Uns ist es wichtiger, dass wir mit Optionen in der Lage sind, praktisch Geld zu verdienen, als uns theoretisch darüber auszutauschen, was der optimale Weg wäre, dies zu tun.

Ich hatte das Glück, einige Zeit an der Terminbörse CME in Chicago verbringen zu dürfen. Dort habe ich jede Menge Händler unterschiedlichster Couleur kennengelernt – vom hyperaktiven Scalper, der eine Position nicht länger als einige Sekunden halten konnte, bis hin zum stoischen Superinvestor, der Positionen, egal wie sich ihr Wert verhielt, über Wochen und Monate oder sogar Jahre in seinem Depot hielt. Die einzige Schnittmenge, die all diese Händler hatten, war die Tatsache, dass sie alle auf ihrem speziellen Gebiet absolute Praktiker waren, keine theoretischen Akademiker. Denn für letztere Gruppe gab es einfach keinen Platz auf dem Parkett in Chicago, da dort nur überlebte, wer Geld verdiente. Für die Besserwisser und Ultraschlauen war niemand bereit, auch nur einen Dollar auszugeben.

Daher bitte ich dich eindringlich, für dich persönlich eine Entscheidung zu treffen. Was möchtest du sein? Möchtest du ein Optionsakademiker mit einem allumfassenden Wissensschatz und einer Antwort auf jede noch so obskure Frage werden oder willst du lieber ein Optionspraktiker sein, der deutlich weniger weiß und sich ausschließlich um die Generierung von Profiten kümmert? Seitdem ich das Thema Optionen im deutschen Sprachraum mit verbreitet habe, wurde mir immer wieder vorgehalten, dass die von mir angewandten Strategien viel zu simpel und unkompliziert seien. Während mich dies am Anfang noch ärgerte, bin ich mittlerweile ziemlich stolz darauf, wenn dies jemand über mich behauptet. Denn das ist für mich der Beweis, dass das, was ich tue, tatsächlich das Richtige ist. Die wirklich guten Dinge im Leben, egal in welchem Bereich, sind immer einfach, simpel und unkompliziert. Und auch in der Wirtschaft funktionieren die simplen Dinge am allerbesten. Du kannst in einem mit drei Sternen ausgezeichneten Restaurant wahrscheinlich sehr viel besser essen als an einem Hotdog-Stand, wie er beispielsweise vor der Wall Street in New York steht. Aus rein wirtschaftlicher Sicht wäre mir allerdings der Hotdog-Stand in New York sehr viel lieber als das 3-Sterne-Restaurant. Denn während beispielsweise die meisten 3-Sterne-Restaurants in Deutschland lediglich die Spielerei und das Hobby von kulinarisch verrückten (das ist absolut positiv gemeint, ich liebe verrückte Menschen) Superreichen sind und diese Restaurants oftmals hochdefizitär sind, kannst du dir mit einer Imbissbude an der richtigen Stelle immer noch eine goldene Nase verdienen. Du musst dich halt jetzt entscheiden, ob du lieber der ausgezeichnete und hochdekorierte 3-Sterne-Koch sein willst, der lediglich von der Gunst eines Gönners lebt, oder aber der einfache Imbissverkäufer, der am Morgen mit einer Ladung Wurst kommt und am Abend mit einer Ladung Geld nach Hause fährt. Es ist deine Entscheidung. Ich habe meine schon längst getroffen.

Uralte Prinzipien neu gedacht und neu gemacht

Falls du noch nie etwas mit dem Thema Optionen zu tun hattest, kommt jetzt gleich das Wichtigste, was du jemals über Optionen lernen kannst. Damit du verstehst, was Optionen sind und wie sie funktionieren, merke dir bitte die folgende Gleichung:

Optionen = Versicherungen

Ja, richtig, Optionen sind dem Grunde nach nichts anderes als Versicherungen. Und das Grundprinzip von Versicherungen versteht jeder. Auf der einen Seite gibt es Risiken, die man gerne absichern möchte. Das kann der Schaden an einem Auto durch einen Unfall sein, das können die Kosten sein, die entstehen, wenn man krank wird, das können die Anwaltskosten in einem Rechtsstreit sein oder aber auch die finanzielle Vorsorge für die eigene Familie im Falle des eigenen Ablebens. All diese Dinge kennt jeder und die meisten von uns sind bereit, gegen eine entsprechende Zahlung die sich daraus ergebenden finanziellen Risiken abzusichern. Heutzutage bedienen wir uns dazu einfach der vielfältigen Angebote, die uns Versicherungsgesellschaften machen. Du hast Angst, dass dein Auto bei einem Unfall schwer beschädigt wird? Dann schließt du eine Kfz-Versicherung ab. Du hast Angst, dass du den Rechtsanwalt nicht bezahlen kannst, der dich vor Gericht vertreten soll? Dann schließt du eine Rechtschutzversicherung ab. Du hast Angst, dass du dir die medizinische Versorgung nicht leisten kannst, wenn du krank wirst? Dann schließt du eine Krankenversicherung ab. Du hast Angst, dass es deiner Familie finanziell schlecht gehen wird, falls du plötzlich stirbst? Dann schließt du eine Risikolebensversicherung ab. All dies sind völlig banale Dinge und aus unserem Alltag nicht mehr wegzudenken.

An den Finanzmärkten gibt es ebensolche Versicherungen, mit deren Hilfe Risiken, die sich aus den Preisbewegungen von Aktien, Währungen, Zinsen oder Rohstoffen ergeben, abgesichert werden können. Diese Versicherungen heißen Optionen. Nehmen wir an, du hast ein umfangreiches Aktienportfolio und deine Sorge ist, dass im Falle eines größeren und länger andauernden Preisrückgangs der Wert dieses Portfolios deutlich Federn lassen muss. Mithilfe von Optionen kannst du dich gegen dieses Risiko absichern. Oder stell dir eine Fluggesellschaft vor, die Probleme bekäme, wenn der Preis für Kerosin oder des zugrunde liegenden Rohstoffes Erdöl stark ansteigen würde. Diese Fluggesellschaft kann jetzt hoffen, dass dies nicht passiert, oder aber sich mithilfe von Optionen gegen einen solchen Preisanstieg absichern. Amateure hoffen, Profis sichern sich ab. Oder stell dir als Letztes einen Farmer in Amerika vor, der auf einer riesigen Farm Tausende Tonnen Getreide angebaut hat. Sein wirtschaftliches Risiko besteht darin, dass die Preise für Getreide deutlich fallen. Daher wird dieser Farmer dieses Risiko mithilfe von Optionen absichern. Dies tut er entweder freiwillig oder aber wie in den USA üblich, weil ihn seine Bank dazu auffordert, um auch ihr Risiko gegenüber dem Farmer abzusichern, dem sie vielleicht den einen oder anderen Dollar als Kredit gewährt hat. Du siehst also, sowohl in unserem Leben als auch in der Wirtschaft gibt es eine Vielzahl von Risiken und wir neigen dazu, uns dieser so weit es geht zu entledigen. Ich bin mir sicher, dass du selbst die eine oder andere Versicherung abgeschlossen hast. Und dies hast du nicht getan, weil du auf die Auszahlung der Versicherungsgesellschaft spekulierst, sondern weil der Eintritt eines solchen Risikofalls, auch wenn er relativ unwahrscheinlich ist, im Ernstfall heftige finanzielle Schmerzen bereiten würde. Daher bist du bereit, wenn auch vielleicht zähneknirschend, regelmäßig deine Beiträge an die Versicherungsgesellschaft zu überweisen. Dafür bestehst du aber auch darauf, dass im Falle eines Falles die Versicherungsgesellschaft für einen dir entstandenen Schaden geradesteht.

Das Prinzip der Versicherung ist sehr alt und lässt sich in der Geschichte weit zurückverfolgen. Wie man im Museum der Deutschen Versicherungswirtschaft erfahren kann, reichen die Ursprünge des Versicherungswesens bis ins zweite Jahrtausend vor Christi

Geburt, nach Babylonien, zurück. Damals verpflichteten sich die Mitglieder von Karawanen, sich gegenseitig einen Schaden zu ersetzen, wenn einem von ihnen ein solcher entstand. Die Versicherungsgemeinschaft war geboren. Während zu Beginn Versicherungen noch in Form von Gemeinschaften existierten, das heißt, eine Gemeinschaft kam für den Schaden eines Einzelnen auf, so wandelte sich dies im Laufe der Jahre zu einer finanziellen Dienstleistung, bei der Unternehmen gegen eine Beitragszahlung bereit waren, für Schadensfälle aufzukommen. So funktionieren noch heute moderne Versicherungsgesellschaften, wie du und ich sie kennen.

Während in den Anfangsjahrhunderten hauptsächlich die Risiken von Verlusten bei Transporten abgesichert wurden, also beispielsweise bei den schon erwähnten Karawanen oder später auch bei der sich entwickelnden Handelsschifffahrt, kamen im Laufe der Jahrhunderte immer mehr spezialisierte Anbieter an den Markt, welche die Absicherung jeglicher Risiken übernahmen. Und so war es auch kein Wunder, dass bereits im alten Griechenland die erste Form des Optionshandels entstand, weil Optionshandel ja letztendlich auch nichts anderes als ein Versicherungsgeschäft ist. Damals sicherte man aber hauptsächlich die Risiken von Ernten ab, denn an Aktienhandel war noch nicht einmal im Entferntesten zu denken. Denn schließlich gilt die 1407 gegründete Banco di San Giorgio als erste Aktiengesellschaft. Heute haben wir die Möglichkeit, nahezu jedes erdenkliche Risiko an den Finanzmärkten mithilfe von Optionen abzusichern.

Du hast Angst, dass Amazon doch noch pleitegehen könnte und sich deine schönen Aktiengewinne in Luft auflösen? Dieses Risiko kannst du mithilfe einer Put-Option absichern. Du hast auf den Untergang von Tesla gewettet und dich beschleicht jetzt doch so langsam die Erkenntnis, dass dies vielleicht falsch war? Mit einer Call-Option kannst du dieses Risiko eliminieren. Was genau eine Put-Option beziehungsweise eine Call-Option ist, erfährst du gleich auf den nachfolgenden Seiten. Seit 1973 werden Optionen an der in Chicago ansässigen CBOT gehandelt. Die CBOT gehört heute zur

CME Group, der größten Terminbörse der Welt. Optionen werden mittlerweile an sehr vielen Terminbörsen gehandelt, sodass es Händlern möglich ist, sich mithilfe dieser Finanzinstrumente weltweit gegen Kursveränderungen abzusichern. Optionen zählen zu den sogenannten Derivaten, was bedeutet, dass sie sich von anderen Instrumenten ableiten. Der Begriff „Derivat" stammt von dem lateinischen Wort „derivo" ab, was so viel wie „ableiten" bedeutet.

Kommen wir noch einmal ganz kurz zu den Versicherungen zurück. Derjenige, der eine Versicherung abschließt, wird Versicherungsnehmer genannt. Die Versicherung selbst wird Versicherungsgeber genannt. Ein Versicherungsnehmer kann keinen Vertrag ohne einen Versicherungsgeber abschließen. Umgekehrt gilt aber auch, dass ein Versicherungsgeber keinen Vertrag ohne einen Versicherungsnehmer abschließen kann. Beim Handel von Optionen gilt das gleiche Prinzip. Es gibt einen Käufer einer Option, der hier die Funktion des Versicherungsnehmers einnimmt. Gleichzeitig gibt es einen Verkäufer dieser Option, der die Funktion des Versicherungsgebers übernimmt. Daraus folgt, dass jedem Kauf einer Option der gleichzeitige Verkauf derselben Option gegenüberstehen muss. Dies gilt natürlich auch umgekehrt. Im Gegensatz zum klassischen Versicherungsgeschäft, bei dem du als Privatperson immer nur als Versicherungsnehmer auftreten kannst, hast du allerdings beim Handel von Optionen auch die Möglichkeit, als Versicherungsgeber zu agieren. Übertragen auf den Optionshandel bedeutet dies, du kannst Optionen sowohl kaufen als auch verkaufen. Diese Möglichkeit gibt es nur bei Optionen und sie eröffnet dir Chancen, wie sie sonst kein anderes Finanzinstrument bieten kann. Du kannst also selbst als Versicherungsgesellschaft agieren. Wie dies funktioniert, erfährst du auf den nächsten Seiten.

Ab sofort bist du der Versicherer

Bei den meisten Geschäften, die du als privater Investor an den Börsen tätigst, bist du von Beginn an schlechter gestellt als die Gegenpartei, mit der du dieses Geschäft abschließt. Du kennst sicherlich den Spruch „Am Ende gewinnt immer die Bank". An diesem Spruch ist sehr viel Wahres und gerade beim Börsenhandel kann man dies nicht nur beobachten, sondern auch eindeutig belegen.

Nehmen wir als Beispiel die einfachste Form eines Börsengeschäfts, nämlich den Kauf einer Aktie. Selbst in Zeiten von Onlinebrokern und niedrigen Gebühren bist du als Käufer einer Aktie schon in dem Moment, in dem du sie kaufst, im Minus. Denn schließlich musst du ja eine Handelsgebühr an deinem Broker bezahlen, um diese Aktie überhaupt kaufen zu können. Dieses Minus mag dir klein erscheinen, aber für die andere Seite, nämlich den Broker, ist es ein risikoloser Gewinn. Das ist auch der Grund, warum Broker dich permanent motivieren, Handelsgeschäfte zu tätigen. Denn dadurch können sie sehr viele solche risikolosen Gewinne einstreichen. Mehr zum Thema Broker erfährst du in einem gesonderten Kapitel später in diesem Buch.

Sehr beliebt sind in Deutschland Derivate wie Zertifikate, Optionsscheine und CFDs. Grundsätzlich sind Derivate keineswegs etwas Schlechtes. Auch eine Option ist ein Derivat. Die Frage ist nur: Wer verdient an diesem Derivat? Und bei den oben genannten Derivaten verdient nicht nur der Broker eine Gebühr, sondern auch noch die jeweiligen Emittenten, die diese Zertifikate oder Optionsscheine kreieren. Denn bei Optionsscheinen und Zertifikaten handelt es sich um Konstrukte, die aus simplen Bestandteilen wie etwa Aktien, Futures oder börsennotierten Optionen bestehen, die dann aber geschickt verpackt und mit hohen Gebühren versehen an den privaten Endverbraucher gebracht werden. Kein Profi würde jemals ein Zertifikat oder einen Optionsschein handeln. Der Grund dafür ist, dass es jedem Profi ein Leichtes ist, die Zertifikate mit anderen Hilfsmitteln nachzubauen – aber mit deutlich geringeren Gebühren als denjenigen, die in den Derivaten, die für private Anleger geschaffen werden, enthalten sind. Die Finanzindustrie würde dies vielleicht nicht verraten, aber in einem klassischen Instrument wie etwa einem Zertifikat können bis zu zehn Prozent Gebühren enthalten sein. Diese Gebühren sind nicht so einfach erkennbar, sondern man müsste solch ein Instrument schon auseinandernehmen und es dann mit professionellen Derivaten wie etwa börsengelisteten Optionen oder Futures vergleichen.

Das muss man keineswegs, denn die Industrie verrät es bei jedem solchen Produkt ausdrücklich in Form abschreckender Aufzählungen, weil sie dazu verpflichtet ist. Aus einer HSBC-Broschüre über Aktienanleihen: „... anfallende Kosten (zum Beispiel Provisionen, Steuern, Ausgabeaufschlag, Depotentgelt, Erwerbs- und Veräußerungskosten) ertragsmindernd ...“

Sehr schnell würde man dann feststellen, dass die Emittenten, die in der Regel Banken sind, in diese Produkte enorme Gebühren einbauen, an denen sie dann entsprechend verdienen. Nun kann man sich darüber streiten, ob dies fair oder nicht fair ist. Fakt ist, dass die Masse der privaten Anleger diese hohen Gebühren bezahlt. Sie bezahlt sie, weil sie keine Ahnung hat, wie diese Produkte wirklich funktionieren und wie man sie viel günstiger selbst zusammenstellen könnte.

Ohne jetzt schon an dieser Stelle zu tief in die Materie eindringen zu wollen, will ich dir dies an einem kleinen Beispiel aufzeigen. Nehmen wir einmal die überaus beliebten Aktienanleihen als Beispiel. Bei einer Aktienanleihe erwirbst du ein festverzinsliches Wertpapier auf eine bestimmte Aktie, beispielsweise der Allianz. Die Aktienanleihe hat eine von Beginn an festgelegte Laufzeit. Während dieser Laufzeit erhältst du als Besitzer der Anleihe einen festen Zinssatz. Am Ende der Laufzeit erhältst du entweder den investierten Betrag zu 100 Prozent zurück oder aber – und dies hängt vom Kursverlauf der Aktie ab – eine bestimmte Anzahl von Aktien zu einem vorher genau festgelegten Preis. In der Regel liegt dieser Preis der Aktie einige Prozent unter dem aktuellen Preis. Für Anleger scheint dies auf den ersten Blick ein lukrativer Deal zu sein: eine feste Verzinsung, die deutlich oberhalb der aktuell niedrigen Zinsen liegt, plus die Möglichkeit, am Ende noch ein paar Allianz-Aktien zu einem niedrigeren Preis als heute ins Depot gebucht zu bekommen. Klingt doch eigentlich fantastisch, oder? Frage doch beim nächsten Mal deinen Bankberater, wenn er dir eine solche Aktienanleihe empfiehlt, ob du nicht viel besser eine Put-Option auf die Allianz schreiben solltest. Falls du jetzt mit der Begrifflichkeit „eine Put-Option auf die Allianz schreiben" noch nichts anfangen kannst, keine Sorge, das wird sich im Laufe des Buches klären. Ich behaupte jetzt einfach mal ganz frech, dass 99 Prozent der Bankberater mit dieser Frage auch nichts anfangen können und dir deswegen mit Vehemenz davon abraten werden. Aber, und das ist jetzt der entscheidende Punkt an der ganzen Sache, eine Aktienanleihe ist letztendlich nichts anderes als ein sogenannter Cash-secured Put. Diese Optionsstrategie wirst du in den nächsten Kapiteln noch ausführlich kennenlernen. Die Bank, die eine Aktienanleihe emittiert, macht Folgendes: Sie nimmt eine vollkommen simple Optionsstrategie, verpackt diese in ein neues Derivat, schlägt eine saftige Gebühr auf und nennt das Ganze dann Aktienanleihe.

Die Krux an der Sache ist, dass du dies selbst sehr viel besser und günstiger machen könntest und während der Laufzeit sogar noch deutlich flexibler wärest, wenn du diese Produkte verstehen würdest. Im Internet kann man sehr schnell recherchieren, welche Umsätze allein mit Aktienanleihen tagtäglich gemacht werden. Just in diesem Moment, wo ich dieses Kapitel schreibe, wurden allein mit den fünf am häufigsten gehandelten Aktienanleihen schon Tagesumsätze von nahezu zwei Millionen Euro getätigt. Jetzt musst du wissen, ich schreibe dieses Kapitel an einem Montagmorgen und es ist 10:00 Uhr, das heißt, die Börsen hier in Deutschland haben gerade einmal seit einer Stunde geöffnet. Nach den Zahlen des Deutschen Derivate Verbandes DDV beliefen sich die Volumina des deutschen Zertifikatemarkts im April 2019 (neuere Zahlen habe ich leider nicht gefunden) auf über 73 Milliarden Euro. Den größten Anteil nehmen dabei mit über zwölf Prozent die gerade angesprochenen Aktienanleihen ein. Und wer sind die Emittenten dieser Produkte? Hier versammelt sich die Crème de la Crème der internationalen Finanzinstitute, als da zum Beispiel wären: BayernLB, BNP Paribas, Citigroup, Commerzbank, DekaBank, Deutsche Bank, DZ Bank, Goldman Sachs, Helaba, HSBC Trinkaus, HypoVereinsbank, LBBW, Morgan Stanley, Société Générale, UBS und Vontobel. All diese Institute nutzen börsengelistete Optionen, die fast ausschließlich von Profis gehandelt werden, um Produkte zu kreieren, die sie dann an Privatanleger verkaufen. Der einzige Grund, warum dies geschieht, ist, dass es viel einfacher ist, einem privaten Investor ein überteuertes Derivat zu verkaufen, als ihm zu erklären, dass er das Gleiche viel kostengünstiger auch selbst an einer Börse umsetzen könnte.

Etwas weiter vorn im Buch habe ich dir schon erklärt, dass Optionen letztendlich nichts anderes als Versicherungen sind. Wir wissen auch, dass es im Versicherungsgeschäft zwei Seiten gibt: zum einen die Versicherer selbst, welche die Versicherungen anbieten und sich gegen eine Prämie bereit erklären, Risiken zu übernehmen, und auf der anderen Seite die Versicherungsnehmer, also Menschen wie du und ich, die bereit sind, diese Prämie zu bezahlen, um sich damit ihrer potenziellen Risiken zu entledigen. Der gesunde Menschenverstand sagt uns natürlich, dass wir bis zu einem gewissen Grad in der Tat Versicherungen benötigen. Er sagt uns aber auch, dass die Gewinner in diesem Spiel natürlich niemals die zahlreichen Versicherungskäufer sind, sondern immer die Versicherungen selbst. Die gläsernen Bürotürme in Frankfurt, London, New York und Singapur belegen dies eindrucksvoll. Es macht allerdings überhaupt keinen Sinn, sich über diese Tatsache zu ärgern oder auf die Versicherungen zu schimpfen. Denn sie tun ja etwas, was tatsächlich am Markt gebraucht wird, und ja, sie verdienen sich dabei eine goldene Nase. Nicht umsonst ist auch Warren Buffett mit seiner Beteiligungsgesellschaft Berkshire Hathaway sehr stark bei Versicherungen engagiert. Es gibt jedoch eine Sache, die du unbedingt verstehen musst: Während bei den Zertifikaten und anderen Derivaten, die extra für

Privatanleger geschaffen werden, ausschließlich die Banken an den Gebühren verdienen, hast du bei Optionen auch selbst die Möglichkeit, an den Gebühren, die andere bezahlen, zu verdienen. Dies ist viel einfacher, als du es dir vorstellst. Denn beim Handel mit Optionen besteht im Gegensatz zum Handel beispielsweise mit Optionsscheinen für dich als privater Investor die Möglichkeit, sowohl als Käufer als auch als Verkäufer tätig zu werden. Das heißt, wenn wir noch einmal das Versicherungsbild bemühen wollen: Du kannst mit Optionen der Versicherungsnehmer sein, der artig die Prämie bezahlt, oder aber die Versicherung, also derjenige, der Optionen verkauft und damit Gebühren (Prämien) einnimmt.

Als ich dieses System vor vielen Jahren verstanden habe, nämlich dass ich als privater Investor auch die Möglichkeit habe, wie ein institutioneller Investor Prämieneinnahmen zu generieren, hat sich mein ganzes Bild vom Börsenhandel von Grund auf geändert. Du als privater Investor kannst heute mithilfe von börsengehandelten Optionen eine Position einnehmen, die es dir ermöglicht, fortlaufend und wiederkehrend Prämien einzunehmen und damit an der Börse Gewinne zu erzielen. Wie dies funktioniert und welche Rechte und Pflichten damit einhergehen, erfährst du im nächsten Kapitel.

KAPITEL

6

Rechte, Pflichten und das griechische Alphabet

Jetzt wird es theoretisch

Bevor wir jetzt über Rechte und Pflichten beim Handel von börsengelisteten Optionen sprechen, musst du bitte noch diesen einen Punkt verstehen: Optionen sind keine Optionsscheine. Beides sind Derivate und beide sind ähnlich aufgebaut. Für dich ist es allerdings wichtig zu verstehen, dass Optionsscheine Produkte für Privatanleger sind, wohingegen Optionen vorrangig von professionellen Händlern genutzt werden. Auf der Website www.duo-strategie.com habe ich extra für dich ein Video hinterlegt, in dem ich dir die Unterschiede zwischen einer Option und einem Optionsschein noch einmal detailliert erläutere.

Der Handel von Optionen findet zwischen Käufern und Verkäufern statt. Jedes Mal, wenn eine Option gekauft wird, muss gleichzeitig diese Option von einem anderen Marktteilnehmer verkauft werden. Auch du als privater Investor kannst Optionen nicht etwa nur kaufen, sondern auch verkaufen, und dies auch dann, wenn du sie noch gar nicht besitzt. Du erinnerst dich, dass wir Optionen mit Versicherungen verglichen haben. Man kann also sagen, dass du beim Optionshandel nicht nur die Versicherung kaufen, sondern diese auch verkaufen kannst. Damit dieser Handel funktioniert, gibt es gewisse Rechte und Pflichten, die von allen Marktteilnehmern immer eingehalten werden müssen. Auf die Einhaltung dieser Rechte und Pflichten achten sowohl die Börsen selbst als auch speziell dafür geschaffene Institutionen. Was sind nun aber die Rechte und Pflichten, die es beim Handel von Optionen gibt? Bevor wir mit der Erklärung der Rechte starten, zuerst noch eine kleine Begriffserläuterung. Bei Optionen gibt es zwei unterschiedliche Arten. Zum einen gibt es Kaufoptionen, die auch Calls genannt werden. Diese beinhalten das Recht, etwas zu kaufen. Zum anderen gibt es Verkaufsoptionen, die als Puts bezeichnet werden. Puts beinhalten das Recht, etwas zu verkaufen.

Der Käufer einer Option bezahlt für den Kauf immer eine Prämie. Man könnte sie auch als Preis für die Option bezeichnen. Der faire Preis dieser Option kann mithilfe von mathematischen Formeln berechnet werden. In der Praxis kann der Preis einer Option allerdings von diesem fairen Wert abweichen, sodass für uns ausschließlich der an der Börse ausgewiesene Preis wichtig ist.

Bei einer Kaufoption (Call) erwirbt der Käufer das Recht, eine bestimmte Anzahl von Wertpapieren (Underlying) innerhalb einer bestimmten Zeit zu einem vorher genau festgelegten Preis erwerben zu können. Da dies jetzt sicherlich etwas theoretisch klingt, schauen wir uns ein praktisches Beispiel an. Angenommen, ein Anleger erwartet einen Anstieg der Microsoft-Aktie (MSFT, aktueller Preis 138,90 US-Dollar) und möchte daran mit dem Kauf einer Call-Option partizipieren. Daher kauft er einen Call mit einem Basispreis von 140 Dollar und einer Laufzeit von sechs Monaten. Dafür zahlt er aktuell (Juli 2019) 797 Dollar. Er hat nun das Recht, innerhalb der nächsten sechs Monate 100 Microsoft-Aktien zum Preis von jeweils 140 Dollar zu kaufen. Dies ist ein Recht, das er durch die Bezahlung der Prämie von 797 Dollar erworben hat, aber keine Pflicht. Schauen wir uns nun drei mögliche fiktive Entwicklungen an, um zu sehen, welche Chancen beziehungsweise Risiken sich für ihn aus dem Kauf dieser Option ergeben.

Entwicklung A – die Aktie stagniert und läuft seitwärts

Sollte in sechs Monaten die Aktie immer noch beim aktuellen Preis von 138,90 Dollar notieren, dann wird der Käufer der Option sein Recht zum Kauf der Aktien nicht nutzen (in der Fachsprache heißt das „nicht ausüben"). Es ist für ihn nämlich nicht sinnvoll, die Aktien über seine Option für 140 Dollar zu kaufen, wenn sie doch an der Börse billiger zu erwerben sind. In diesem Fall würde seine Option wertlos verfallen und die von ihm gezahlten 797 Dollar würden als Totalverlust verloren gehen.

Entwicklung B – die Aktie fällt

Angenommen, die Aktie würde in den kommenden sechs Monaten um circa 30 Prozent fallen und bei 100 Dollar notieren. Auch in diesem Fall würde der Käufer der Option seine Option wertlos verfallen lassen, da er die Microsoft-Aktien nicht für 140 Dollar kaufen würde, wenn diese aktuell an der Börse nur 100 Dollar kosten. Auch hier wäre die von ihm gezahlte Prämie komplett verloren. Aber im Vergleich zum direkten Kauf der Aktien für knapp 14.000 Dollar (100 x 138,90 Dollar) hätte er lediglich 797 Dollar verloren und keine knapp 4.000 Dollar. Außerdem hätte er, anstatt zu Beginn gleich 14.000 Dollar einsetzen zu müssen, lediglich ein Investment von 797 Dollar aufbringen müssen. Er hat also Liquidität geschont und gleichzeitig seinen Verlust kleiner gehalten als beim direkten Kauf der Aktien.

Entwicklung C – die Aktie steigt

Der Anleger ist davon ausgegangen, dass die Aktie innerhalb von sechs Monaten steigen wird. Nehmen wir an, die Aktie ist tatsächlich auf 160 Dollar pro Stück gestiegen. Der Käufer der Call-Option kann nun sein Recht ausüben und 100 Microsoft-Aktien zu jeweils 140 Dollar kaufen. Für dieses Recht hat er zu Beginn die 797 Dollar Prämie bezahlt. In diesem Fall könnte er, wenn er das möchte, die 100 Aktien sofort an der Börse für nun 160 Dollar verkaufen und so einen Gewinn von 2.000 Dollar erzielen. Zieht man davon die am Anfang gezahlten 797 Dollar Prämie wieder ab, bleibt ein Nettogewinn von 1.203 Dollar (2.000 Dollar - 797 Dollar = 1.203 Dollar). Bezogen auf seine Investitionen hat er damit einen Gewinn von rund 150 Prozent erzielt, obwohl die Aktie selbst lediglich um 14 Prozent gestiegen ist.

Das ist der Grund, warum es viele Händler gibt, die Optionen kaufen, da einerseits der Kapitaleinsatz deutlich geringer ist, als wenn man die Aktien, das sogenannte Underlying, direkt kaufen würde. In diesem fiktiven Fall wendet der Käufer lediglich 797 Dollar für den Kauf der Option auf anstatt 14.000 Dollar für den Kauf der 100 Aktien. Er hat also einen Kapitalaufwand von lediglich 5,69 Prozent. Diese 5,69 Prozent, also die 797 Dollar, sind aber auch, wie in den Entwicklungen A und B gezeigt, das maximale Risiko, also das, was ein Händler höchstens verlieren kann, wenn er diese Option kauft. Denn, und es ist wichtig, dies zu verstehen: Er kauft mit der Option lediglich das Recht, aber eben nicht die Pflicht, die Aktien zu übernehmen. Möchte er sein Recht ausüben, kann er dies tun, und im Falle der Entwicklung C wird er dies auch tun. Treten hingegen die Entwicklungen A oder B ein, wird er seine Option einfach wertlos verfallen lassen.

Nachdem wir über die Rechte gesprochen haben, die ein Käufer erwirbt, wenn er eine Option kauft, wollen wir uns nun die Pflichten anschauen, die der Verkäufer dieser Option übernehmen muss. Dafür, dass er die Pflichten übernimmt, erhält er die Prämie in Höhe von 797 Dollar und kann diese bei jeder der drei möglichen Entwicklungen A, B und C auch definitiv behalten.

Die Pflicht, die der Verkäufer einer Option erfüllen muss, ist bei einer Call-Option der Verkauf des Underlyings, in unserem Beispiel also der 100 Aktien, an den Käufer der Option. Dies greift allerdings nur, wenn er dazu vom Käufer der Option aufgefordert wird. Wird er aufgefordert, die Aktien zu verkaufen, muss er dies zwingend tun, und zwar auch dann, wenn er diese Aktien überhaupt nicht besitzt. Da dieser Punkt bei Einsteigern in den Optionshandel manchmal für etwas Verwirrung sorgt, habe ich dir extra zu diesem Punkt ein Video aufgenommen, das du auf der Website www.duo-strategie.com anschauen kannst.

Entwicklung A – die Aktie stagniert und läuft seitwärts

Sollte in sechs Monaten die Aktie immer noch beim aktuellen Preis von 138,90 Dollar notieren, dann wird, wie oben schon beschrieben, der Käufer der Option diese wertlos verfallen lassen. Für den Verkäufer der Option bedeutet dies aber, dass er seiner möglichen Pflicht zum Verkauf der Aktien zu 140 Dollar nicht nachkommen muss. Die eingenommene Prämie von 797 Dollar kann er aber behalten und als Gewinn verbuchen.

Entwicklung B – die Aktie fällt

Angenommen, die Aktie würde in den kommenden sechs Monaten um circa 30 Prozent fallen und bei 100 Dollar notieren. Der Verkäufer der Option hat immer noch die Verpflichtung, auf Anforderung des Optionskäufers ihm die Aktien zum Preis von 140 Dollar pro Stück zu verkaufen. Da die Aktien allerdings mittlerweile an der Börse nur noch 100 Dollar kosten, wird der Käufer auf sein Recht verzichten, was wiederum dazu führt, dass der Optionsverkäufer die am Anfang erhaltene Prämie von 797 Dollar behalten kann und die Option wertlos verfällt.

Entwicklung C – die Aktie steigt

Der Anleger ist davon ausgegangen, dass die Aktie innerhalb der nächsten sechs Monaten steigen wird. Nehmen wir an, die Aktien sind tatsächlich auf 160 Dollar pro Stück gestiegen. Der Käufer der Call-Option kann nun sein Recht ausüben und 100 Microsoft-Aktien zu jeweils 140 Dollar kaufen. In diesem Falle müsste der Verkäufer der Option tatsächlich an den Käufer der Option die 100 Microsoft-Aktien für jeweils 140 Dollar pro Stück liefern – und dies unabhängig davon, ob er die Aktien vorher in seinem Depot hatte oder nicht. Die am Anfang erhaltene Prämie von 797 Dollar kann er allerdings wieder behalten.

Zugegeben, dies mag auf den ersten Blick etwas kompliziert klingen. Wenn du dir das Ganze aber zwei-, dreimal durchliest und/oder dir die dazugehörigen Videos auf der Website www.duo-strategie.com anschaust, wird dir das Prinzip schnell klar werden. Eine Sache solltest du allerdings schon jetzt erkannt haben.

Grafik 9

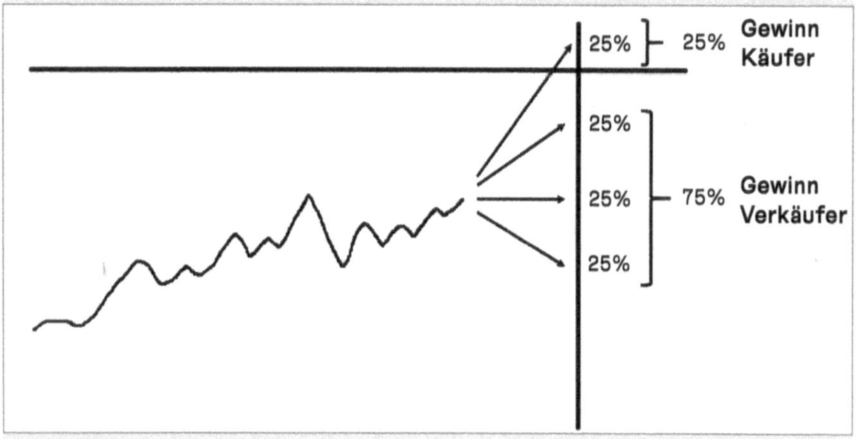

Der statistische Vorteil eines Optionsverkäufers am Beispiel einer Call-Option

Quelle: TradeNavigator, © GenesisFT, www.duo-strategie.com

Bei den vier hier vorgestellten möglichen Entwicklungen (die Pfeile in der Grafik) gibt es – je nachdem, ob du als Käufer oder Verkäufer der Option agierst – völlig unterschiedliche Gewinnwahrscheinlichkeiten. Fakt ist, dass sich der Preis einer Aktie innerhalb einer bestimmten Zeit nur in eine von drei Richtungen bewegen kann. Entweder die Aktie fällt, sie stagniert oder sie steigt, wobei im dritten Fall noch entscheidend ist, wie weit sie steigt. In unserem Beispiel einer Call-Option würde der Käufer der Option in drei von vier Fällen verlieren und in einem Fall einen sehr großen Gewinn erzielen. Der Verkäufer der Option hingegen würde lediglich in einem Fall verlieren, dafür aber in drei von vier Fällen als Gewinner dastehen. Denn selbst wenn die Aktie wie in unserem Beispiel bei 138,90 Dollar steht, kann sie beispielsweise auf 139,90 Dollar steigen und der Verkäufer gewinnt immer noch, da sich die Ausübung des Rechts für den Käufer erst ab einem Preis von 140 Dollar lohnt. Voilà, so funktionieren Versicherungen.

Versicherungen erzielen Gewinne, weil sie in der Mehrzahl der Fälle die Prämien, die sie einnehmen, behalten können, ohne dafür eine Gegenleistung erbringen zu müssen. Lediglich in den sehr seltenen Fällen, wenn tatsächlich einmal ein Versicherungsfall eintritt, muss die Versicherungsgesellschaft mehr auszahlen, als sie mit diesem einen Vertrag eingenommen hat. Versicherungen verdienen ihr Geld über das mathematische Ausnutzen von Gewinnwahrscheinlichkeiten. Genau das gleiche Prinzip nutzen Optionsverkäufer. Ein einzelner Handel kann dabei für sich betrachtet durchaus riskant sein, wie wir in dem obigen Beispiel anhand der Entwicklung C gesehen haben. Über die Anzahl aller Handelsgeschäfte besitzen allerdings die Optionsverkäufer einen statistischen Vorteil, der sich mathematisch nachweisen lässt. Daher müssen Optionsverkäufer auch wie Versicherungsgesellschaften agieren und auf eine möglichst große Streuung ihres Risikos achten. Dazu werde ich an späterer Stelle noch mehr ausführen.

Herzlichen Glückwunsch, wenn du es bis hierher geschafft hast. Du hast das Grundprinzip des Kaufs und Verkaufs von Optionen verstanden. Falls du an dieser Stelle noch Fragen hast oder dir das Prinzip noch nicht ganz klar ist, dann lies dir diesen Abschnitt bitte noch einmal durch und nutze auch unbedingt die Videos und

Hilfsmittel, die ich dir auf der Website www.duo-strategie.com hinterlegt habe. Du wirst mir auch schon an dieser Stelle recht geben: Optionshandel ist keine Raketenwissenschaft, sondern eine ziemlich logische Angelegenheit, die jeder, der einen Führerschein geschafft hat oder das Abschlusszeugnis einer Schule sein Eigen nennen darf, begreifen wird.

Nicht Kreta, sondern Delta, Gamma, Theta, Vega

Nachdem jetzt die Rechte und Pflichten geklärt sind, die beim Handel von Optionen entstehen, wollen wir uns in diesen Abschnitt dem Angstthema vieler Neueinsteiger widmen, den Griechen. Damit sind allerdings nicht die Einwohner Griechenlands gemeint, sondern die Kennzahlen, mit deren Hilfe sich die Preisveränderungen von Optionen berechnen lassen. 1973 veröffentlichten die beiden Finanzprofessoren Fischer Black und Myron Samuel Scholes ein finanzmathematisches Modell zur Bewertung von Finanzoptionen. Ebenfalls an der Entwicklung dieses Modells beteiligt war Robert C. Merton, dessen Name allerdings nie im Zusammenhang mit diesem Modell genannt wird. Das Modell, von dem wir hier sprechen, ist die sogenannte Black-Scholes-Formel. Dieses Modell revolutionierte die Finanzwirtschaft und gilt als einer ihrer größten Meilensteine. Merton und Scholes wurden 1997 dafür auch mit dem Nobelpreis für Wirtschaftswissenschaften geehrt, Fischer Black war zwei Jahre zuvor verstorben. Mithilfe der Formel lässt sich zum einen der theoretisch faire Wert einer Option berechnen und zum anderen versucht man mithilfe des Modells und einer daraus abgeleiteten Differenzialgleichung, ein risikoloses Portfolio aus der Aktie und dem dazugehörigen Derivat zu konstruieren. Zugegeben, das klingt alles ziemlich kompliziert, und wer mag, kann sich gern die Formeln im Internet oder in einer gut ausgestatteten Bibliothek heraussuchen und sich mit ihnen beschäftigen.

Obwohl dieses Modell einen riesigen Fortschritt in der Finanzwirtschaft darstellte, waren seine Erfinder keineswegs vor Fehlinvestitionen gefeit. Die beiden Nobelpreisträger waren nämlich Mitgründer und saßen im Beirat des 1994 gegründeten Hedgefonds LTCM – Long-Term Capital Management –, der unter anderem aufgrund der von ihnen entwickelten Theorie scheinbar mühelos Gewinne erwirtschaftete, dann jedoch mit einem spektakulären Zusammenbruch im Jahr 1998 das internationale Finanzsystem beinahe zum Einsturz führte. Trotz dieses kleinen Seitenhiebs auf die Gruppe der Akademiker muss man natürlich anerkennen, dass mit der Black-Scholes-Formel etwas entwickelt wurde, was auch heute noch von vielen Händlern in der Praxis genutzt werden kann. Dazu zählen auch die sogenannten Griechen, mit denen man teilweise Ableitungen des Optionspreises nach den jeweiligen Modellparametern bezeichnet. In meinem Buch „Optionsstrategien für die Praxis“ findet sich eine detaillierte Erläuterung dieser Kennzahlen, sodass ich an dieser Stelle nur auf eine akademisch wahrscheinlich vollkommen ungenaue, aber für die Praxis handhabbare Deutung dieser Kennzahlen eingehen möchte.

Aus meiner Sicht macht es Sinn, sich den Kennzahlen zunächst mithilfe anderer Begriffe zu nähern.

Delta = Geschwindigkeit, mit der sich eine Option bewegt
Gamma = Beschleunigung, mit der sich die Geschwindigkeit einer Option verändern kann
Theta = Einfluss des Zeitwertverfalls einer Option
Vega = Einfluss der impliziten Volatilität auf eine Option

Delta

Das Delta gibt an, wie schnell sich eine Option preislich bewegt, wenn sich das entsprechende Underlying (also beispielsweise die Aktie) bewegt. Das Delta liegt immer zwischen 0 und 1 bei Call-Optionen beziehungsweise zwischen 0 und -1 bei Put-Optionen. Mithilfe des Deltas kannst du also ausrechnen, wie sich der Preis einer Option verändert, wenn sich der Preis des Basiswerts verändert. So bedeutet ein Delta von 0,4, dass eine Veränderung des Basiswertes um einen Dollar eine Veränderung des Optionspreises um 0,40 Cent hervorruft. Steigt der Preis einer Aktie um zwei Dollar, dann wird sich eine Call-Option mit einem Delta von 0,30 um 0,60 Cent (2 × 0,30 = 0,60) verteuern. Gleichzeitig würde sich eine Put-Option mit einem Delta von -0,30 um 0,60 Cent (2 x -0,30 = -0,60) verbilligen, dies zumindest theoretisch und ohne Beachtung der anderen Kennzahlen.

Was allerdings in der Praxis viel wichtiger ist, ist die Nutzung des Deltas als Gradmesser für die Wahrscheinlichkeit einer Preisbewegung. Dies ist zwar akademisch nicht 100-prozentig korrekt, ich persönlich habe aber in meiner Zeit als Optionshändler (fast) noch nie einen Händler kennengelernt, der dieses Prinzip nicht anwenden würde. So sagt beispielsweise ein Delta von 0,25 – umgangssprachlich wird es als 25er-Delta bezeichnet – aus, dass es aktuell eine Wahrscheinlichkeit von 25 Prozent gibt, dass am Ende der Laufzeit der Option der Preis der Aktie am sogenannten Strike liegen wird.

An dieser Stelle müssen wir einen kurzen begrifflichen Einschub machen – was ist ein Strike?

„Strike" bezeichnet den Preis, zu dem das Recht einer Option ausgeübt werden kann. Wenn du also eine Option mit Strike 73 anschaust, dann weißt du, dass die Käufer der entsprechenden Calls die Aktie bei 73 kaufen können und die Käufer der Put-Optionen sie bei 73 verkaufen können. Als kleine Wiederholung an dieser Stelle noch einmal der Hinweis, dass die Käufer einer Option ein Recht erwerben, dieses aber nicht ausüben müssen.

Zurück zu unseren Deltas. Mithilfe der Wahrscheinlichkeit ist es uns also möglich, beim Kauf oder Verkauf von Optionen im Vorfeld abzuschätzen, ob der Kauf oder Verkauf wirtschaftlich sinnvoll ist oder nicht. Schauen wir uns dazu auch hier wieder ein Beispiel an. Angenommen, du kaufst ständig Optionen mit einem Delta von 10. Dann bedeutet dies, dass die Wahrscheinlichkeit, dass der Preis der Aktie am letzten Tag der Laufzeit der Option bei dem von dir ausgewählten Strike liegen wird, lediglich zehn Prozent beträgt. Oder anders ausgedrückt: Die Wahrscheinlichkeit beträgt 90 Prozent, dass die Option am Ende wertlos verfallen wird. Als Käufer einer Option wäre dies für dich natürlich alles andere als optimal. Wer hingegen fortlaufend Optionen mit kleinen Deltas verkauft, erhöht somit die Wahrscheinlichkeit, dass die Optionen am Ende der Laufzeit wertlos verfallen. Daher wählen in der Regel die Käufer von Optionen eher höhere Deltas aus, wohingegen die Verkäufer von Optionen sich eher an niedrigeren Deltas orientieren. Achtung: Dies ist noch keine Handelsstrategie, sondern soll dir lediglich das Grundprinzip vermitteln. Denke bitte daran, wir sind Praktiker und keine Akademiker.

Gamma

Das Gamma einer Option gibt an, wie stark sich ihr Delta ändert, wenn sich der Kurs des Basiswerts um eine Einheit ändert und alle anderen Größen sich nicht verändern. Auf gut Deutsch bedeutet dies: Je größer das Gamma ist, umso schneller verändert sich das Delta und damit auch der Preis der Option. Daher bezeichnen wir, wie oben schon beschrieben, das Gamma als Beschleunigung. Für die Praxis ist es wichtig, dass du dir Folgendes merkst: Je kürzer die Restlaufzeit einer Option, umso mehr steigt das Gamma an. Deshalb können sich Optionen mit sehr kurzer Restlaufzeit extrem schnell im Preis verändern. Man spricht in diesem Fall von Gamma-Sensitivität. Daher vermeiden es viele private Optionshändler, Optionen in den letzten Tagen vor Ende der Laufzeit zu handeln. Es gibt auf der anderen Seite aber auch viele professionelle Optionshändler, die ganz bewusst die Gamma-Sensitivität nutzen und genau deshalb Optionen mit sehr kurzer Restlaufzeit handeln. Viel mehr gibt es für einen privaten Anwender von Optionen zum Thema Gamma eigentlich nicht zu wissen.

Theta

Das Theta einer Option gibt an, wie stark sich der (theoretische) Preis einer Option ändert, wenn sich die Restlaufzeit um einen Tag verringert und alle anderen Kennzahlen konstant bleiben. Das Theta ist der

Freund der Optionsverkäufer und damit automatisch der Feind der Optionskäufer. Wenn du eine Option gekauft hast, verringert sich aufgrund der abnehmenden Restlaufzeit der Option deren Wert jeden Tag. Dies kann mithilfe der Kennzahl Theta gemessen werden. Der Optionsverkäufer hingegen profitiert von diesem sogenannten Zeitwertverfall, weil jeder Tag, der vergeht, den Preis seiner verkauften Option automatisch abschmelzen lässt. Und dies nicht nur an Tagen, an denen die Börse geöffnet ist, sondern auch an Wochenenden, Feiertagen und sogar zu Weihnachten.

Vega

Das Vega ist im Gegensatz zu den anderen Kennzahlen kein Buchstabe aus dem griechischen Alphabet. Es wird manchmal auch als Lambda oder Kappa bezeichnet. Das Vega gibt an, wie stark sich der Wert beziehungsweise Preis einer Option verändert, wenn sich die Volatilität, das heißt die Schwankungsbreite des Basiswerts, um einen Prozentpunkt ändert und alle anderen Größen erneut konstant bleiben. Steigt die Volatilität an, verteuert sich der Preis einer Option. Sinkt hingegen die Volatilität, sinkt auch der Preis der Option. In der praktischen Anwendung ist es daher bei vielen Optionsstrategien notwendig, auf die aktuelle Volatilität zu achten. Als einfache Faustregel kannst du dir merken, dass Optionskäufer tendenziell eher in einem Umfeld niedriger Volatilität tätig werden, wohingegen der Verkauf von Optionen in einem Umfeld hoher Volatilität am lukrativsten ist.

Erinnerst du dich noch an die akademischen Theoretiker, die ich eingangs beschrieben habe? Vertreter dieser Gattung werden angesichts der gerade von dir gelesenen Erläuterung der Optionskennzahlen wahrscheinlich die Hände über dem Kopf zusammenschlagen. Viel zu wenig Substanz, viel zu wenige Details, viel zu wenige Ausführungen und überhaupt alles viel zu simpel dargestellt! Zugegebenermaßen, es gibt Bücher, die dicker sind als dasjenige, das du gerade liest, und sich ausschließlich mit den Optionskennzahlen beschäftigen. Auch bei mir stehen einige dieser Bücher im Regal und ich habe mich tatsächlich durch die meisten von ihnen durchgequält. Natürlich ist mehr Wissen grundsätzlich nichts Schlechtes. In meiner Laufbahn als Optionshändler habe ich allerdings festgestellt, dass die simple Erläuterung, die ich dir hier an die Hand gebe, für 98 Prozent aller Händler, die mit Optionen handeln, vollkommen ausreichend ist. Ich behaupte sogar, für die in diesem Buch dargelegte Strategie genügt das oben niedergeschriebene Wissen für 100 Prozent aller Anwender, um in der Praxis hervorragende Resultate zu erzielen. Solltest du jedoch der Meinung sein, dass du noch tiefer in die Materie der Optionskennzahlen einsteigen möchtest, dann steht es dir natürlich frei, dich entweder im Internet oder aber auch in anderen Büchern zu diesem Thema zu informieren. Ich bezweifle allerdings, dass dies wesentliche Auswirkungen auf deine Handelsergebnisse haben wird.

Wir sind keine Wissenschaftler

Während ich diese Zeilen schreibe (ehrlicherweise: ich diktiere sie), sitze ich auf einem Balkon einer luxuriösen Ferienanlage in der Türkei. Die Menschen um mich herum scheinen allesamt glücklich und zufrieden zu sein. Die Zutaten für dieses Glück und diese Zufriedenheit sind ziemlich simpel: Es ist Sommer, die Sonne scheint von einem wolkenlosen Himmel, das türkisblaue Meer ist angenehm warm und wenn man Hunger oder Durst hat, findet sich hier an jeder Ecke ein dienstbarer Geist, der einem jeden Wunsch von den Lippen abliest. Um Menschen glücklich zu machen, braucht es eben keine komplizierten Geschäftsmodelle, sondern lediglich ein paar wenige Zutaten. Diese müssen aber natürlich die richtigen sein. Im Börsenhandel ist es genauso wie in der restlichen Wirtschaft auch. Die meisten Menschen haben ein vollkommen falsches Bild davon, was man tun muss, um als Unternehmer erfolgreich zu sein. Wir alle kennen Erfolgsgeschichten wie etwa die von Microsoft, Apple oder Tesla. Nur die allerwenigsten Menschen können sich vorstellen, ein Unternehmen wie die drei genannten aufzubauen und zum Erfolg zu führen. Und weil sich das nur so wenige Menschen vorstellen können, glaubt die Masse der Menschen, dass Unternehmertum etwas Hochkompliziertes ist und es deshalb für die meisten Menschen vollkommen aussichtslos ist, als Unternehmer erfolgreich zu werden. Wenn wir uns allerdings einmal in unserer Umgebung umschauen, werden wir sehr schnell feststellen, dass es sehr viele Selbstständige und Unternehmer gibt, die mit absolut einfachen Konzepten sehr erfolgreich sind. Du musst keine Hightechfirma gründen, um viel Geld zu verdienen. Mit einer simplen Currywurstbude ist es möglich und sogar überaus wahrscheinlich, sehr viel Geld zu verdienen. Die Voraussetzung ist natürlich, dass du ein paar wenige Dinge richtig machst. Oder schauen wir uns erfolgreiche Modelle an, die auf der Franchising-Idee basieren, wie etwa McDonald's. Ein Unternehmer, der sich entschließt, sich der McDonald's-Familie im Zuge eines Franchise-Vertrags anzuschließen. muss auch nichts Kompliziertes machen, sondern lediglich eins zu eins den Vorgaben folgen, die ihm das Unternehmen vorgibt.

Es ist allerdings so, dass viele Menschen lieber daran glauben, dass Erfolg nur auf sehr kompliziertem Wege möglich ist, denn dadurch haben sie für sich immer eine Ausrede parat, wenn es mit ihrem eigenen Erfolg nicht so klappt. Und hier finden wir jetzt auch die Brücke zum Börsenhandel. Auch Börsenhandel ist etwas, das für 95 Prozent der Erfolgreichen mit ganz simplen Methoden funktioniert. Es mag ja durchaus einige Hedgefonds oder hochspezialisierte institutionelle Anleger geben, die sich komplizierter und für einen Laien kaum nachvollziehbarer Methoden bedienen. Dies ist aber eine verschwindende Minderheit. Die Wahrheit ist, dass Börsenhandel, wenn er denn erfolgreich sein soll, nicht mehr als zwei oder drei simple Zutaten braucht. Der Gründer von Amazon, Jeff Bezos, fragte Warren Buffett einmal, warum denn seiner Ansicht nach nicht mehr Menschen seinem sehr simplen Investmentansatz folgen würden. Dieser sei doch nicht nur recht einfach, sondern dazu über die Jahrzehnte auch noch ausführlich beschrieben worden. Warren Buffett antwortete darauf, dass die meisten Menschen den Wunsch hätten, schnell reich zu werden und dass dies natürlich mit einer so einfachen Strategie wie der seinen nicht möglich sei. Würden die Menschen hingegen dem Ganzen etwas Zeit geben, dann könnte seiner Meinung nach jeder ganz unkompliziert vermögend werden. Ich selbst habe in den letzten knapp 30 Jahren, in denen ich mich im Börsenumfeld tummele, unzählige Strategien und Systeme kennengelernt, mit denen man angeblich an der Börse viel Geld verdienen kann – und das auch noch in relativ kurzer Zeit. Die Finanzindustrie, und hier meine ich den Teil der Industriellen, der sich auf Ausbildung und Weiterbildung von Börseninteressenten spezialisiert hat, liebt es geradezu, den Menschen hochkomplexe Strategien an die Hand zu geben. Dies hat hauptsächlich zwei Gründe. Der erste Grund ist die Tatsache, dass man hochkomplexe Strategien nicht einfach erklären kann und daher das Potenzial für ausufernde und preisintensive Weiterbildungen aller Art besteht, die an den Mann und an die Frau gebracht werden können. Der zweite Grund liegt darin, dass viele Coaches viel lieber im Sonnenschein ihres eigenen Wissens glänzen als ihren Kunden praktisch umsetzbare und Ergebnisse produzierende Systeme an die Hand zu geben. Dies wiederum hängt damit zusammen, dass es viele Menschen gibt, die einfach nicht glauben können und wollen, dass man an der Börse mit simplen Strategien Erfolg haben kann. Es kann doch nicht sein, dass man dauerhaft Gelder aus den Märkten ziehen kann, indem man eine so einfache Kombination aus Dividenden und Optionen anwendet! Selbst der nachgewiesenermaßen höchst erfolgreiche Ansatz, einfach eine Hand voll Aktien zu kaufen, diese über einen möglichst langen Zeitraum zu halten und bei passender Gelegenheit, wie etwa einem Börsencrash, noch einmal ordentlich nachzukaufen, wird von den meisten Menschen, die sich mit dem Thema Börse beschäftigen, nicht umgesetzt. Die Begründung ist dann häufig: „Wenn es so einfach wäre, würde es ja jeder machen." Aber gerade weil es so einfach ist, wird es von den meisten nicht gemacht, denn wir Menschen lieben es kompliziert. Erfolg muss kompliziert sein, Strategien müssen aufwendig und komplex sein. Systeme benötigen Jahre, um gelernt und verstanden zu werden. All dies sind Aussagen, die vielleicht so deutlich nicht ausgesprochen werden, aber doch in ganz vielen Köpfen drinstecken. Du kannst ein kleines Experiment mit dir selbst machen. Stell dir bitte folgende Situation vor: Du triffst zwei Händler und dir wird gesagt: Der eine Händler ist überdurchschnittlich erfolgreich, der andere Händler unterdurchschnittlich. Du weißt allerdings nicht, welcher der erfolgreiche und welcher der weniger erfolgreiche Händler ist. Nun präsentieren dir die beiden Händler ihre jeweiligen Handelsstrategien in niedergeschriebener Form. Der eine Händler legt dazu ein dünnes Büchlein so wie dieses hier auf den Tisch und der andere ein 30-bändiges Monstrum, das an die früheren Lexika erinnert, die von Vertretern an der Haustür verkauft wurden. Wenn du dich jetzt spontan entscheiden müsstest, welcher von beiden der erfolgreichere Händler ist, ohne dass du dazu in die Bücher hineinschauen dürftest, für welchen würdest du dich entscheiden? Wenn du so denkst wie die Masse der Menschen, dann wirst du dich für den Händler entscheiden, der dir gerade 20 Kilogramm Papier auf den Tisch gelegt hat, nicht wahr?

Die Wahrscheinlichkeit, dass du damit aber falschliegst, ist enorm hoch. Wir können einfach nicht akzeptieren, dass man mit simplen Dingen erfolgreich sein kann. Aber in den allermeisten Fällen ist es so. Die Amerikaner sagen dazu KISS-Prinzip. „Keep it simple, stupid." In der Biografie des Gründers von McDonald's, Ray Kroc, taucht schon auf den allerersten Seiten einer seiner wichtigsten Glaubenssätze auf: „Keep it simple, stupid". Die Zubereitung eines Hamburgers ist eine ziemlich simple Sache, vor allem im Vergleich zu einem Gericht, das du in einem mit drei Sternen ausgezeichneten Spitzenrestaurant vorfinden wirst. Und dieses Gericht aus dem 3-Sterne-Restaurant ist mit fast 100-prozentiger Wahrscheinlichkeit auch deutlich besser als der Hamburger, den du bei McDonald's angeboten bekommst. Aber, und das ist der entscheidende Punkt, der McDonald's-Hamburger ist so viel profitabler als das 3-Sterne-Gericht, dass kürzlich ein deutscher Spitzenkoch auf die Frage, was er denn früher gern anders gemacht hätte, dem verdutzten Reporter antwortete: Ich hätte gern zu Beginn meiner Karriere begriffen, dass ich mit einem McDonald's-Restaurant selbst Multimillionär geworden wäre, anstatt als Spitzenkoch in meinem Restaurant Multimillionäre zu bekochen.

Wir werden im Kapitel über das DuO-Prinzip in der Praxis genauer auf die Anwendung von Optionen eingehen. Ich kann dir allerdings an dieser Stelle jetzt schon versprechen: Komplizierter als in diesem Kapitel wird es nicht. Und der Grund dafür ist, dass es schlicht und ergreifend nicht notwendig ist, etwas kompliziert darzustellen, wenn es auch einfach geht. Börsenhandel im Allgemeinen und Optionshandel im Speziellen müssen keine Raketenwissenschaften sein. Aber natürlich gibt es viele, die genau dies gern daraus machen. Sicherlich hast du auch schon einmal den Ausspruch gehört: Warum einfach, wenn es auch kompliziert geht? Dies wird sehr häufig dann geäußert, wenn wieder einmal jemand mit Riesenaufwand etwas umsetzen will, das auch sehr viel einfacher ginge, und die Menschen in seinem Umfeld davon genervt sind. Mache es dir daher bitte beim Börsenhandel nicht zu kompliziert. Natürlich musst du im Laufe der nächsten Wochen, Monate und Jahre noch sehr viel zum Thema Optionen und deren Details lernen. Um aber Optionen erfolgreich anwenden zu können, genügen die bislang gezeigten Erläuterungen vollkommen. Es ist ein bisschen so wie mit dem Autofahren. Wenn du deinen Führerschein machst, bist du im Anschluss noch kein Walther Röhrl oder Lewis Hamilton. Du gewinnst kein Formel-1-Rennen und bist auch nicht der beste Autofahrer der Welt. Aber du kommst sicher von A nach B, ohne dich und andere zu gefährden, und darum geht es. Genauso wird es dir bei der hier vorgestellten Handelssystematik gehen. Du wirst Gewinne erzielen, du wirst diese Strategien relativ schnell umsetzen können und das ist das, was ich mit diesem Buch erreichen will.

KAPITEL

7

Dividenden – Balsam für die Seele der Investoren

Dividenden sind die neuen Zinsen? Blödsinn!

Märchen beginnen ja immer mit der Einleitung „Es war einmal …". Und wenn wir heute über Zinsen sprechen, dann dürfte sich das für die meisten auch wie ein Märchen anhören. Aber es gab sie tatsächlich. Es war einmal vor langer Zeit, als die ökonomischen Grundgesetze noch Bestand hatten und Zinsen den Preis des Geldes bestimmten. Schuldner mit einer guten Bonität konnten sich Geld zu niedrigen Zinsen leihen, wohingegen diejenigen, die es in der Vergangenheit mit der Rückzahlung nicht so genau genommen hatten, sehr hohe Zinsen zahlen mussten, um sich Geld leihen zu können. Aus vielerlei Gründen, die den Rahmen dieses Buches sprengen würden, setzte sich allerdings in den letzten Jahrzehnten eine Politik durch, die die Notenbanken dazu brachte, es mit den Zinsen nicht mehr ganz so genau zu nehmen und diese, sagen wir mal, etwas manipulativ zu gestalten. Als sich dann auch noch im Jahr 2008 die weltweite Finanzkrise ausbreitete, infolgedessen unter anderem die traditionsreiche Investmentbank Lehman Brothers Konkurs anmelden musste und viele Banken diesseits und jenseits des Atlantiks vor die Hunde zu gehen drohten, holten die Notenbanken die ganz große Kanone aus dem Schrank. Diese Kanone hieß „Zinssenkung und Quantitative Easing". Während also die Notenbanken weltweit die Zinssätze immer weiter senkten, starteten sie gleichzeitig ein Anleihekaufprogramm, das es in dieser Form noch niemals in der Wirtschaftsgeschichte gegeben hatte. Dies hatte zur Folge, dass die Zinssätze, die am Markt zu erzielen waren, immer weiter absanken und wir mittlerweile (wir schreiben das Jahr 2019) an einem Punkt angelangt sind, an dem zum einen die Zinssätze negativ geworden sind und zum anderen die Verschuldung weltweit solche Ausmaße angenommen hat, dass es derzeit extrem unwahrscheinlich ist, dass die Zinsen in den nächsten Jahren wieder deutlich werden ansteigen können. Diese Entwicklung hat sogar dazu geführt, dass es Ländern wie etwa der Bundesrepublik Deutschland möglich ist, sich am Kapitalmarkt zu negativen Zinsen Geld zu leihen. Das heißt, wer jetzt eine deutsche Staatsanleihe mit zehn Jahren Laufzeit kauft, erhält nach den zehn Jahren weniger Geld zurück, als er für diese Staatsanleihe bezahlt hat. So etwas gibt es eigentlich nur im Märchen.

Wenn Anleger genauso wie Sparer für ihre festverzinslichen Anlagen nur noch sehr geringe oder gar keine Zinsen mehr erhalten, suchen sie sich allerdings andere Anlagemöglichkeiten, um die im Überfluss vorhandenen Gelder anzulegen. Und so stiegen in den letzten Jahren die Preise anderer Anlageklassen wie etwa Immobilien oder Aktien steil an. An den Aktienmärkten wurde dabei häufig sogar darüber gesprochen, dass Dividenden die neuen Zinsen seien. Diese Aussage klingt zwar schön, ist aber recht einfältig und dazu auch noch vollkommen falsch, denn Zinsen und Dividenden sind zwei völlig unterschiedliche Paar Schuhe. Zinsen muss ein Schuldner zahlen, wenn er sich Geld bei einem Gläubiger leiht. Die Höhe dieser Zinsen ist in der Regel für die komplette Laufzeit des Darlehens festgeschrieben. Wie hoch die Zinsen sind, hängt dabei hauptsächlich von der Bonität des Darlehensnehmers ab. Gute Bonität gleich niedrige Zinsen, schlechte Bonität gleich hohe Zinsen. Außerdem ist der Darlehensnehmer verpflichtet, entweder während der Laufzeit des Darlehens oder aber spätestens am Ende der Laufzeit (so ist dies zum Beispiel bei Staatsanleihen) den gesamten Darlehensbetrag an den Gläubiger zurückzuzahlen. Wer sich bereits ein wenig mit dem Thema Dividenden beschäftigt hat, wird schon jetzt erkennen, dass diese etwas vollkommen anderes sind.

Was aber sind eigentlich Dividenden? Stellen wir uns einfach einmal vor, du möchtest eine Firma gründen und hast eine unschlagbare Geschäftsidee. Leider fehlt dir aber das notwendige Geld, um die Firma zu gründen und ins Laufen zu bringen. Du hast jetzt grundsätzlich zwei verschiedene Möglichkeiten, dir dieses Geld zu besorgen. Zum einen wäre dies der klassische Weg eines Darlehens, beispielsweise im Freundeskreis oder bei einer Bank. Du erhältst das Geld, musst dafür Zinsen zahlen und irgendwann die gesamte geliehene Summe zurückerstatten. Je nachdem, wie deine Bonität ist, kann sich diese Art der Finanzierung aber durchaus schwierig gestalten und dadurch, dass du das geliehene Geld auch wieder zurückzahlen musst, ist es auch eine überaus teure Art der Unternehmensfinanzierung. Einen anderen Weg, den du gehen könntest, wäre die Beteiligung von anderen an deinem Unternehmen. Bei einer GmbH könntest du einfach ein paar Anteile verkaufen und bei einer Aktiengesellschaft würde diese eben Aktien an die Börse bringen. Diese Art der Finanzierung hat den Vorteil, dass das eingenommene Geld niemals zurückgezahlt werden muss und somit dem Unternehmen vollständig zur Verfügung steht. Auch fallen bei dieser Art der Finanzierung keine Zinsen an. Aber die Firma gehört jetzt nicht mehr dir allein, sondern du hast nun Geschäftspartner, egal ob diese nun

Anteilseigner oder Aktionäre heißen. Diese Geschäftspartner erwarten von dir nicht die Rückzahlung des investierten Geldes, aber doch eine Beteiligung an den hoffentlich stark sprudelnden Gewinnen. Und genau das sind Dividenden. Dividenden sind Anteile am Gewinn, die an die Anteilseigner der Gesellschaft ausgeschüttet werden. In einer GmbH würde man dies Gewinnbeteiligung nennen und bei einer Aktiengesellschaft eben Dividenden. Dem Grunde nach aber ist dies genau das Gleiche. Zinsen müssen, wenn sie denn einmal vereinbart wurden, auch dann gezahlt werden, wenn keine Gewinne erwirtschaftet werden. Dividenden hingegen werden in der Regel ausschließlich aus den von der Gesellschaft erwirtschafteten Gewinnen gezahlt. Keine Gewinne gleich keine Dividenden. Dies ist auch logisch, denn wie will man etwas auszahlen, was man nicht hat? Und daher ist der Satz, den du vielleicht schon das eine oder andere Mal gehört hast und der Zinsen mit Dividenden auf eine Stufe stellt, eben vollkommen falsch. Dividenden sind nicht die neuen Zinsen, sondern Zinsen bleiben Zinsen und Dividenden bleiben Dividenden. Wer sich für eine verzinsliche Anlage entscheidet, hat in der Regel dafür gänzlich andere Gründe als ein Investor, der in Aktien investiert und auf die Ausschüttung der Dividenden spekuliert.

Als Aktionär hast du nur zwei Möglichkeiten, von den Aktien, die du hältst, zu profitieren. Entweder der Preis deiner Aktien steigt an der Börse an und du kannst diese zu einem späteren Zeitpunkt zu einem höheren Preis als deinem Einstiegspreis wieder verkaufen oder aber du erhältst regelmäßig einen Anteil an den erwirtschafteten Gewinnen in Form von Dividendenzahlungen. Natürlich ist auch eine Kombination dieser beiden Dinge, also Preissteigerung plus Dividendenausschüttung, möglich und sogar sehr verbreitet. Jedoch schütten nicht alle Gesellschaften die Gewinne, die sie erwirtschaften, an ihre Anteilseigner aus. So hat etwa eines der wertvollsten Unternehmen der Welt, der Onlinehändler Amazon, noch nie auch nur einen einzigen Cent Dividende ausgeschüttet, obwohl das Unternehmen mittlerweile jedes Jahr Milliarden Dollar an Gewinn produziert. Der Grund dafür ist, dass Unternehmen wie Amazon die erwirtschafteten Gewinne viel lieber in weiteres Wachstum investieren als sie an die Anteilseigner auszuschütten. Warum aber akzeptieren die Aktionäre von Amazon diese Vorgehensweise? Nun, der Grund ist recht einfach. Es sind die enormen Wertsteigerungen, welche die Aktien solcher Unternehmen in der Regel an der Börse erfahren. Sie sind ein guter Grund für die Aktionäre, zufrieden zu sein und nicht auf einer Ausschüttung von Dividenden zu bestehen.

Grafik 10

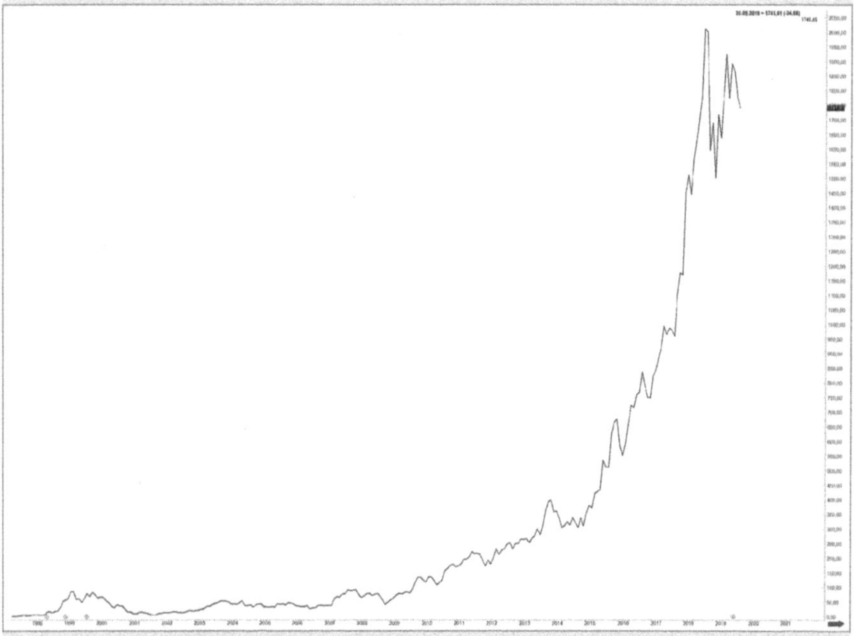

Historischer Chart der Amazon-Aktie

Quelle: TradeNavigator, © GenesisFT, www.duo-strategie.com

Es gibt aber auch Unternehmen, die sehr wohl noch wachsen, aber mittlerweile keine vernünftige Verwendung für die von ihnen erwirtschafteten Gewinne mehr haben und daher diese Gewinne zumindest teilweise an ihre Aktionäre ausschütten. Ein gutes Beispiel dafür ist Microsoft, das nach seiner Gründung viele Jahre keine Dividende ausschüttete und erst im Jahr 2003 mit der Ausschüttung von Dividenden begonnen hat.

Grafik 11

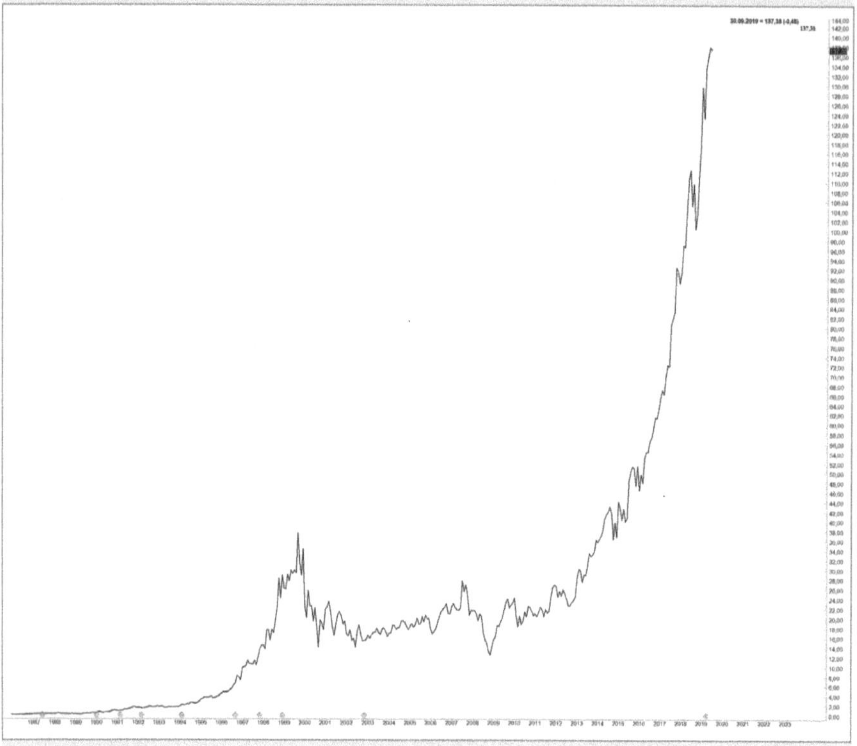

Historischer Chart der Microsoft-Aktie

Quelle: TradeNavigator, © GenesisFT, www.duo-strategie.com

Eine weitere Kategorie von Aktiengesellschaften, die Dividenden ausschütten, sind solche wie etwa Coca-Cola, die nur noch ein geringes organisches Wachstum aufweisen und daher regelmäßig einen Großteil ihrer Gewinne ausschütten. Wir werden auf dieses Unternehmen zu einem späteren Zeitpunkt noch einmal zurückkommen.

Grafik 12

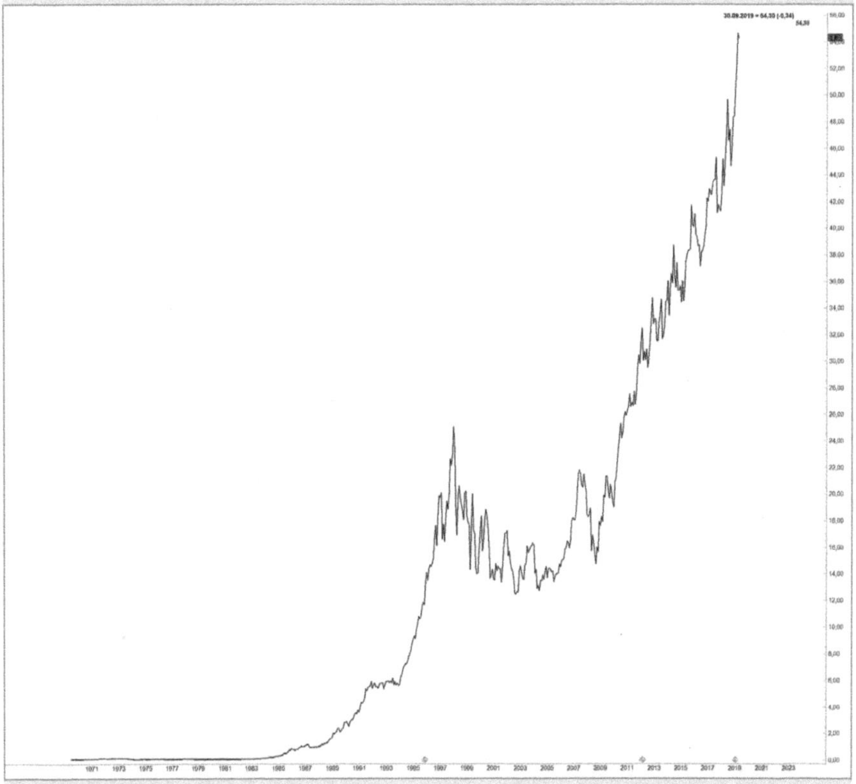

Historischer Chart der Coca-Cola-Aktie

Quelle: TradeNavigator, © GenesisFT, www.duo-strategie.com

Und ja, es gibt auch die Gesellschaften, die mittlerweile gar kein Wachstum mehr aufweisen oder teilweise sogar Gewinnrückgänge verzeichnen und dennoch Dividenden an ihre Aktionäre ausschütten. Dies geschieht dann oftmals entweder aus der Substanz oder aber aufgrund der Tatsache, dass die Höhe der Gewinne trotz Rückgang immer noch deutlich größer ist als der Anteil, der als Dividende an die Aktionäre ausgeschüttet wird. Ein Vertreter dieser Kategorie ist die gute alte IBM, ein Unternehmen, das in Amerika als Big Blue bekannt ist.

Grafik 13

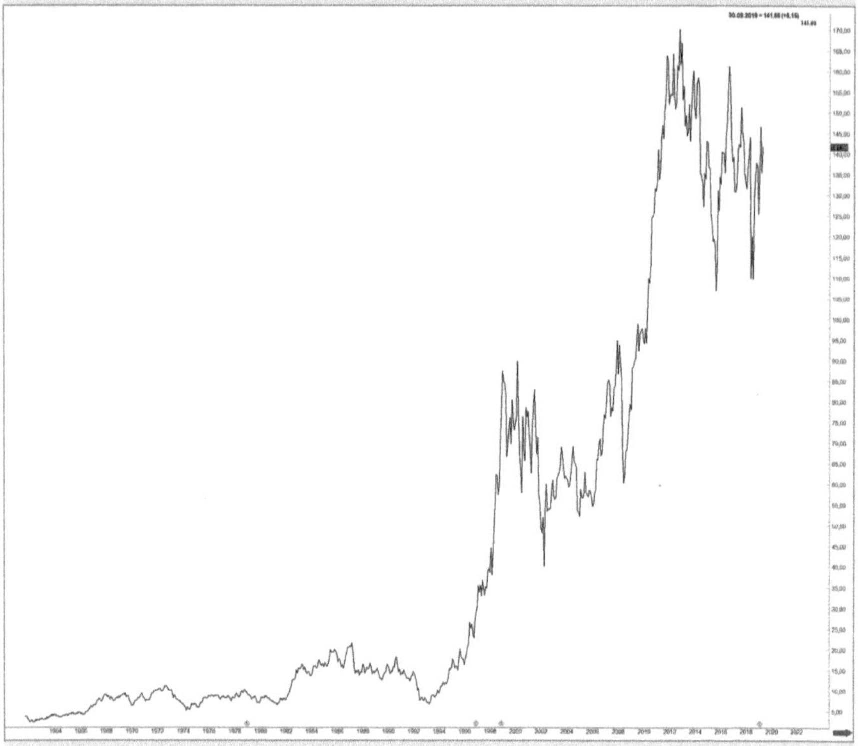

Historischer Chart der IBM-Aktie

Quelle: TradeNavigator, © GenesisFT, www.duo-strategie.com

Viele Börsianer streiten darüber, was besser ist. Ist es besser, wenn ein Unternehmen wie Amazon seine kompletten Gewinne permanent reinvestiert und dadurch starkes Wachstum verzeichnet und dementsprechend der Aktienkurs sehr deutlich ansteigt? Oder ist es besser, wenn eine Firma wie Coca-Cola kein exorbitantes Wachstum mehr anstrebt und stattdessen eher bestrebt ist, den Aktionären jedes Jahr einen höheren Gewinnanteil in Form von steigenden Dividenden auszuschütten? Es gibt auf diese Fragen keine objektiv richtigen Antworten und daher sollten wir das Ganze als Anleger pragmatisch angehen.

Sieh es einfach pragmatisch

Gehen wir gedanklich zehn Jahre zurück. Nehmen wir an, vor zehn Jahren wäre eine gute Fee zu dir gekommen, hätte dir 100.000 Dollar gegeben und gesagt: „Kauf dir für dieses Geld Aktien eines Unternehmens. In zehn Jahren werde ich zurückkommen und du musst mir die 100.000 Euro wiedergeben. Aber alles, was du in dieser Zeit mit den Aktien verdient hast, darfst du behalten." Jetzt stell dir weiter vor, du hättest dich damals für Aktien eines Unternehmens entschieden, das schon sehr lange Dividenden ausgeschüttet hat. Du hättest darauf spekuliert, dass sich der Kurs der Aktien vielleicht gar nicht stark nach oben entwickelt hätte, aber du hättest jedes Jahr die Dividenden erhalten. Schauen wir uns an, wie viel Dividenden du von einigen dieser Firmen im Laufe der letzten zehn Jahre erhalten hättest.

Grafik 14

Startkapital: 100.000 $

	Dividende je Aktie in %			
Jahr	McDonald's	Coca-Cola	W.W. Grainger	Johnson & Johnson
2008	1,63	0,76	1,55	1,79
2009	2,05	0,82	1,78	1,93
2010	2,26	0,88	2,08	2,11
2011	2,53	0,94	2,52	2,25
2012	2,87	1,02	3,06	2,40
2013	3,12	1,12	3,59	2,59
2014	3,28	1,22	4,17	2,76
2015	3,44	1,32	4,59	2,95
2016	3,61	1,40	4,83	3,15
2017	3,83	1,48	5,06	3,32
2018	4,19	1,56	5,40	3,58
Dividende bei Investment von 100.000 $ in die jeweilige Aktie seit Anfang 2008	**55.153,61 $**	**40.740,08 $**	**44.308,61 $**	**43.302,66 $**

Dividendenentwicklung unterschiedlicher Aktien von 2008 bis 2018

Nicht schlecht, oder? Das sind doch ganz ansehnliche Summen, die du als Gewinnanteil von den von dir gekauften Aktiengesellschaften ausgeschüttet bekommen hättest. Und wie hätten sich die Aktienkurse dieser Gesellschaften entwickelt?

Grafik 15

Startkapital: 100.000 $

Jahr	Dividende je Aktie in $			
	McDonald's	Coca-Cola	W.W. Grainger	Johnson & Johnson
2008	1,63	0,76	1,55	1,79
2009	2,05	0,82	1,78	1,93
2010	2,26	0,88	2,08	2,11
2011	2,53	0,94	2,52	2,25
2012	2,87	1,02	3,06	2,40
2013	3,12	1,12	3,59	2,59
2014	3,28	1,22	4,17	2,76
2015	3,44	1,32	4,59	2,95
2016	3,61	1,40	4,83	3,15
2017	3,83	1,48	5,06	3,32
2018	4,19	1,56	5,40	3,58
Dividende bei Investment von 100.000 $ in die jeweilige Aktie seit Anfang 2008	**55.153,61 $**	**40.740,08 $**	**44.308,61 $**	**43.302,66 $**
Kursgewinne bei Verkauf Ende 2018	**198.509,29 $**	**54.081,48 $**	**223.882,93 $**	**93.859,98 $**
Gesamgewinn:	**253.662,90 $**	**94.821,56 $**	**268.191,54 $**	**137.162,64 $**

Dividenden- und Preisentwicklung unterschiedlicher Aktien von 2008 bis 2018

Auch das sind mehrheitlich schöne Wertentwicklungen, die du nach Rückzahlung der 100.000 Euro an die gute Fee behalten könntest. Und jetzt stell dir vor, dass einer dieser typischen Besserwisser kommt und dir vorrechnet, dass es viel besser gewesen wäre, etwa die Aktien von Amazon oder Monster Beverage gekauft zu haben. Diese beiden Gesellschaften sind klassische Vertreter der Gattung der Wachstumswerte, also von Gesellschaften, die tendenziell ihre Gewinne, soweit vorhanden, in ihr Wachstum investieren, anstatt sie ganz oder teilweise an ihre Aktionäre auszuschütten.

Grafik 16

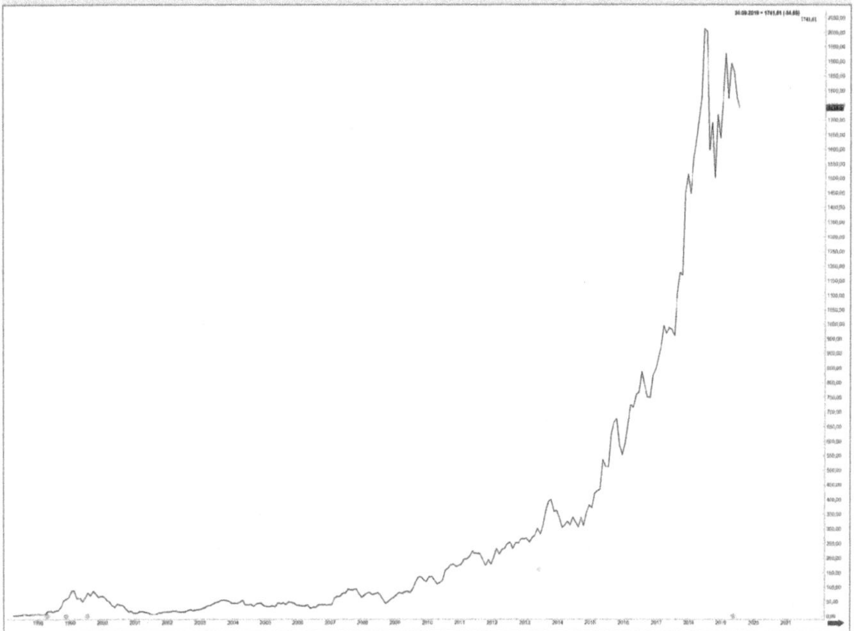

Historischer Chart der Amazon-Aktie

Quelle: TradeNavigator, © GenesisFT, www.duo-strategie.com

Grafik 17

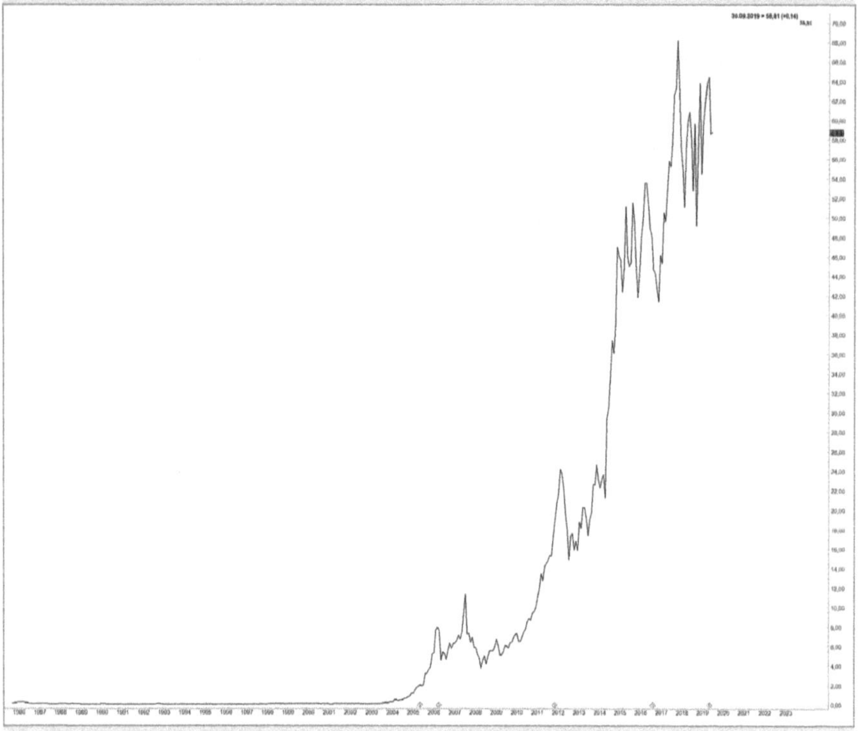

Historischer Chart der Monster-Beverage-Aktie

Quelle: TradeNavigator, © GenesisFT, www.duo-strategie.com

Und ja, natürlich wäre es rückblickend viel lukrativer gewesen, in eine dieser beiden Gesellschaften investiert zu haben. Das Problem an einer solchen Betrachtung ist allerdings, dass es im Nachhinein immer sehr leicht ist, solche Überflieger zu erkennen und zu sagen: Hättest du doch mal besser diese Aktien gekauft. Wenn mir mittlerweile jemand so eine Phrase entgegenschleudert, antworte ich immer mit der Gegenfrage: Wann und für wie viel Geld hast du denn diese Aktien gekauft? Die Börse ist voll von Menschen, die mit „Hätte, wäre, könnte" in der Theorie reich geworden sind. In der Realität kommen solche Sprüche meiner Erfahrung nach allerdings in der

Regel von denjenigen, die finanziell überhaupt keine Erfolge vorzuweisen haben und oftmals viel näher an der Pleite sind, als sie es selbst wahrhaben wollen. Als Anleger und Investor möchte ich pragmatisch agieren. Und Pragmatismus heißt für mich, dass ich tendenziell viel lieber in Geschäfte investiere, die bereits zu Beginn meiner Investitionen Gewinne erwirtschaften und mich an diesen Gewinnen auch teilhaben lassen. Natürlich ist gegen eine kleine Spekulation nichts einzuwenden und auch ich besitze Anteile an Unternehmen, bei denen ich auf eine hervorragende Entwicklung in der Zukunft spekuliere. Ich begrenze allerdings solche Investments auf einen geringen Teil meines Vermögens, da bei solchen Spekulationen natürlich immer auch das Prinzip Hoffnung und die Erwartungshaltung eine große Rolle spielen. Jeder, der beim Börsengang von Amazon im Jahr 1997 ein paar Dollar in diese Firma investiert hat und dabeigeblieben ist, konnte natürlich ein Vermögen verdienen. Aber wie groß war die Wahrscheinlichkeit, im ersten Internetboom der späten 90er-Jahre aus den vielen Hunderten oder sogar Tausenden von Aktien, die es damals gab und die sich mit dem Thema Internethandel beschäftigten, ausgerechnet Amazon herauszusuchen, zu kaufen und auch dann noch zu halten, als sie während des Dotcom-Crashs in den Jahren 2000/2001 zeitweise bis zu 95 Prozent Wertverlust vorzuweisen hatte?

Wer hingegen in derselben Situation auf Unternehmen gesetzt hat, die zum damaligen Zeitpunkt schon solide Gewinne erwirtschafteten und diese mit ihren Aktionären teilten, hat vielleicht die Überrendite, die Amazon erwirtschaftet hat, nicht mitgemacht, konnte aber von Beginn an alle drei Monate einen stabilen Geldzufluss auf sein Konto beobachten.

Es ist daher gar nicht die Frage, ob es nun besser ist, in Dividendenaktien oder in dividendenlose Wachstumsaktien zu investieren, sondern welchen Investmentansatz man grundsätzlich verfolgt. Will man für sich persönlich eine Entscheidung treffen, welcher dieser beiden Ansätze besser geeignet ist, dann lohnt es sich, sich die Investoren anzuschauen, die bewiesen haben, dass sie in der Lage sind, große Vermögen zu erwirtschaften. Ich hatte das Glück, während meiner eigenen Laufbahn als Investor einige wirklich sehr vermögende Investoren aus dem Aktien- und Immobilienbereich persönlich kennenlernen zu dürfen. So kenne ich beispielsweise einen Immobilieninvestor, der zu einer Zeit, als es noch nicht angesagt war, mehrere Mehrfamilienhäuser in Berlin gekauft hatte. Diese Häuser konnte er aufgrund des Immobilienbooms, der ab circa 2010 in der Hauptstadt einsetzte, später zu einem Vielfachen seiner Einstiegspreise verkaufen und sich mit dem Gewinn als Privatier zur Ruhe setzen. Eine klassische Spekulation, könnte man meinen, die aber gar nicht als solche startete. Denn als er diese Immobilien kaufte, waren alle Häuser Cashflow-positiv. Das heißt, die Mieterträge, die er monatlich erhielt, waren schon beim Kauf deutlich höher als die Kosten für Zinsen und Tilgung, die er für die Bankdarlehen zur Finanzierung aufwenden musste. Ohne Finanzierung wäre es ihm gar nicht möglich gewesen, die Häuser zu kaufen, weil ihm selbst schlicht und ergreifend das Geld dazu gefehlt hätte. Die Finanzierung wiederum hätte er von seiner Bank gar nicht erst erhalten, wenn die Mieterträge nicht höher als der Aufwand für Zinsen und Tilgung gewesen wären. Dies ist ein Beispiel aus dem Immobilienbereich, das zeigt, dass man mit einem Investment, das auf eine regelmäßige Ausschüttung von Gewinnen setzt (Cashflow), durchaus sehr hohe Gewinne erzielen kann.

Oder nehmen wir den in diesem Buch schon sehr häufig angeführten Warren Buffett. Ich führe ihn auch deshalb so oft ins Feld, weil er so bekannt ist und seine Reputation als Investor unstrittig ist. Viele wissen, dass Warren Buffett Großaktionär von Coca-Cola ist. Immer wieder betont er, dass diese Firma für ihn das ultimative Investment darstellt. Seitdem er im Jahr 1988 für über eine Milliarde US-Dollar zum ersten Mal Coca-Cola-Anteile erworben hat, sind seine Anteile um ein Vielfaches angestiegen und mittlerweile rund 18 Milliarden Dollar wert. Hat Warren Buffett daher also hier eine erfolgreiche Spekulation betrieben? Natürlich. Das würde man spontan angesichts dieser Wertentwicklung sagen. Aber im Jahr

1988 beteiligte Coca-Cola seine Aktionäre bereits seit 68 Jahren am Gewinn der Gesellschaft und hatte die Dividende inzwischen 25 Jahre in Folge gesteigert. Die Investition in Coca-Cola erwies sich später als eine hervorragende Spekulation aufgrund der gigantischen Wertentwicklung, aber der Ausgangspunkt war eine klassische Investition in ein stabiles Geschäftsmodell mit konstanten Gewinnen, an denen die Aktionäre der Gesellschaft schon seit Jahrzehnten beteiligt wurden. Allein im ersten Quartal 2018 erhielt Warren Buffett circa 150 Millionen Dollar an Dividendenzahlungen von Coca-Cola.

Schüttet eine Aktiengesellschaft einen Teil ihrer Gewinne in Form von Dividenden an die Aktionäre aus, dann ist das natürlich keine Garantie dafür, dass dies für alle Zeiten so weitergehen wird oder dass der Aktienpreis beständig ansteigen wird. Auch Unternehmen, die schon lange existieren und über viele Jahre oder Jahrzehnte Gewinne erwirtschaftet haben, sind nicht davor gefeit, pleitezugehen – und ihre Aktionäre mit ihnen. Dennoch macht es aus meiner Sicht viel mehr Sinn, auf der Grundlage von aktuell vorliegenden Tatsachen und Fakten zu entscheiden, wenn ich erwäge, ein Investment einzugehen, anstatt die Entscheidung auf dem Prinzip Hoffnung aufzubauen. Erwirtschaftete Gewinne und eine Ausschüttung dieser an die Miteigentümer der Gesellschaft – und nichts anderes sind Aktionäre ja – sind vorliegende Tatsachen und Fakten. Dass der Aktienkurs infolgedessen sehr häufig auch weiter ansteigt, und das wie in der oben gezeigten Tabelle sogar teilweise mehr als der zugrunde liegende Index, ist ein schöner Nebeneffekt, basiert aber erst einmal auf dem Prinzip Hoffnung. Wenn du ein ernsthafter Investor sein möchtest, dann musst du dich auch verhalten wie ein professioneller Investor. An der Börse herrscht ein Umverteilungsmechanismus. Gewinne werden nicht einfach so erschaffen, sondern das Geld wandert von der breiten Masse in die Taschen der cleveren Investoren und der Finanzindustrie. Es ist deine Entscheidung, auf welcher Seite du stehen möchtest. Viele Möchtegerninvestoren sind in Wahrheit Glücksritter und Spieler, die sich kaum von denjenigen unterscheiden, die in Spielcasinos an den einarmigen Banditen sitzen, auf den Jackpot hoffen und sich am Ende des Tages beschweren, dass sie wieder Pech hatten. Die Auswahl der richtigen Aktien ist in der Regel gar nicht so schwer, wie sich das die meisten vorstellen. Du musst weder Bilanzfachmann sein noch dich den ganzen Tag mit Zahlen beschäftigen. Gesunder Menschenverstand ist nach wie vor das, was an der Börse den größten Ertrag bringt. Daher werden wir gleich auf einige wichtige Punkte bei der Auswahl der richtigen Dividendenaktien eingehen.

Mehr ist nicht gleich besser

Um die richtigen Dividendenaktien auswählen zu können, ist es wichtig, dass du zu Beginn ein paar grundlegende Dinge in Bezug auf Aktien und ihre jeweiligen Dividenden verstehst. Wie du schon weißt, sind Dividenden der Anteil am Gewinn, den das Unternehmen an seine Aktionäre ausschüttet. Wie hoch der prozentuale Anteil ist, den eine Gesellschaft von ihrem Gewinn ausschüttet, wird jedes Jahr beziehungsweise in den USA sogar quartalsweise von den Organen der Gesellschaft festgelegt. Der prozentuale Anteil vom Gewinn, der ausgeschüttet wird, kann somit zwischen null und 100 Prozent liegen. Er wird als Ausschüttungsquote bezeichnet. Stell dir einfach vor, du hättest selbst ein Unternehmen gegründet und würdest im Jahr einen Gewinn von einer Million Euro nach Steuern erwirtschaften. Du könntest nun theoretisch die komplette Million an deine Aktionäre (du selbst wirst natürlich auch Aktionär deiner Gesellschaft sein) ausschütten oder jeden Betrag, der geringer ist. Grundsätzlich gibt es keine Verpflichtung, dass die Gewinne an die Aktionäre ausgeschüttet werden müssen. Allerdings ist es sehr häufig folgendermaßen: Wenn eine Aktiengesellschaft einmal begonnen hat, Anteile ihrer Gewinne an die Aktionäre auszuschütten, wird dies nicht willkürlich wieder rückgängig gemacht. Der einzige Grund, warum eine Aktiengesellschaft die Dividende, also den Gewinnanteil für ihre Aktionäre, reduziert oder ganz aussetzt, ist ein Rückgang der Gewinne an sich oder eventuell auch die Tatsache, dass die Gesellschaft auf einmal keinen Gewinn mehr produziert. Ein weiterer Grund, die Dividende zu reduzieren oder auszusetzen, könnte auch sein, dass die Gesellschaft plötzlich eine größere Investition stemmen muss oder aber aufgrund des wirtschaftlichen Umfelds größere Rücklagen benötigt. Dies passiert sehr häufig bei zyklischen Unternehmen, deren Gewinnlage stark von der wirtschaftlichen Gesamtentwicklung abhängt. Zyklische Unternehmen sind beispielsweise Maschinenbauer, Zulieferer in der Automobilindustrie, Automobilhersteller, Rohstoffproduzenten oder auch Banken. In einem positiven wirtschaftlichen Umfeld verdienen diese Unternehmen häufig viel Geld und schütten dieses dann in Form von hohen Dividenden an ihre Anteilseigner aus. Da sich der Wirtschaftszyklus aber auch alle paar Jahre abkühlt, verdienen diese Unternehmen dann entsprechend weniger und sind gezwungen, ihre Dividenden zu senken beziehungsweise ganz auszusetzen. Das Gegenteil von zyklischen Unternehmen sind Firmen, die auch dann Geld verdienen, wenn die Wirtschaft gerade einen Abschwung erlebt. Dies sind beispielsweise Versorger, denn Strom, Gas und Wasser benötigen die Kunden auch dann, wenn die wirtschaftliche Lage nicht so gut ist. Weitere nichtzyklische Unternehmen sind Vertreter der Gesundheitsbranche oder Lebensmittelproduzenten, weil deren Produkte auch dann einer stabilen Nachfrage unterliegen, wenn der Rest der Wirtschaft schwächelt.

Achtung: Die Aktienkurse von nichtzyklischen Unternehmen können in einem Wirtschaftsaufschwung und einem damit einhergehenden Börsenrückgang beziehungsweise Crash auch deutlich unter die Räder kommen. Börsenkurse sind nämlich nicht, wie viele vermuten, immer nur an die Gewinnentwicklung der Unternehmen gekoppelt, sondern hängen von vielen anderen externen Faktoren wie beispielsweise der Stimmung der Investoren oder der allgemeinen Börsenlage ab. So verzeichnete beispielsweise Coca-

Cola in der Finanzkrise 2007-2009 weiterhin konstante Gewinne und dennoch sank der Aktienkurs um gut 40 Prozent.

Grafik 18

	2006	2007	2008	2009
Gewinnentwicklung ggü. dem Vorjahr		17,65 %	-3,40 %	17,24 %
Absoluter Gewinn (in Mrd. USD)	5,10	6,00	5,80	6,80
Höhe der Dividende pro Aktie (in USD)	0,62	0,68	0,76	0,82
Schlusskurs am letzten Handelstag jeden Jahres (USD)	16,50	21,84	16,09	21,45

Gewinnentwicklung, Gewinn, Dividenden und Börsenkurs von Coca-Cola von 2006 bis 2009

Grafik 19

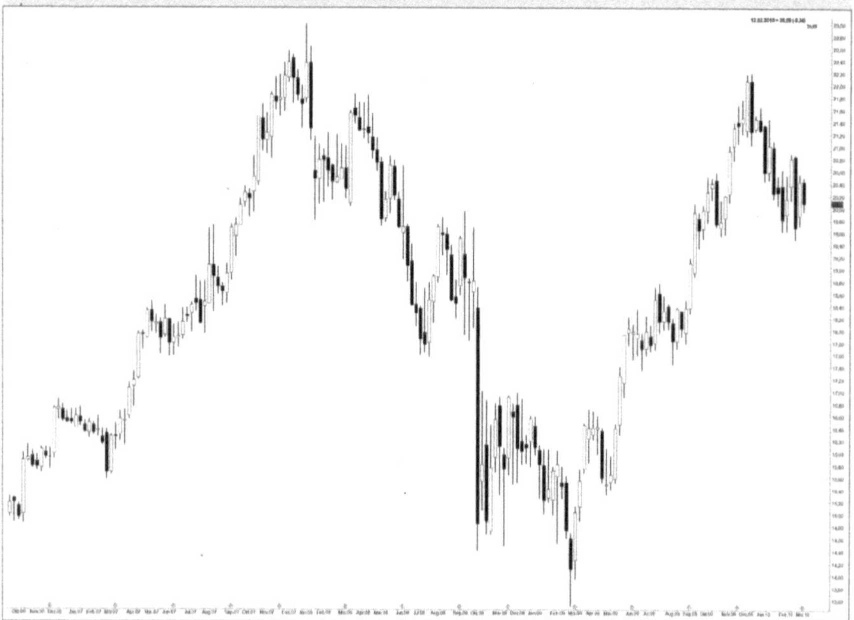

Entwicklung der Coca-Cola-Aktie von 2007 bis 2009

Quelle: TradeNavigator, © GenesisFT, www.duo-strategie.com

Für Dividendeninvestoren ist es daher wichtig, von vornherein zu verstehen, ob das Unternehmen, in das man investieren möchte, zu den zyklischen oder den nichtzyklischen Unternehmen gehört. Bei zyklischen Unternehmen musst du damit rechnen, dass während eines Wirtschaftsabschwungs nicht nur der Aktienkurs einbricht, sondern unter Umständen auch die Dividende gesenkt oder gar ausgesetzt wird. Dies muss allerdings nicht zwingend der Fall sein, weil sehr viele Firmen während des Wirtschaftsabschwungs zwar weniger Gewinne erzielen als vorher, aber einfach die Ausschüttungsquoten erhöhen und damit eine stabile oder gar steigende Dividende für ihre Aktionäre bereitstellen. Lass uns dies auch wieder an einem Beispiel kurz darstellen. Die Firma verdient im Jahr 1 einen Gewinn nach Steuern von einer Million Euro. Sie entschließt sich, 25 Prozent dieser Gewinne an ihre Aktionäre auszuschütten. Somit fließen 250.000 Euro in Form von Dividenden an die Aktionäre. Im Jahr darauf erleidet die Firma einen Gewinneinbruch von 20 Prozent und kann nur noch einen Gewinn von 800.000 Euro verbuchen. Viele Anleger glauben nun, dass damit auch die Dividende um 20 Prozent sinken würde. Dies ist allerdings nur sehr selten der Fall, da stabile oder gar steigende Dividenden heutzutage ein wichtiges Instrument des Shareholder Values sind. Und daher kann es durchaus sein, dass die Gesellschaft in diesem Jahr beispielsweise 275.000 Euro an Dividenden an ihre Aktionäre ausschüttet. Die Dividende wäre damit um zehn Prozent angestiegen, die Ausschüttungsquote allerdings von 25 Prozent auf nun circa 34 Prozent. Du glaubst dies nicht? Hier ein paar Beispiele solcher Entwicklungen aus den letzten Jahren.

Grafik 20

Name des Unternehmens	Ticker
ABM Industries	ABM
Archer Daniels Midland	ADM
Emerson Electric Company	EMR
Johnson & Johnson	JNJ

Unternehmen, die im Zeitraum von 2014 bis 2018 zumindest zwischenzeitlich Gewinnrückgänge verzeichneten und dennoch Jahr für Jahr eine steigende Dividende zahlten

An diesen Beispielen kannst du schon erkennen, warum es so wichtig ist, nicht nur auf die absolute Höhe der Dividenden, sondern auch auf die Ausschüttungsquote der jeweiligen Aktiengesellschaft zu achten. Fast nie werden Gewinne zu 100 Prozent ausgeschüttet. Kein guter Kaufmann wird seinen ganzen Gewinn, den er in einem Jahr erzielt, komplett ausgeben, sondern er wird immer einen Teil reinvestieren beziehungsweise Rücklagen davon bilden. Schüttet eine Aktiengesellschaft einen relativ hohen prozentualen Anteil ihrer Gewinne an die Aktionäre aus, dann steigt das Risiko, dass die Gesellschaft bei einem Gewinneinbruch oder einer gesamtwirtschaftlichen Schwäche ihre Dividenden nicht mehr steigern kann und unter Umständen sogar senken muss. Mir persönlich sind daher Gesellschaften am liebsten, deren Ausschüttungsquote Platz nach oben lässt beziehungsweise es der Gesellschaft ermöglicht, auch in schwierigen Zeiten die Ausschüttungsquote anzuheben, um ihren Aktionären steigende Dividenden zu gewährleisten.

Die Höhe der Dividenden wird oftmals in Form der sogenannten Dividendenrendite als prozentualer Wert angegeben. Obwohl dies eine relativ simple Sache zu sein scheint, bin ich davon überzeugt, dass weniger als zehn Prozent aller Aktionäre diese Dividendenrendite überhaupt in ihrer Gänze verstehen. Wenn du schon dazugehörst, herzlichen Glückwunsch, für alle anderen folgt ein kleines Beispiel zur Erläuterung.

Nehmen wir an, die oben bereits angeführte Gesellschaft mit einem Gewinn von einer Million Euro hat eine Million Aktien ausgegeben. An der Börse werden diese Aktien für zehn Euro das Stück gehandelt, das heißt, der Kurs dieser Aktien liegt bei zehn Euro. Nun schüttet die Gesellschaft, wie oben erwähnt, eine Gesamtdividende von 250.000 Euro an ihre Aktionäre aus. In der Praxis bedeutet dies, dass diese 250.000 Euro gleichmäßig auf eine Million Aktien aufgeteilt werden müssen.

250.000 : 1.000.000 = 0,25

Jeder Aktie wird somit eine Dividende in Höhe von 0,25 Euro zugeteilt und ausgezahlt. Da die Aktien aktuell zu einem Kurs von zehn Euro pro Stück gehandelt werden, ergibt sich daraus eine aktuelle Dividendenrendite in Höhe von 2,50 Prozent.

Grafik 21

250.000 € / 1.000.000 Aktien = 0,25 € pro Aktie
(0,25 € / 10 €) * 100 = 2,50 % Dividendenrendite

Formel für die Dividendenrendite (Beispiel 1)

Was passiert nun mit der Dividendenrendite, wenn sich der Kurs der Aktie verändert? Steigt der Kurs der Aktie auf beispielsweise 20 Euro pro Stück an, dann reduziert sich die Dividendenrendite auf 1,25 Prozent.

Grafik 22

250.000 € / 1.000.000 Aktien = 0,25 € pro Aktie
(0,25 € / 20 €) * 100 = 1,25 % Dividendenrendite

Formel für die Dividendenrendite (Beispiel 2)

Die Dividendenrendite hat sich also halbiert, obwohl sich an der absoluten Höhe der Dividende nichts geändert hat. Lediglich der starke Anstieg der Aktien von zehn auf 20 Euro hat die Aktienrendite deutlich absinken lassen. Wer allerdings die Aktien für die ursprünglichen zehn Euro pro Stück gekauft hat, der fährt natürlich weiterhin eine Dividendenrendite von 2,5 Prozent ein, da die individuelle Dividendenrendite eines Investors sich jeweils anhand seines persönlichen Einstiegspreises berechnet. Dieser Aspekt wird zu einem späteren Zeitpunkt in diesem Buch noch eine sehr wesentliche Rolle spielen und ich möchte dich bitten, wenn dir dies noch nicht klar geworden ist, den letzten Abschnitt noch einmal durchzulesen.

Was aber, wenn der Kurs der Aktie nicht gestiegen, sondern gefallen ist? Angenommen, der Kurs der Aktie ist von zehn Euro auf fünf Euro gefallen. Wie hoch ist jetzt die Dividendenrendite? Rechnen wir es wieder aus.

Grafik 23

250.000 € / 1.000.000 Aktien = 0,25 € pro Aktie
(0,25 € / 5 €) * 100 = 5,00 % Dividendenrendite

Formel für die Dividendenrendite (Beispiel 3)

Die Dividendenrendite ist nun also auf fünf Prozent angestiegen – allerdings nur für denjenigen, der die Aktie zum Kurs von fünf Euro erwirbt. Derjenige, der die Aktie für zehn Euro pro Stück gekauft hat, hat natürlich auch weiterhin eine persönliche Dividendenrendite von 2,5 Prozent. Der Grund hierfür liegt darin, dass die Gesellschaft ja eben nur 0,25 Euro ausschüttet – und dies unabhängig vom Aktienkurs, sondern in Abhängigkeit von der Höhe des Gewinns und der festgelegten Ausschüttungsquote. Viele Aktionäre verstehen nicht, dass sich bei einem Preisrückgang der Aktie die Dividendenrendite erhöht, wohingegen die Dividendenrendite sinkt, wenn der Kurs der Aktie steigt.

Du kannst dir die Dividendenrendite auf vielen Websites kostenfrei anzeigen lassen. Bitte beachte aber immer, dass es sich hierbei größtenteils um eine Berechnung handelt, die die zuletzt gezahlten Dividenden und den aktuellen Preis der Aktie miteinander kombiniert. Die meisten europäischen Aktiengesellschaften schütten nur einmal im Jahr eine Dividende aus. In den USA ist es dagegen üblich, dass Dividenden quartalsweise ausgeschüttet werden. Wenn du also liest, dass eine deutsche AG eine Dividende von beispielsweise 1,20

Euro ausschüttet, dann ist dies in der Regel die Dividende für ein komplettes Jahr. Wenn du bei einem amerikanischen Unternehmen dagegen eine Dividende von 0,50 Dollar angezeigt bekommst, dann überprüfe bitte, ob es sich dabei um die Quartalsdividende handelt oder aber ob diese 0,50 Dollar bereits die Dividende für ein komplettes Jahr darstellen. Die beste Quelle, um die exakte Höhe der Dividenden zu überprüfen, ist immer die Website des Unternehmens. Hier findest du in der Regel unter der Rubrik „Investor Relations" alle notwendigen Angaben.

Viele Investoren versuchen Aktien auszuwählen, die eine hohe Dividendenrendite aufweisen. Oftmals findet man Aktien, die Dividendenrenditen im Bereich von sieben Prozent oder mehr haben. Jedoch ist bei solchen Zahlen häufig Vorsicht angebracht. Du musst dich nämlich immer fragen, warum bei einigen wenigen Unternehmen die Dividendenrendite bei sieben Prozent, zehn Prozent oder vielleicht sogar zwölf Prozent liegt, wenn doch bei der Masse der Unternehmen die aktuelle Dividendenrendite eher im Bereich von zwei bis drei Prozent liegt. Die Gründe für solch eine extrem hohe Dividendenrendite sind meistens die beiden folgenden: Erstens, der Kurs der Aktien ist sehr stark gefallen, sodass allein durch den Kursrückgang hohe Dividendenrenditen zustande kommen. Solche starken Kursrückschläge haben aber meist ihre Ursache in der Geschäftsentwicklung des jeweiligen Unternehmens. Börsenkurse sind oft Vorläufer entsprechender Entwicklungen im Unternehmen oder in der Wirtschaft. Ist der Preis einer Aktie daher in einem insgesamt positiven Börsenumfeld sehr stark gefallen, deutet dies oftmals auf Probleme im Unternehmen selbst hin. Diese Probleme wiederum führen meist dazu, dass die bislang recht hohe Dividende gekürzt oder sogar komplett gestrichen wird. Für den Käufer dieser Aktien heißt dies dann, dass er, weil er sich auf eine vergangene Dividendenhistorie konzentriert hat, plötzlich Mitinhaber einer Gesellschaft mit Problemen ist und gleichzeitig seine nun für ihn realisierbare Dividendenrendite deutlich geringer ist als geplant. Überprüfe daher unbedingt, warum die Aktie aktuell eine solch hohe Dividendenrendite aufweist. Natürlich gibt es im Einzelfall immer wieder Gründe dafür, dass Gesellschaften sehr hohe Dividenden ausschütten. Wenn aber die Dividende einer einzelnen Gesellschaft deutlich höher als diejenigen der Masse der Gesellschaften ist, sollte man als Investor immer vorsichtig agieren. Der zweite Grund für eine sehr hohe Dividendenrendite kann darin liegen, dass es spezielle Formen von Aktiengesellschaften gibt (besonders in den USA), die aufgrund ihrer Struktur gesetzlich gezwungen sind, sehr hohe Dividenden auszuschütten. Dies trifft beispielsweise auf Immobilien-Aktien (REITs) zu. Solche Aktien können eine hervorragende Wahl für einen Dividendeninvestor sein. Man sollte sich aber der besonderen Chancen und Risiken dieser Aktiengattung bewusst sein und sich im Vorfeld sehr genau darüber informieren.

Du siehst also, dass eine hohe Dividendenrendite nicht zwangsläufig besser ist als die geringere Dividendenrendite einer anderen Gesellschaft. Im Zweifelsfall nehme ich von sehr hohen Dividendenrenditen lieber Abstand, wenn es mir nicht möglich ist, die genauen Ursachen und Hintergründe zu recherchieren. Viel entscheidender sind eine gesunde Ausschüttungsquote und das Potenzial der Gesellschaft, die Dividenden in den kommenden Jahren und Jahrzehnten steigern zu können.

KAPITEL

8

Was ewig währt, muss nicht ewig halten

Auch Könige sterben manchmal

Wenn du dich zum allerersten Mal mit dem Thema Dividendenaktien beschäftigst, stellst du dir jetzt vielleicht die Frage: Wo soll ich eigentlich anfangen? Welche Aktien soll ich mir als erste anschauen? Bei welchen Aktien kann ich davon ausgehen, dass sie sowohl eine ordentliche Dividendenhistorie aufweisen als auch Potenzial für weiteres Dividendenwachstum in der Zukunft haben? Um diese Fragen geht es in diesem Kapitel.

Wer sich entschließt, sein Geld an der Börse zu investieren, ist sicherlich nicht darauf erpicht, eine jährliche Rendite von zwei bis drei Prozent zu erzielen. Und daher scheinen vielen Neuaktionären die Dividendenrenditen von großen, stabilen Firmen auch erst einmal sehr gering zu sein. Was du an dieser Stelle verstehen musst, ist die Tatsache, dass gute Dividendenaktien dir einen stetig wachsenden Kapitalstrom zur Verfügung stellen. Auf gut Deutsch, das Geld, das du mit einem vernünftig aufgebauten Dividendenportfolio verdienst, wird jedes Jahr immer mehr werden. Im Abschnitt „Zehn Prozent Lohnsteigerung – Jahr für Jahr" werde ich dir dies noch genauer erläutern. An dieser Stelle wollen wir aber erst einmal gemeinsam schauen, wie du Unternehmen finden kannst, die eine gute Dividendenhistorie aufweisen. Dividendenhistorie heißt, wir schauen uns an, wie das Unternehmen in den letzten Jahren oder Jahrzehnten Dividenden gezahlt hat und in welcher Höhe. In den USA gibt es für Aktien, die eine sehr lange Dividendenhistorie aufweisen, verschiedene Begriffe wie etwa „Aristokraten" oder „Könige". Unternehmen, die so bezeichnet werden, zeichnen sich dadurch aus, dass sie einerseits schon sehr lange Dividenden zahlen und diese darüber hinaus im Laufe der Jahrzehnte auch noch deutlich gesteigert haben. Schauen wir uns dazu eine der klassischsten Dividendenaktien an, die jeder kennt, nämlich Coca-Cola.

Die Firma Coca-Cola wurde im Jahr 1892 gegründet, nachdem der Sirup, aus dem Coca-Cola gemacht wird, durch einen Zufall bereits im Jahr 1886 erfunden wurde. Schon im Jahr 1920 schüttete der Konzern zum ersten Mal eine Dividende an seine Aktionäre aus. Seit 1963 hat der Konzern jährlich (!) die Dividende erhöht. Wer im Jahr 1963 Aktien von Coca-Cola erwarb, erhält mittlerweile jährlich einen höheren Betrag an Dividenden ausgeschüttet, als er damals insgesamt für den Kauf der Aktien überhaupt investieren musste. Die Dividendenrendite liegt also bei weit über 100 Prozent pro Jahr. Zusätzlich ist der Aktienkurs seit 1963 natürlich noch um viele Tausend Prozent angestiegen. Das ist eine Historie, mit der an der Börse Vermögen gemacht werden.

Grafik 24

Historischer Chart der Coca-Cola-Aktie

Quelle: TradeNavigator, © GenesisFT, www.duo-strategie.com

Zugegeben, das ist ein extremes Beispiel. Es zeigt aber einerseits, warum Dividendensteigerungen so extrem wichtig sind, und andererseits, über welche Dimensionen wir hier sprechen. Aktien wie Coca-Cola werden, wie schon erwähnt, als Dividendenaristokraten oder Dividendenkönige bezeichnet. Bei unterschiedlichen Definitionen wird danach unterschieden, ob ein Unternehmen seit zehn Jahren, 25 Jahren oder eventuell sogar 50 Jahren nicht nur permanent eine Dividende zahlt, sondern diese auch noch Jahr für Jahr erhöht hat.

Daher ist es eine gute Idee, wenn du dir zu Beginn eine solche Übersicht anschaust. Es folgt eine Tabelle von Unternehmen, die seit mindestens 50 Jahren jedes Jahr ihre Dividende gesteigert haben.

Grafik 25

Unternehmen	Ticker	Dividende gesteigert seit x Jahren
American States Water	AWR	**64**
Dover Corp.	DOV	**63**
Genuine Parts Co.	GPC	**63**
Northwest Natural Gas	NWN	**63**
Procter & Gamble Co.	PG	**63**
Parker-Hannifin Corp.	PH	**63**
Emerson Electric	EMR	**62**
3M Company	MMM	**61**
Cincinnati Financial	CINF	**59**
Johnson & Johnson	JNJ	**57**
Coca-Cola Company	KO	**57**
Colgate-Palmolive Co.	CL	**56**
Farmers & Merchants Bancorp	FMCB	**56**
Lancaster Colony Corp.	LANC	**56**
Lowe's Companies	LOW	**56**
Nordson Corp.	NDSN	**55**
Hormel Foods Corp.	HRL	**53**
ABM Industries Inc.	ABM	**52**
California Water Service	CWT	**52**
SJW Corp.	SJW	**52**
Tootsie Roll Industries	TR	**52**
Commerce Bancshares	CBSH	**51**
Federal Realty Inv. Trust	FRT	**51**
Stepan Company	SCL	**51**
Stanley Black & Decker	SWK	**51**
Target Corp.	TGT	**51**
Connecticut Water Service	CTWS	**50**
H.B. Fuller Company	FUL	**50**

Unternehmen, die seit mindestens 50 Jahren ihre Dividende steigern

Eine Sache musst du aber unbedingt verstehen: Die Wahrscheinlichkeit, dass eine Firma, die schon sehr lange Dividenden gezahlt und diese auch noch ständig erhöht hat, auch in Zukunft Dividenden zahlen wird, ist sehr hoch. Der Grund dafür liegt darin, dass die Aktien dieser Gesellschaften bei Investoren einen sehr guten Ruf genießen und daher diese Firmen alles dafür tun, dass dies auch so bleibt. Wenn wir uns dazu noch einmal die oben angeführte Coca-Cola-Aktie anschauen, dann ist es doch logisch, dass das Unternehmen alles in seiner Macht Stehende tun wird, um diese Serie von nahezu 100 Jahren Dividendenzahlung und über 50 Jahren Anhebung derselben nicht abreißen zu lassen. Selbst wenn also einmal die Geschäfte für kurze Zeit etwas schlechter laufen sollten, wird Coca-Cola mit nahezu hundertprozentiger Wahrscheinlichkeit die Dividenden weiter zahlen und auch anheben, selbst wenn es sich bei der Anhebung nur um ein oder zwei Prozent handelt. Kein Vorstandsvorsitzender von Coca-Cola würde riskieren, als derjenige in die Geschichtsbücher einzugehen, über den geschrieben steht, dass er derjenige war, unter dem die Erfolgsgeschichte von Coca-Cola endete. Können wir nun also bedenkenlos in Dividendenaristokraten beziehungsweise Dividendenkönige investieren? Nein, natürlich nicht. Denn auch wenn die Wahrscheinlichkeit einer Fortsetzung extrem hoch ist, heißt dies nicht im Umkehrschluss, dass es vollkommen ausgeschlossen ist, dass eine solche Firma nicht doch einmal schlechtere Ergebnisse erzielen oder sogar pleitegehen kann.

Auch hier gibt es ein prominentes Beispiel, nämlich die Firma Kodak. Die Eastman Kodak Company wurde im Jahr 1892 gegründet und zählte einst zu den bedeutendsten Herstellern von fotografischer Ausrüstung und Filmmaterial weltweit. Zu ihren Glanzzeiten zählte die Aktie als Mitglied des Aktienindex S&P 500 zu den bei Investoren beliebtesten Aktien, zahlte jahrzehntelang eine Dividende und steigerte diese auch Jahr für Jahr. Allerdings verpasste das Unternehmen den Siegeszug der digitalen Fotografie und ging infolgedessen pleite.

Wer also die Firma ausschließlich aufgrund ihrer Dividendenhistorie gekauft hatte, musste mit ansehen, wie die Dividenden gekürzt und eingestellt wurden und die Firma letztendlich sogar Insolvenz anmelden musste. Du musst daher auch bei Firmen, die über eine lange und ausgezeichnete Dividendenhistorie verfügen, immer überprüfen, ob die Firma mit der Zeit geht und sich an die Veränderungen anpasst oder ob es Entwicklungen gibt, die das Überleben der Firma gefährden können. Wir werden in einem späteren Abschnitt dieses Buches allerdings noch eine Möglichkeit aufzeigen, wie selbst eine solche Insolvenz dir keinen großen Schaden zufügen wird.

Wichtig ist, dass du verstehst, dass es immer wieder Entwicklungen und Veränderungen geben wird, die bestehende Firmen vernichten und neue, bislang unbekannte Firmen in den Börsenolymp aufsteigen lassen werden. Einige der größten Firmen der Welt gibt es schon seit 50 oder teilweise sogar schon seit mehr als 100 Jahren. Dazu zählen etwa Firmen wie McDonald's, Coca-Cola, Boeing oder die deutschen Werte Adidas und Siemens. Andere Firmen sind hingegen erst in den letzten 25 oder vielleicht sogar erst in den letzten zehn Jahren entstanden. Facebook, Google, Amazon (allesamt noch keine Dividendenzahler) sind Beispiele für diese Entwicklung. Und die Wahrscheinlichkeit ist sehr groß, dass es im Jahr 2030 oder 2040 wiederum Firmen geben wird, die wir heute noch nicht einmal kennen. Andere bekannte Namen hingegen werden entweder komplett verschwunden oder aber in der Bedeutungslosigkeit versunken sein. Dies muss dir allerdings keine Angst machen. Denn einerseits ist es doch unheimlich spannend, aktiv mitzuerleben, wie sich unsere Welt verändert, und auf der anderen Seite geschehen solche Dinge auch nicht über Nacht. Als wirtschaftsinteressierter Mensch, der du ja bist – denn warum solltest du sonst dieses Buch lesen –, wirst du viele dieser Entwicklungen hautnah miterleben und es wird auch möglich sein, von diesen Entwicklungen zu profitieren.

Qualität vor Quantität

Wenn wir über Qualität versus Quantität sprechen, müssen wir uns zuerst klarmachen, worauf sich diese beiden Merkmale beziehen. Zum einen ist dies die Dividende selbst, aber auch die Anzahl an Dividendenzahlern, die wir in unser Portfolio aufnehmen wollen.

Sprechen wir als Erstes über die Qualität einer Dividende. Wir haben bereits über Dinge wie Ausschüttungsquote und Dividendenhistorie gesprochen. Meine persönliche Sicht dazu ist, dass ich tendenziell lieber in eine Firma investiere, die eine etwas niedrigere Dividende hat, die aber eine höhere Qualität aufweist, als in eine Aktie, die zwar eine höhere Dividende zahlt, deren Qualität aber nicht so herausragend ist. Schauen wir uns das erneut an einem Beispiel an. Eine der teuersten Firmen der Welt ist Microsoft. Microsoft war einer der Wegbereiter der Verbreitung von Computern in Privathaushalten und noch heute läuft die überwältigende Mehrheit von PCs mit dem Betriebssystem Windows. Bill Gates wurde mit den Aktien der von ihm gegründeten Gesellschaft zum reichsten Mann der Welt und dieser Titel wurde ihm erst in den letzten Jahren von Jeff Bezos, dem Gründer von Amazon, streitig gemacht. Microsoft ist ein schönes Beispiel für eine ehemalige Wachstumsfirma, die ihre Aktionäre zu Beginn über enorme Kurssteigerungen reich gemacht hat, mittlerweile allerdings eine lupenreine Dividendenaktie ist.

Grafik 26

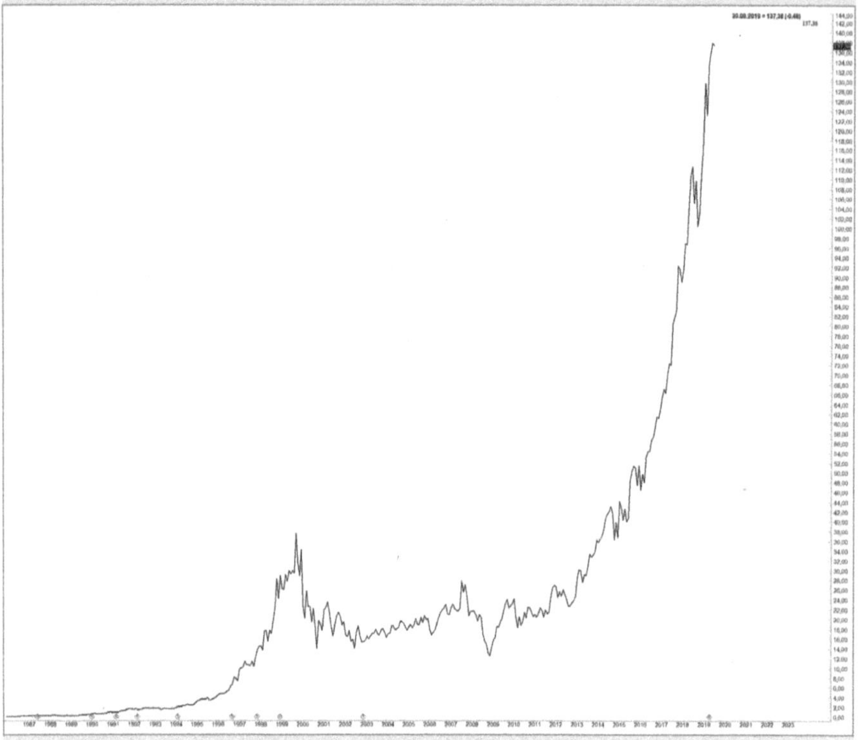

Historischer Chart der Microsoft-Aktie

Quelle: TradeNavigator, © GenesisFT, www.duo-strategie.com

Nachdem Microsoft bis ins Jahr 2000 hinein enorme Kurssteigerungen zu verzeichnen hatte, brach der Aktienkurs im Zuge der geplatzten Dotcom-Blase dramatisch ein und lief dann viele Jahre seitwärts. Erst 2014 wurden die alten Höchststände aus dem Jahr 2000 überwunden und seither ist der Kurs weiter angestiegen. Allerdings begann Microsoft im Jahr 2003 mit der Auszahlung von Dividenden. Die erste Dividende betrug am 19. Februar 2003 gerade einmal acht Cent pro Aktie. Seither ist die jährliche Dividende auf zuletzt (14.08.2019) 0,46 US-Dollar pro Aktie angestiegen. Dies ist ein Anstieg um 575 Prozent, nur bezogen auf die Höhe der ausgeschütteten Dividende.

Dass der Aktienkurs seither auch noch um den Faktor 5,94 (594 Prozent) angestiegen ist, werden die Microsoft-Aktionäre sicherlich wohlwollend akzeptiert haben. Die Ausschüttungsquote von Microsoft stieg dabei in den vergangenen Jahren kontinuierlich an, liegt aber aktuell nur bei gerade einmal gut 43 Prozent.

Grafik 27

Jahr	Dividende pro Aktie (in $)	Ausschüttungs-quote (in %)
2003	0,08	7,7
2004	0,16	12,7
2005	3,40	24,4
2006	0,35	27,6
2007	0,40	28,2
2008	0,44	23,5
2009	0,52	30,6
2010	0,52	24,8
2011	0,64	23,8
2012	0,80	28,8
2013	0,92	35,7
2014	1,12	42,6
2015	1,24	47,1
2016	1,44	51,6
2017	1,56	47,1
2018	1,68	43,3

Microsoft-Dividenden seit 2003 mit der jeweiligen Ausschüttungsquote

Bedenkt man, dass Microsoft mittlerweile wieder eine führende Stellung in Bereichen wie Betriebssysteme oder Cloud-Services einnimmt und der letzte Quartalsgewinn bei 13,2 Milliarden US-Dollar lag, dann scheint die Dividende derzeit recht sicher zu sein. Dass gleichzeitig die Dividende in den letzten 15 Jahren stetig angestiegen ist – und das im Schnitt um zehn Prozent pro Jahr –, ist ein weiterer Punkt, der die Qualität dieser Dividendenzahlungen verdeutlicht. Ist da die aktuelle Dividendenrendite von gerade einmal 1,33 Prozent wirklich so entscheidend verglichen mit einer Aktie, die vielleicht eine höhere Dividendenrendite aufweist? Entscheidend ist doch immer neben der Tatsache, was ich aktuell als Dividende erhalte, auch die Frage, wie sich diese Dividende in der Zukunft entwickeln wird.

Zum Vergleich schauen wir uns die Aktie der Daimler AG an. Beim Schreiben dieser Zeilen liegt die derzeitige Dividendenrendite von Daimler bei circa fünf Prozent. Das ist natürlich ein Vielfaches dessen, was man aktuell mit der Microsoft-Aktie erhält. Vergleicht man allerdings beide Gesellschaften miteinander, werden schnell weitere Unterschiede deutlich. So liegt die Dividende bei Daimler momentan auf demselben Niveau wie im Jahr 2014 und über 25 Prozent niedriger als noch im Jahr 2017. Wir müssen uns sicherlich nicht darüber streiten, ob Daimler nach wie vor herausragende Pkw produziert, die zu den besten der Welt gehören. Würdest du aber im Moment dein Geld in ein Unternehmen stecken, bei dem die Zukunftsaussichten so unklar sind wie bei diesem deutschen Automobilkonzern? Ich höre jetzt schon die Kommentare derjenigen, die erklären, warum Daimler auch in Zukunft mega-erfolgreich sein wird. Fakt ist aber, dass dies alles lediglich subjektive Meinungen sind. Als Aktionär und Investor musst du aber versuchen, objektiv an die Verwaltung deiner Gelder heranzugehen. Und wenn du dann diese beiden willkürlich herausgesuchten Aktien miteinander vergleichst, kannst du ganz klar erkennen, wo du in den vergangenen Jahren mit einer Geldanlage besser aufgehoben gewesen wärest. Während Microsoft im Juli 2019 nahe dem Allzeithoch notiert, liegt dieses bei Daimler schon einige Jahre zurück (2015) und die Aktie hat seither über 50 Prozent an Wert verloren. Natürlich könnte es sein, dass wir in zehn Jahren zurückblicken und feststellen werden, dass eine Anlage in Daimler-Aktien sehr viel lukrativer gewesen wäre als eine in Microsoft-Aktien. Heute ist es allerdings ein vergeblicher Versuch, in eine Glaskugel zu schauen, über die niemand von uns verfügt. Als Investor vertraue ich dem, was ich sehe, und nicht dem, was ich mir erhoffe. Und du solltest dies genauso handhaben. Börsen handeln immer die Zukunft und nicht die Vergangenheit, ja nicht einmal die Gegenwart. Leider sind allerdings viele Privatanleger viel mehr geneigt, Aktien zu kaufen, die stark gefallen sind, als dass sie den Mut hätten, Aktien zu kaufen, die auf einem neuen Allzeithoch notieren. Es ist natürlich absolut sinnvoll, Aktien immer dann zu kaufen, wenn sie eine Preisschwäche zeigen. Hier sollte man aber ganz klar unterscheiden, woher diese Preisschwäche rührt. Haben wir eine allgemeine Preisschwäche an den Aktienmärkten, die alle Aktien nach unten drückt, dann ist dies ein optimales Umfeld, um qualitativ hochwertige Aktien zu kaufen. Fällt hingegen eine einzelne Aktie während einer allgemein sehr guten Börsenphase so stark wie die hier dargestellte Daimler AG, dann deutet dies immer auf große Probleme hin. Und natürlich gab es auch in der Vergangenheit viele Beispiele, bei denen es lohnenswert war, solche Aktien dann zu kaufen, wenn sie in großen Schwierigkeiten waren. Für den einzelnen Investor ist allerdings sehr schwer zu erkennen, ob eine Gesellschaft, deren Aktien gerade stark im Preis gesunken sind, tatsächlich nur vorübergehende Probleme hat und schon bald wieder auf einen Wachstumskurs umschwenken wird oder ob die Probleme dauerhaft sind. Vom Orakel von Omaha, Warren Buffett, stammt die Regel, dass Privatanleger Branchen, die sich im Umbruch befinden, meiden sollten. Und Automobilfirmen gehören im Jahr 2019 definitiv zu den Branchen, die sich in einer starken Umbruchphase befinden.

Grafik 28

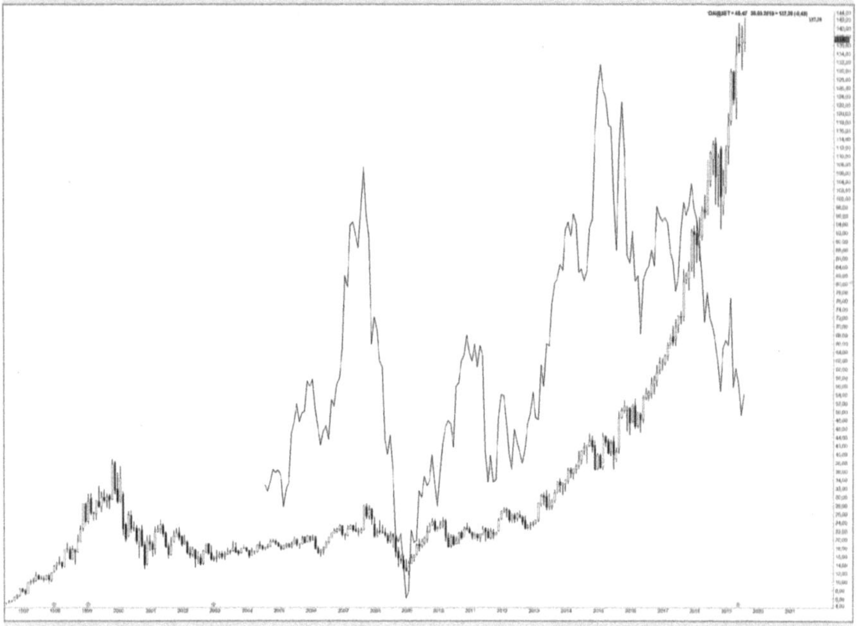

Gegenüberstellung der Microsoft- und der Daimler-Aktie

Quelle: TradeNavigator, © GenesisFT, www.duo-strategie.com

Ob eine Aktie zu einer Branche gehört, die sich gerade im Umbruch befindet, kannst du relativ leicht herausfinden. Dazu musst du weder Bilanzen lesen noch irgendwelche Berichte von Banken oder Vermögensverwaltern durcharbeiten. Was dir an dieser Stelle am meisten hilft, ist ein bisschen gesunder Menschenverstand. Unsere momentane Zeit ist zum Beispiel geprägt von Diskussionen zum Thema Umwelt. Jede Firma, deren Geschäftsmodell unmittelbar davon berührt wird, kannst du getrost als Firma im Umbruch betrachten. Dazu zählen natürlich die Automobilhersteller und auch entsprechend ihre Zulieferer, da wir gerade den Kampf zwischen den herkömmlichen Verbrennungsmotoren und dem Elektroantrieb erleben. Als kurzfristig agierender Trader kannst du dich in diesen Bereichen hervorragend tummeln. Wenn du mit einem Teil deines Geldes auf zukünftige Entwicklungen spekulieren möchtest, kannst du je nach persönlicher Erwartungshaltung ebenfalls dein Geld in diesem Bereich investieren. Wenn du aber ein sicheres, nachhaltiges Geschäftsmodell suchst, das es der zugrunde liegenden Firma ermöglicht, dir mit hoher Wahrscheinlichkeit eine stabile und langfristig steigende Dividende und Wertentwicklung zu gewährleisten, dann solltest du dich aktuell von dieser Branche fernhalten. Sollte sich in absehbarer Zeit herausstellen, wer die Profiteure dieses Umbruchs sind, dann wirst du noch ausreichend Zeit haben, hier zu investieren und ein Vermögen zu verdienen. Bis dahin solltest du allerdings Qualität deutlich vor Quantität ansetzen.

Sprechen wir noch kurz über das Thema der Quantität von Dividendentiteln, die du in dein Depot legen solltest. Hier gibt es viele verschiedene Standpunkte, ob man nun mit einem konzentrierten Portfolio oder einem breit gestreuten Portfolio arbeiten sollte. Es gibt auf beiden Seiten dieser Diskussion Vertreter, die überaus erfolgreich gezeigt haben, dass sie mit ihrer Methode herausragende Ergebnisse erzielen können. So ist der hier schon oft angeführte Warren Buffett ein Verfechter der Idee, dass man es mit der Diversifikation, also der Streuung des Kapitals auf verschiedene Aktien, nicht übertreiben sollte. Und so hat er im Laufe seiner Karriere den Großteil seines Kapitals immer wieder in weniger als zehn oder maximal 20 Investments gebündelt. Auf der anderen Seite könnte man jemanden wie Peter Lynch anführen. Lynch war einer der herausragendsten Fondsmanager der 80er- und 90er-Jahre und erzielte mit dem von ihm geleiteten Magellan Fund überdurchschnittlich hohe Renditen. Er wiederum vertrat die Ansicht, dass man sehr wohl sehr viele verschiedene Aktien in sein Depot aufnehmen sollte, da somit gewährleistet sei, dass auch immer die absoluten Überflieger im Depot vertreten sind. Was ist nun richtig? Wie diese beiden Beispiele zeigen, wäre es für uns absolut vermessen, die eine oder andere Variante als „richtig“ oder „falsch“ zu bezeichnen. Hier sollte jede Anlegerin und jeder Anleger für sich selbst überprüfen, was denn überhaupt in der Praxis für sie/ihn umsetzbar ist. Ob du dir ein Depot aufbaust, das aus lediglich zehn Aktien besteht, oder aber stattdessen lieber ein Portfolio mit 100 verschiedenen Werten besitzt, ist letztendlich eine Frage des verfügbaren Kapitals und auch der vorhandenen Zeit und des Wissens, um all die Werte beobachten und falls notwendig analysieren zu können. Am Anfang ist es sicherlich sinnvoll, mit einer Handvoll Aktien zu starten. Wir werden darauf im Praxiskapitel noch einmal genauer zu sprechen kommen. Allerdings kann ich dir an dieser Stelle schon raten, dich bei deiner Auswahl von Aktien vorrangig auf Aktien aus den USA zu konzentrieren. Dies hängt zum einen damit zusammen, dass dort die Auswahl an Unternehmen, die an Börsen gelistet sind, viel größer ist als in Europa. Zum anderen weisen die meisten Unternehmen in den USA auch liquide handelbare Optionen auf, was für unser Gesamtkonzept unabdingbar ist. Und gleichzeitig legen US-amerikanische Unternehmen und auch die dortigen Anleger einen viel größeren Wert auf eine regelmäßige und stabile Dividendenzahlung, als dies in anderen Teilen der Welt der Fall ist.

Cowboys lieben Dividenden

Vergleicht man das Anlegerverhalten in den USA und in Deutschland, dann kann man deutliche Unterschiede feststellen. Obwohl Deutschland, das Land der Ingenieure und Erfindungen, eines der wirtschaftlich stärksten Länder der Welt ist, ist die Bevölkerung nur zu einem geringen Teil an der heimischen oder internationalen Wirtschaft beteiligt. Ganz anders hingegen in den USA. Amerikaner sind sehr viel stärker in Aktien investiert, als dies in vielen anderen Ländern der Fall ist. Die Ursache für dieses unterschiedliche Anlegerverhalten ist sowohl historisch als auch wirtschaftspolitisch erklärbar. Bereits im Jahr 1889 wurde vom damaligen Reichskanzler Otto von Bismarck das „Gesetz, betreffend die Invaliditäts- und Altersversicherung“ eingeführt. Damit war Deutschland eine der ersten Nationen weltweit, die ihrer Bevölkerung eine wenn auch bescheidene staatliche Altersversorgung zur Verfügung stellten. Zum damaligen Zeitpunkt war dies revolutionär, aber auch dringend notwendig, da die Industrialisierung des 19. Jahrhunderts große Teile der Bevölkerung in Armut gestürzt hatte. Auch wenn die staatliche Altersvorsorge seit diesem Zeitpunkt deutliche Veränderungen erfahren hat, ist sie immer noch das wichtigste Standbein der Renteneinkommen der deutschen Bevölkerung. Und spätestens seit der ehemalige Arbeitsminister Norbert Blüm sein Mantra „Die Renten sind sicher" unters Volk brachte, ist auch der Glaube an die staatliche Altersversorgung sehr stark. Ganz anders hingegen in den Vereinigten Staaten. Was viele hierzulande nicht wissen: Auch in den USA gibt es eine staatliche Rentenvorsorge, ähnlich wie bei uns. Auch dort müssen Arbeitnehmer einen Teil ihres Einkommens an die staatliche Rentenkasse zahlen und sogar Selbstständige müssen dies tun. Die Höhe der garantierten Renten ist allerdings sehr viel niedriger als bei uns. Außerdem gibt es diese staatliche Rente nur im Zusammenhang mit der Social Security Card. Da es in Amerika allerdings Millionen von illegalen beziehungsweise nicht registrierten Arbeitnehmern gibt, erhalten sehr viele eben keine staatliche Rente.

Als Ausgleich haben die Amerikaner unter anderem die sogenannten 401(k)-Pläne. Hier zieht der Arbeitgeber einen festen prozentualen Anteil vom Lohn direkt ab und überweist diesen entweder an einen Investmentfonds oder in ein spezielles 401(k)-Depot. Die meisten Arbeitgeber zahlen sogar für jeden Dollar, den ein Arbeitnehmer investiert, noch einen weiteren Dollar oder zwei dazu. Entscheidet sich ein Amerikaner für eine Altersvorsorge nach dem 401(k)-Prinzip, kann er selbstständig zwischen verschiedenen Anlageklassen wählen. Allerdings macht der Gesetzgeber hier weitreichende Vorgaben, weil er vermeiden möchte, dass das Geld noch vor Rentenbeginn verloren geht. Ein Großteil dieser Anlagen wird daher in Aktien investiert und hier speziell in solche, die eine regelmäßige Dividende an ihre Anleger ausschütten. Aus diesem Grund fühlen sich viele amerikanische Unternehmen, die am Aktienmarkt notiert sind, verpflichtet, eine solide und langfristig angelegte Dividendenpolitik zu betreiben. Und deshalb lässt sich auch die teilweise extrem kontinuierliche Zahlung und Steigerung von Dividenden erklären. Während in Deutschland sehr viele Unternehmen sehr schnell bereit sind, bei wirtschaftlichen Problemen oder Schieflagen ihre Dividenden zu kürzen oder sogar auszusetzen, ist dies für US-Unternehmen in den meisten Fällen nur in absoluten Notfällen denkbar. Gerade Unternehmen, die eine lange Dividendenhistorie aufweisen, die teilweise, wie schon gezeigt, über mehrere Jahrzehnte reicht, werden alles in ihrer Macht Stehende tun, um diesen Geldfluss an ihre Aktionäre aufrechtzuerhalten. Man kann darüber streiten, ob dies immer sinnvoll ist, Fakt ist aber, dass man sich als Aktionär bei US-amerikanischen Unternehmen relativ stark auf die Zahlung der Dividenden verlassen kann. So haben beispielsweise sehr viele Unternehmen selbst in extrem schwierigen Phasen wie etwa der Finanzkrise 2007 bis 2009 und trotz teilweise deutlich gefallener Aktienkurse ihre Dividendenzahlungen während dieser Zeit stabil gehalten oder sogar gesteigert. Lediglich Firmen, die von der Finanzkrise unmittelbar betroffen waren und teilweise um ihr Überleben kämpfen mussten, etwa einige große Banken und Versicherungen, haben ihre Dividenden gekürzt, jedoch nur sehr selten komplett ausgesetzt.

Neben den 401(k)-Plänen gibt es auch noch den Individual Retirement Account (IRA), eine weitere Form der Altersvorsorge, die sogar steuerlich begünstigt wird. Zusätzlich erhalten sehr viele Beschäftigte in den USA die bei am Markt notierten Aktiengesellschaften üblichen Mitarbeiter-Aktien als Teil ihrer Vergütung. Und auch hier ist es für die Amerikaner, die ihren Konsum wie etwa das eigene Haus oder das eigene Auto sehr gern auf Pump finanzieren, sehr wichtig, dass ihnen aus diesen Aktien regelmäßige Dividenden zufließen. Daher kann man also durchaus sagen: Cowboys lieben Dividenden.

Interessant ist übrigens das Ausschüttungsverhalten deutscher und amerikanischer Gesellschaften in den letzten 20 Jahren. Wenn wir über deutsche Aktien sprechen, dann haben die meisten Anleger den DAX im Hinterkopf, also den Index, der die 30 größten börsennotierten Gesellschaften in Deutschland repräsentiert.

Grafik 29

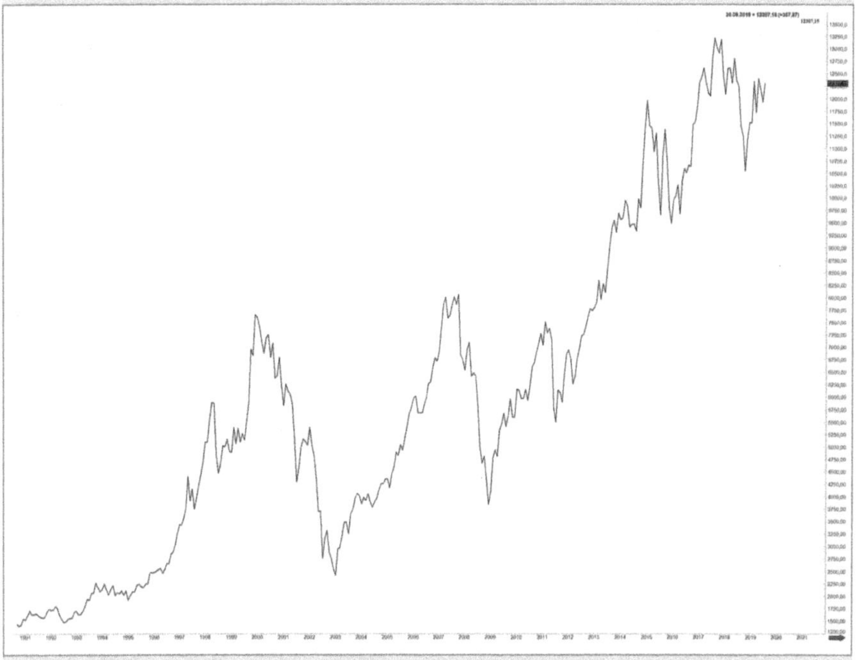

Historischer Chart des DAX

Quelle: TradeNavigator, © GenesisFT, www.duo-strategie.com

Was viele Anleger allerdings nicht wissen, ist die Tatsache, dass es sich bei diesem Index um einen sogenannten Performance-Index handelt. Dies bedeutet, dass in diesem Index sowohl die Wertsteigerung der einzelnen Aktien als auch die an die Anteilseigner ausgeschütteten Dividenden enthalten sind. Berechnet man also anhand dieses DAX-Index die historische Wertentwicklung deutscher Aktien, dann sind auch immer die gezahlten Dividenden berücksichtigt. Im Gegensatz dazu ist beispielsweise der US-amerikanische S&P 500 ein sogenannter Kursindex. Hier wird lediglich die Wertentwicklung der einzelnen Aktien eingerechnet und nicht die ausgeschütteten Dividenden. Dass dies einen dramatischen Unterschied in der Wertentwicklung ausmacht, erkennt man, wenn man sich einmal den Kursindex des DAX anschaut. Ja, auch für den DAX gibt es einen Kursindex, der sich in seiner Wertentwicklung sehr dramatisch vom Performance-Index, also dem klassischen DAX, unterscheidet.

Grafik 30

Historischer Chart des Kurs-DAX

Quelle: TradeNavigator, © GenesisFT, www.duo-strategie.com

Vergleicht man die Entwicklung dieser beiden Indizes beispielsweise seit dem Jahr 2000, dann stellt man fest, dass man mit deutschen Aktien (bezogen auf den DAX) rein im Hinblick auf die Wertentwicklung kein Geld verdient hat. Und wir reden hier immerhin über einen Zeitraum von nahezu 20 Jahren (Stand August 2019). Hat man allerdings sein Geld in die 30 DAX-Aktien investiert und regelmäßig auch noch die Dividenden kassiert, dann hat man sehr wohl einen Gewinn erzielt, auch wenn dieser im Gegensatz zum weltweiten Aktienmarkt oder etwa den USA sehr gering ausfällt. In Deutschland schauen sehr viele Anleger ausschließlich auf die Wertentwicklung ihrer Aktien und sehen die Dividendenzahlungen als kleine, belanglose Zahlung, die sie einmal im Jahr erhalten. Dies ist aber grundlegend falsch, da wie dargestellt gerade die Dividendenzahlungen einen herausragenden Anteil an der Performance deutscher Aktien, zumindest der großen Aktien, ausmachen. Schaut man sich an, was beispielsweise Unternehmen wie etwa Daimler (3,9 Milliarden Euro), Allianz (3,5 Milliarden Euro), Siemens (3 Milliarden Euro) oder die deutsche Telekom (3 Milliarden Euro) im Jahr 2019 an ihre Anteilseigner ausschütteten, und vergleicht dies mit der Kursentwicklung der jeweiligen Aktien, dann wird deutlich, dass Dividenden gerade auch in Deutschland und bei deutschen Aktien enorm wichtig sind.

Nichtsdestotrotz erscheint es nach einem Blick in die Historie sinnvoller, als Anleger, der sich mit dem Thema Dividenden beschäftigt, tendenziell eher in Richtung USA zu schauen als in Deutschland zu bleiben. Die Selbstverständlichkeit, mit der amerikanische Aktiengesellschaften ihre Aktionäre als Mitinhaber verstehen und diese in Form von Dividenden an den Gewinnen beteiligen, ist ein nicht zu unterschätzender Vorteil gegenüber deutschen Aktiengesellschaften. Und so verwundert es auch kaum, dass wir in den USA Hunderte von Gesellschaften finden, die über eine lange und konstante Dividendenhistorie verfügen, wohingegen es in Deutschland (Stand August 2019) weniger als eine Handvoll Aktien gibt, die seit 15 oder mehr Jahren ihre Dividende erhöht haben. Bitte lies dir diesen letzten Satz noch einmal genau durch. Es gibt in Deutschland keine fünf Unternehmen, die seit mehr als 15 Jahren eine jährliche Dividendensteigerung durchgeführt haben. Ausnahmen bilden hier einige sehr kleine Spezialwerte, die allerdings aufgrund ihrer geringen Liquidität für die meisten Anleger nicht als Anlageobjekt infrage kommen.

Wer also Aktien kauft, um sich langfristig über ein stetiges und steigendes Dividendeneinkommen zu freuen, der muss zwangsläufig einen Blick über den Tellerrand wagen und nach Aktien außerhalb Deutschlands Ausschau halten.

KAPITEL

9

Dividendenkönige starten als kleine Prinzen

1920 – ein gutes Jahr, um Coca-Cola zu kaufen

Wohl kein anderes Unternehmen eignet sich so gut, um die Macht einer regelmäßigen Dividendenzahlung zu illustrieren, wie der Brausehersteller Coca-Cola. Ende des 19. Jahrhunderts erfand der Apotheker John Stith Pemberton durch Zufall eine Essenz, aus der sich dann später die heute weltbekannte Coca-Cola entwickeln sollte. Er verkaufte allerdings seine Erfindung für den Betrag von 2.300 Dollar an den Apothekengroßhändler Asa Griggs Candler, der dann im Jahr 1896 in Atlanta die Firma „The Coca-Cola Company" gründete. Nachdem er einige Jahre später die Firma an die Börse gebracht hatte, schüttete sie im Jahr 1920 zum ersten Mal eine Dividende an ihre Aktionäre aus. Dies bedeutet, dass wir im Jahr 2020 auf eine 100-jährige Dividendenzahlung bei Coca-Cola zurückblicken können. Trotz intensiver Recherche war es dem Autor leider nicht möglich, die genaue Höhe der damals gezahlten Dividende zu erfahren, da dies genau wie das Originalrezept scheinbar ein Geheimnis darstellt. Dennoch muss man kein Raketenwissenschaftler sein, um sich vorstellen zu können, wie sinnvoll eine Investition in die Aktien von Coca-Cola im Jahr 1920 gewesen wäre. Wenn du also jemandem einem Vorwurf machen willst, dass du noch nicht zu den Milliardären dieser Welt gehörst, dann nimm dir einfach deine Urgroßeltern vor und frage sie zumindest gedanklich, warum sie damals nicht ein paar Stücke der Aktie gekauft haben. Was wir allerdings kennen, ist die Dividendenhistorie seit dem Jahr 1964. Denn seit dieser Zeit hat Coca-Cola seine Dividende Jahr für Jahr erhöht.

Da die Aktie seither mehrmals gesplittet wurde – aus einer Aktie wurden zwei gemacht und der Preis hat sich dadurch halbiert –, muss man natürlich die Dividende, die damals gezahlt wurde, umrechnen. Die erste Quartalsdividende, die im Jahr 1964 gezahlt wurde, betrug daher 0,00195 Dollar. Im gesamten Jahr 1964 wurde eine Dividende von 0,0078 Dollar pro Aktie ausbezahlt. Im Vergleich dazu schauen wir uns die Zahlen aus dem Jahr 2018 an. Hier zahlte Coca-Cola an seine Aktionäre eine Dividende von 1,56 Dollar pro Aktie aus. Die sich daraus ergebende Dividendensteigerung ist schier unglaublich und ich musste diese Zahl mehrmals nachrechnen, weil sie so unwirklich erscheint. Die Dividendensteigerung, beginnend mit dem Jahr 1964 bis zum Jahr 2018, betrug unglaubliche 19.900 Prozent. Damit wir uns unter dieser Zahl etwas vorstellen können, wollen wir sie einmal ins Verhältnis setzen.

Angenommen, man hätte im Jahr 1964 insgesamt 78 Dollar Dividende erhalten, eine zugegebenermaßen sehr kleine Summe. Hätte man (ich weiß, mit „hätte" ist noch niemand reich geworden, aber es geht hier um die Veranschaulichung der Rechnung) die Aktien einfach nur gehalten und sich nur über die stetig steigende

Dividende gefreut, dann wäre dieser Betrag von 78 Dollar pro Jahr auf mittlerweile 15.600 Dollar pro Jahr gestiegen. Oder anders ausgedrückt: Aus einem monatlichen Dividendeneinkommen von 6,50 Dollar im Jahr 1964 wäre im Jahr 2018 ein monatliches Einkommen von 1.300 Dollar geworden.

Wie viel hätte man aber investieren müssen, um im Jahr 1964 78 Dollar Dividende zu erhalten? Wer schnell nachgerechnet hat, weiß, dass dies mit dem Kauf von 10.000 Coca-Cola-Aktien möglich gewesen wäre. Im Jahr 1964 kostete eine Aktie der Firma umgerechnet circa 0,08 Dollar. Mit 800 Dollar wäre also der Kauf von 10.000 Coca-Cola-Aktien möglich gewesen.

Nach Auskunft der offiziellen Statistiken der US-Regierung betrug das durchschnittliche Jahreseinkommen in den 1960er-Jahren circa 4.800 Dollar. Ein Fahrrad kostete 16 Dollar und eine elektrische Waschmaschine 315 Dollar. Die 800 Dollar, die für den Kauf der Aktien notwendig gewesen wären, entsprachen also knapp zwei Monatsgehältern.

Natürlich ist dies alles eine rein fiktive Rechnung. Kritiker würden vielleicht auch sagen: eine Milchmädchenrechnung. Es geht jedoch auch gar nicht darum, zu zeigen, welche Summen man wann und wie hätte investieren müssen, um heute reich zu sein, da dies erstens ohnehin nur fiktiv ist und wir zweitens ja auch keine Zeitmaschine haben, mit der wir das Ganze für uns lukrativ umsetzen könnten. Die Rechnerei dient ausschließlich dazu, dass wir uns vor Augen führen, was aus kleinen Summen im Laufe der Zeit werden kann. Der in diesem Buch schon oft angeführte Warren Buffett hat einmal in einem Interview gesagt, dass das menschliche Gehirn nicht in der Lage sei, sich exponentielle Entwicklungen vorzustellen. Auf gut Deutsch ist unser Gehirn einfach nicht in der Lage, mathematische Entwicklungen wie beispielsweise den Zinseszins ganzheitlich zu erfassen und zu begreifen. Wenn wir heute eine Aktie sehen und dann auf die Dividendenrendite schauen – und da steht dann vielleicht eine Zahl wie 2,5 Prozent oder 2,7 Prozent –, dann erscheint uns dies sehr gering zu sein, was es ja auf den ersten Blick auch ist. Wenn wir dann jährliche Dividendensteigerungsraten von fünf Prozent, zehn Prozent oder 15 Prozent sehen, selbst dann sind wir kaum in der Lage, zu begreifen, was dies langfristig bedeutet. Aber genau das ist solch eine exponentielle Entwicklung, die wir uns eben nicht vorstellen können und daher einfach so abtun. Über die jährlichen Dividendensteigerungsraten werden wir gleich noch sprechen. Ein weitverbreiteter Irrglaube ist aber, dass es nicht möglich sei, sich mithilfe von Dividenden und des zusätzlichen Bausteins Optionen so, wie in diesem Buch beschrieben, ein langfristiges, nachhaltiges und vor allem tendenziell jedes Jahr steigendes Einkommen aufzubauen. Wer schon einmal in Aktien investiert hat und vielleicht sogar bewusst die ersten Dividenden wahrgenommen hat, wird wegen der doch anfangs sehr geringen Zahlungsströme kaum in Euphorie ausgebrochen sein. Aber so, wie ein kleiner Schneeball, den Kinder im Winter über eine verschneite Wiese rollen, immer größer und größer wird, so wird auch aus einer kleinen Dividende im Laufe der Jahre ein Zahlungsstrom, der ungeahnte Dimensionen annimmt und für viele den Schritt hin zur finanziellen Freiheit bedeutet. Eines meiner Lieblingszitate beziehungsweise Lieblingsmottos, die ich mir zu eigen gemacht habe, lautet: „Die meisten Menschen überschätzen, was sie in einem Jahr erreichen können, aber unterschätzen, was sie in zehn Jahren erreichen können." In Bezug auf Investments ist dieses Motto eines der besten, das sich Anleger zu eigen machen können. Wer heute anfängt, Aktien zu kaufen, Dividenden zu kassieren oder mit Optionen zu handeln, überschätzt wahrscheinlich die Erträge, die er in den nächsten zwölf Monaten kassieren wird. Der Traum vom Einkommensmillionär an der Börse innerhalb von einem Jahr platzt für die meisten schneller als eine Seifenblase. Die Folge ist, dass viele, die einmal angefangen haben, viel zu schnell die Flinte ins Korn werfen und aufhören. Würden sie aber stattdessen am Ball bleiben und sich bewusst machen, dass aus dem kleinen Zahlungsstrom, den sie gerade angeschoben haben, im Laufe der Jahre ein reißender Fluss voller Geld werden kann, würden sie wahrscheinlich ganz anders handeln. Allein der Blick, den viele Anleger auf die Wertentwicklung ihrer Aktien haben, ist vollkommen irrelevant, wenn nicht sogar komplett falsch. Viele glauben nämlich immer noch, dass man mit Aktien nur dann etwas verdienen kann, wenn diese im Preis steigen. Und ja, natürlich, eine Aktie, deren Preis sich nach oben bewegt, bringt dem Käufer einen Wertzuwachs und damit einen Gewinn. Aber auch eine Aktie, die zehn Jahre lang seitwärts läuft, kann hochprofitabel sein. Du glaubst mir nicht? Dann lies weiter.

Zehn Jahre seitwärts und dennoch gut verdient

Das soeben angeführte Beispiel der Coca-Cola-Aktie war zugegebenermaßen ein sehr positives und vielleicht wird der eine oder andere der Ansicht sein, es sei sogar zu positiv und zu optimistisch gewesen. Daher möchte ich nun ein Beispiel anführen, das angesichts der sehr guten Börsenentwicklung in den letzten zehn Jahren ein eher negatives darstellt. Ich habe auch hier eine Firma ausgesucht, die schon lange am Markt ist und die über eine lange Dividendenhistorie verfügt. Dabei handelt es sich um das amerikanische Telefonunternehmen AT&T. Die Ursprünge der Gesellschaft gehen zurück auf den Erfinder des Telefons, Alexander Graham Bell, der zusammen mit Finanziers im Jahre 1877 die Bell Telephone Company gründete. Genau wie Coca-Cola kann auch AT&T auf eine jahrzehntelange Dividendenhistorie sowie eine mittlerweile 30 Jahre andauernde Steigerung der Dividende zurückblicken. Im Gegensatz zum Brausehersteller Coca-Cola durchlebte die Aktie allerdings eine wilde Berg- und Talfahrt an der Börse, denn hier ging es mit dem Preis der Aktie keineswegs nur Richtung Norden. Im Zeitraum zwischen dem 31.12.2008 und dem 31.12.2018 pendelte die Aktie um den Bereich von circa 28 Dollar, sodass Aktionäre, die sich ausschließlich auf den Wertzuwachs dieser Akte konzentrierten, keinerlei Gewinne verbuchen konnten. Wie sah das Ganze aber für einen sich auf Dividenden konzentrierenden Anleger aus?

Grafik 31

Entwicklung der AT&T-Aktie von 2008-2018

Quelle: TradeNavigator, © GenesisFT, www.duo-strategie.com

Im Jahr 2009 betrug die Dividende pro Aktie 1,65 Dollar. Das Payout Ratio, also der Anteil am Gewinn, der als Dividende an die Aktionäre ausgeschüttet wurde, lag bei stattlichen 77,8 Prozent und somit sehr hoch. In den darauffolgenden neun Jahren stieg die Dividende jährlich um lediglich 2,2 Prozent an, sodass im Jahr 2018 eine Dividende von 2,01 Dollar pro Aktie zu verzeichnen war. Die Ausschüttungsquote fiel in dieser Zeit auf 57,1 Prozent zurück und befindet sich nun wieder in einem respektablen und annehmbaren Rahmen. Hätte es sich für einen Investor gelohnt, diese Aktie im Depot zu halten? Nun, es gab sicherlich bessere Aktien, etwa Amazon, Google, Netflix oder auch Coca-Cola. Der S&P 500 verzeichnete in dieser Zeit inklusive Dividenden einen jährlichen Wertzuwachs von 13,2 Prozent, was auf die niedrigen Einstiegskurse nach der Finanzkrise

2008/2009 zurückzuführen ist. Und was bekam der von Wertsteigerungen ausgenommene AT&T-Aktionär stattdessen? Immerhin konnte er sich über eine durchschnittliche jährliche Rendite von 5,1 Prozent freuen. Hätte er zu Beginn dieser kleinen Rechnung 10.000 Dollar in die Akte investiert und dafür circa 350 Aktien erhalten, dann hätte er im Laufe dieser zehn Jahre eine Dividende in Höhe von circa 6.421 Dollar ausgezahlt bekommen. Ja, dies war deutlich schlechter als bei anderen Aktien, aber immerhin war es eben eine deutlich positive Rendite und dies, obwohl sich die Akte in dieser Zeit nicht vom Fleck bewegte. Hättest du das gedacht? Du siehst, du kannst also mit Dividendenaktien Geld verdienen, auch wenn sich diese überhaupt nicht im Preis nach oben bewegen. Interessanterweise ist die Aktie mittlerweile nach einem extrem schlechten Jahr 2018 wieder deutlich angestiegen. Die Dividende wird wahrscheinlich im Jahr 2019 (Stand August 2019) wieder erhöht werden und derjenige, der Ende 2008 10.000 Dollar in diese Aktie investiert hat, erhält mittlerweile eine Dividendenrendite von 7,1 Prozent auf seine damals investierten 10.000 Dollar. Nur zum Vergleich: Aktuell erhält man für Spareinlagen eine jährliche Zinsrendite von weniger als 0,25 Prozent, bei größeren Summen sogar weniger als 0,1 Prozent pro Jahr.

Dieses erneut extreme Beispiel zeigt, wie groß die Chancen sind, mit einem Unternehmen, das seit vielen Jahren oder sogar Jahrzehnten eine Dividende zahlt und diese sogar steigert, auch in Zukunft ein regelmäßiges und steigendes Dividendeneinkommen zu erzielen.

Ich will natürlich an dieser Stelle die Risiken, die sich bei einer auf Dividenden fokussierten Anlagestrategie ergeben, nicht verschweigen. Obwohl die Wahrscheinlichkeiten sehr hoch sind, dass eine Aktiengesellschaft, die ein stabiles Geschäftsmodell aufweist und seit vielen Jahren oder gar Jahrzehnten eine stabile und stetig steigende Dividende an ihre Aktionäre auszahlt, dies auch in Zukunft tun wird, besteht nichtsdestotrotz natürlich auch die Möglichkeit, dass dies einmal endet. Es gibt, wie schon erwähnt, eine Vielzahl von Unternehmen, deren Geschäftsgrundlage nach Jahrzehnten nicht mehr vorhanden ist oder die sich durch interne Fehler selbst die Chance genommen haben, am Markt zu bestehen. Und ja, als Aktionär, als der man an diesem Unternehmen beteiligt ist, hat man natürlich immer das Risiko, dass sich das Investment, in das man investiert hat, auch einmal negativ entwickelt oder dass das eingesetzte Kapital im Extremfall vielleicht sogar verloren geht. Für dieses Problem gibt es grundsätzlich zwei Lösungsansätze. Der eine Ansatz, der wahrscheinlich für die meisten Anleger geeignet sein wird, ist eine größere Streuung der Anlagen über verschiedene Gesellschaften. Auf gut Deutsch: Damit du das Risiko vermeidest, dass die Gesellschaft, in die du investiert hast, pleitegeht und damit dein komplettes Investment verloren ist, solltest du nicht nur eine oder zwei Aktien kaufen, sondern es auf zehn, 20, vielleicht sogar 50 verschiedene Gesellschaften aufteilen. Dass du dabei nicht mehr über jede Gesellschaft bis ins letzte Detail informiert sein kannst, sollte einleuchtend sein. Nach meiner persönlichen Erfahrung ist es allerdings so, dass dies auch gar nicht notwendig ist, sondern dass eine breite Streuung über verschiedene Aktien langfristig hervorragende Ergebnisse bringt. Dies ist übrigens auch ein Argument der Anbieter von ETFs, nämlich eine breite Diversifikation über viele verschiedene Aktien des gesamten Marktes. Wenn du dich dabei noch auf Aktien konzentrierst, die ein solides Geschäftsmodell aufweisen und gleichzeitig eine stabile Dividendenhistorie haben, dann muss schon sehr viel schiefgehen, damit du mit einem solchen Portfolio Schiffbruch erleidest. Natürlich hast du in diesem Portfolio keine Highflyer wie etwa Amazon oder Google, da diese Unternehmen ja (noch) keine Dividende zahlen. Erinnere dich aber bitte an das Beispiel Coca-Cola. Selbst wenn du bei dieser Gesellschaft mehr als 50 Jahre nach Aufnahme der Dividendenzahlung eingestiegen wärest, hätte dich dies zu einem reichen Mann beziehungsweise zu einer reichen Frau gemacht.

Die andere Möglichkeit besteht darin, dass du dich mit einigen wenigen Unternehmen sehr intensiv beschäftigst und versuchst, die zukünftige Geschäftsentwicklung dieser Unternehmen zu prognostizieren. Gelingt dir dies, dann darfst du dich unter die Superinvestoren vom Schlage eines Warren Buffett einreihen. Ich persönlich glaube allerdings, dass die meisten Privatanleger nicht in der Lage sein werden, dies tatsächlich zu tun. Der Grund dafür ist, dass es uns – und ich schließe mich hier mit ein – sowohl am Wissen als auch an der Zeit mangelt, uns wirklich sehr intensiv mit mehr als zwei oder drei Firmen zu beschäftigen. Wer allerdings sein Aktienvermögen auf lediglich ein oder zwei Gesellschaften aufgeteilt hat, fährt naturgemäß ein sehr hohes Risiko. Dies ist per se erst einmal nicht schlimm, man sollte sich aber bewusst machen, zu welchen langfristigen Auswirkungen diese Risiken führen können. Aus diesem Grund befürworte ich eine ausreichende Streuung über mindestens zehn verschiedene Gesellschaften. An dieser Stelle schon einmal ein kleiner Ausblick auf ein späteres Kapitel, in dem wir über die Umsetzung der Strategie in der Praxis sprechen werden: Viele Einsteiger in eine Dividendenstrategie haben die Sorge, dass sie nicht gleich vom ersten Tag an das perfekt zusammengestellte Depot haben werden. Diese Sorge erscheint zwar berechtigt, ist aber nicht gerechtfertigt. Wenn du persönlich momentan nur über wenig Kapital verfügst, dann musst du ohnehin in den nächsten Jahren und Jahrzehnten permanent weiteres Kapital in dein Depot einzahlen, damit es dir gelingt, dieses so groß zu machen, dass du irgendwann allein von den Dividendenzahlungen und den Optionsprämien gut leben kannst. Daher ist es völlig unerheblich, ob du von Beginn an gleich die richtigen Aktien kaufst oder ob es dir gelingt, von Beginn an sämtliche Fehler zu vermeiden. Ich kann dir jetzt schon garantieren, dass du jede Menge Fehler machen wirst, und ich kann dich jetzt schon zu jedem einzelnen davon beglückwünschen. Denn wie willst du das Ganze lernen, wenn du in der Praxis keine Fehler machst? Es würde mich ja freuen, wenn du allein nach der Lektüre dieses Buches in der Lage wärst, ein für dich perfektes Depot aufzubauen und in der Praxis zu managen. Dies wäre allerdings vermessen und keiner von uns, weder ich als Autor noch du als Leser, sollte diese Erwartungshaltung pflegen. Selbst wenn du schon viele Jahre an der Börse bist und selbst dann, wenn du schon sehr erfolgreich bist, wirst du immer wieder Fehler machen. Aber das ist gut so, denn nur so gelingt es dir, langfristig immer erfolgreicher zu werden, weil du aus all deinen Fehlern etwas lernst, um es zukünftig besser zu machen. Es gibt nicht den Tag, an dem du sagen wirst: „Jetzt habe ich alle Fehler gemacht, die es zu machen gibt, und von nun an mache ich keine mehr." Egal, wie lange du dabei bist, und egal, wie viele Jahre du noch vor dir hast, dein Weg wird mit Fehlern gepflastert sein. Wenn du dich clever anstellst, dann werden es immer wieder neue Fehler sein, die es dir ermöglichen, immer wieder neue Dinge zu lernen. Wenn du nicht so clever bist, wirst du vielleicht ein und denselben Fehler immer und immer wieder machen. Ich hoffe allerdings für dich, dass du dir selbst gegenüber so ehrlich bist und deine Fehler so gut reflektieren kannst, dass du dir auch eingestehen kannst, dass es eben nicht der Markt ist, der dir Verluste beschert, sondern immer nur die Fehler, die du selbst machst. Das hat auch sehr viel mit persönlicher Verantwortung zu tun – aber das ist ein anderes Thema.

Zehn Prozent Lohnsteigerung – Jahr für Jahr

Egal, ob du Arbeitnehmer, Beamter, Rentner, Student oder selbstständiger Unternehmer bist – ich weiß, dass du an jährlichen Steigerungen deines Einkommens interessiert bist. Warum sollte dies als Dividendeninvestor anders sein? Was die meisten Anleger allerdings nicht wissen, ist die Tatsache, dass man als ein solcher von besonders hohen „Lohnsteigerungen" profitieren kann. Viele Anleger glauben, dass eine Aktiengesellschaft eine Dividende zahlt, die sich dann in einer bestimmten Höhe der Dividendenrendite ausdrückt und die eine unveränderliche Größe ist. Sprich: Wenn beispielsweise die Dividendenrendite einer Aktie wie Apple derzeit bei 1,5 Prozent pro Jahr (Stand August 2019) liegt, dann wird dies auch in den nächsten Jahren und Jahrzehnten so bleiben. Hier handelt es sich aber um einen Denkfehler. Würden Anleger verstehen, wie sich Dividenden entwickeln und wie sich demzufolge auch die Dividendenrendite entwickelt, dann bin ich mir sicher, dass sehr viel mehr Aktionäre langfristig in ihren Anlagen investiert bleiben würden.

Schauen wir uns das am Beispiel zweier Aktien an. Beginnen wir mit der Apple-Aktie.

Grafik 32

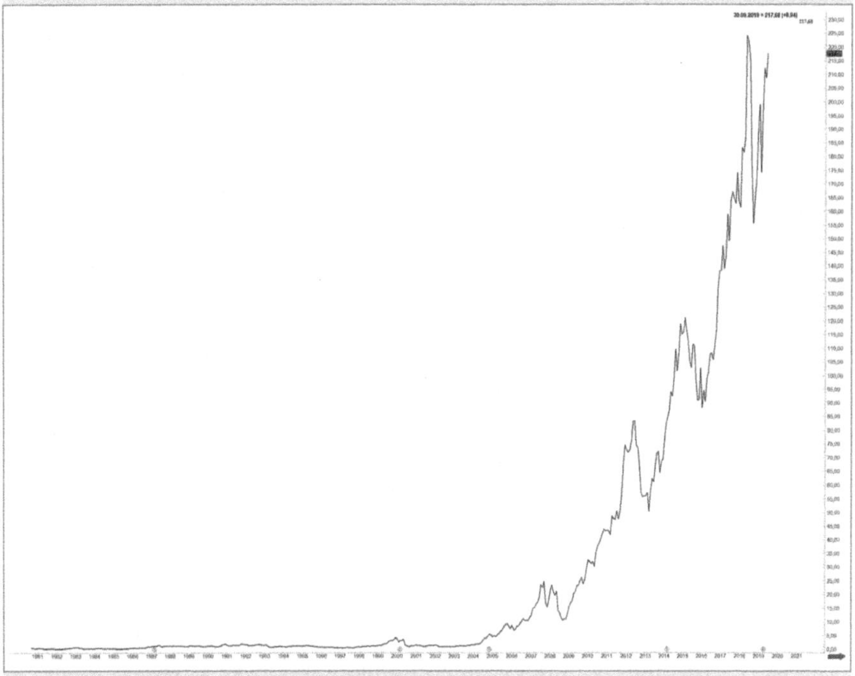

Historischer Chart der Apple-Aktie

Quelle: TradeNavigator, © GenesisFT, www.duo-strategie.com

Die Aktie von Apple ist seit Anfang der 1980er-Jahre an der Börse gelistet. Allerdings dauerte es über 30 Jahre – bis ins Jahr 2012 –, bis sich die Gesellschaft entschloss, zum ersten Mal eine Dividende an ihre Aktionäre auszuschütten. Die erste Dividendenzahlung erfolgte im August 2012 und betrug 0,38 Dollar pro Aktie bei einem damaligen Aktienpreis von 77 Dollar (splitbereinigt). Im November desselben Jahres wurde nochmals eine Dividende in derselben Höhe gezahlt, sodass die Aktionäre im Jahr 2012 insgesamt 0,76 Dollar Dividenden pro Aktie erhielten. Berechnet auf den Kurs bei der ersten Dividendenzahlung von 77 Dollar ergibt dies eine Dividendenrendite von 0,93 Prozent. Nicht gerade berauschend, aber dies sollte ja auch nur der Anfang sein. Im Jahr 2018 schüttete Apple, wie für ein US-Unternehmen üblich, viermal eine Dividende an seine Aktionäre aus. Insgesamt belief sich die Jahresdividende auf 2,82 Dollar. Setzt man den Kurs der Aktie zu Beginn des Jahres 2018 (circa 166 Dollar) als Berechnungsgrundlage für die Dividendenrendite an, ergibt sich ein Wert von 1,69 Prozent. Wer diese Zahlen sieht und noch nicht ganz in die Tiefe des Dividendenuniversums vorgedrungen ist, wird sich nun vielleicht denken: „Okay, die Dividendenrendite ist zwar von 0,93 Prozent auf 1,69 Prozent gestiegen, aber der Renner ist das ja nun nicht." Der Fehler an dieser Überlegung ist nun aber, dass wir hier zwei Dinge miteinander vergleichen, die nichts miteinander zu tun haben. Was wir hier nämlich wirklich sehen, ist die jeweilige Dividendenrendite für einen Anleger, der zum jeweiligen Zeitpunkt der Dividendenzahlung – also entweder 2012 oder eben 2018 – die Aktien gekauft hat. Richtigerweise müssten wir aber die Entwicklung der Dividendenrendite ausgehend vom Einstiegskurs der Erstzahlung der Dividende im Jahr 2012 berechnen.

Wer also im Jahr 2012 Apple-Aktien zum Preis von 77 Dollar kaufte, erhielt im ersten Jahr eine Dividende von 0,72 Dollar und im Jahr 2018 eine Dividende von 2,82 Dollar, das heißt, gegenüber dem Jahr 2012 hatte sich die Dividende schon fast vervierfacht. Ein Anleger, der im Jahr 2012 mit der Aktie von Apple eine Dividendenrendite von 0,93 Prozent erzielte, konnte sich im Jahr 2018 schon über eine Dividendenrendite von 3,66 Prozent freuen. Dies entspricht einer jährlichen Steigerung von über 20 Prozent. Das heißt, ein Apple-Aktionär hat seit 2012 jährlich eine „Lohnsteigerung" (in Form der Dividende) von 20 Prozent pro Jahr erhalten. Nicht schlecht, oder? Nur einmal zum Vergleich hier die Zahlen der Lohnsteigerungen eines Angestellten in Deutschland seit 2012:

2012: 4,1 Prozent
2013: 3,0 Prozent
2014: 3,9 Prozent
2015: 4,0 Prozent
2016: 4,0 Prozent
2017: 4,2 Prozent
2018: 4,8 Prozent

(Quelle: https://de.statista.com/statistik/daten/studie/75731/umfrage/entwicklung-der-bruttoloehne-in-deutschland/)

Du siehst also, warum die Reichen immer reicher werden. Ganz einfach weil die Gewinne der Unternehmen und damit auch die Gewinnanteile der Aktionäre schneller steigen als die Löhne der Angestellten.

Jetzt ist Apple ein Unternehmen, das erst seit einigen Jahren eine Dividende zahlt und diese auch erhöht. Wie sieht es aber bei einem Unternehmen aus, das schon sehr lange eine Dividende zahlt? Schauen wir uns dazu die Entwicklung bei dem wohl größten Konkurrenten von Coca-Cola an, nämlich bei PepsiCo, dem Hersteller von Pepsi-Cola. Obwohl nicht ganz so beliebt wie der Konkurrent aus Atlanta, ist auch PepsiCo ein Unternehmen, das schon sehr lange eine Dividende zahlt und diese über die Jahre kontinuierlich gesteigert hat. Schauen wir uns einen etwas längeren Zeitraum an, dann können wir auch hier Erstaunliches feststellen. Angenommen, du hättest die Möglichkeit gehabt, im Jahr 1999 in Aktien von PepsiCo zu investieren. Der Preis der Aktie lag damals im Bereich von 22 Dollar und die Dividende, die im darauffolgenden Jahr gezahlt wurde, lag bei 0,56 Dollar pro Aktie. Dies ergibt eine Dividendenrendite von circa 2,5 Prozent. Im Laufe der nächsten 20 Jahre stieg die Dividende dann beständig an und betrug zuletzt 3,59 Dollar pro Aktie (Stand 2018). Wie sieht die Dividendenrendite aus? Bezogen auf den

Einstiegspreis von 22 Dollar aus dem Jahr 1999 erhält ein Aktionär mittlerweile eine Dividendenrendite von 16,31 Prozent, das heißt also, wer damals 10.000 Dollar in Pepsi-Aktien investierte, kann sich heute über eine jährliche Ausschüttung von über 1.630 Dollar freuen. Die gleichen 10.000 Dollar respektive Euro auf einem Sparbuch angelegt bringen heute in Deutschland circa zwei Euro Zinsen.

PepsiCo-Aktie = 1.630 Dollar Dividende
Sparbuch = 2 Euro Zinsen

Um dir diese Zahlen noch einmal in einem anderen Kontext zu verdeutlichen: Ein Sparer, der die 10.000 Euro heute auf ein Sparbuch legt, müsste 815 Jahre lang Zinsen kassieren, um genau das gleiche Einkommen zu erzielen wie ein PepsiCo-Aktionär, der vor 20 Jahren für 10.000 Dollar Aktien gekauft hat. Man könnte diese Rechnung jetzt natürlich noch verfeinern, den identischen Einstiegszeitpunkt wählen, Währungsdifferenzen berücksichtigen und so weiter und so fort. Was du aber verstanden haben solltest, ist die Tatsache, dass du als Dividendeninvestor langfristig jede (!) Sparanlage haushoch übertreffen wirst.

Grafik 33

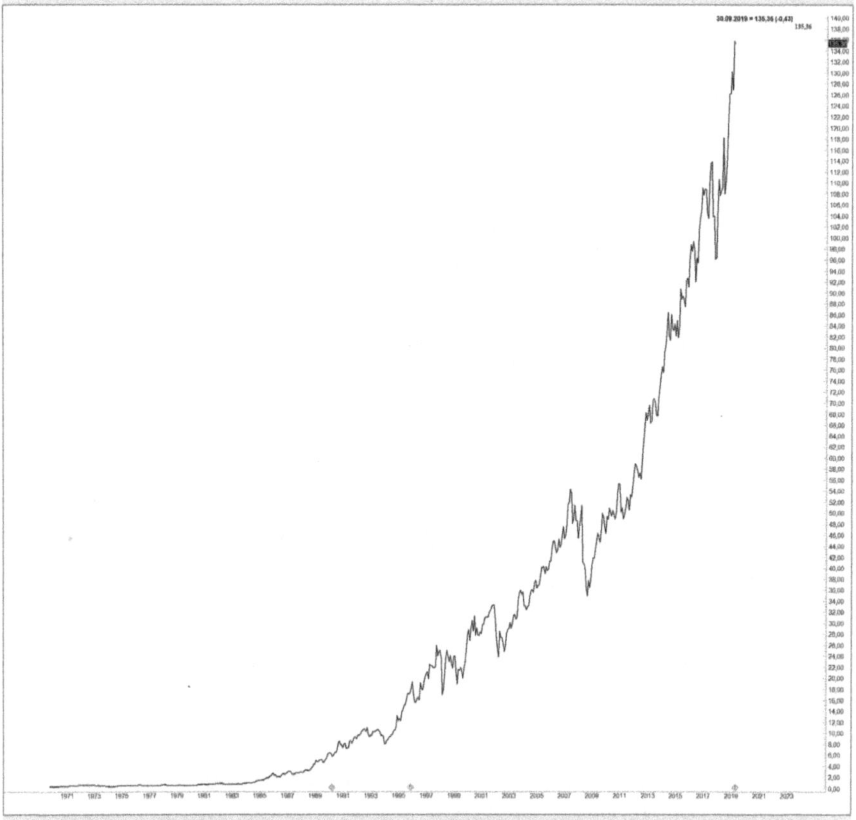

Historischer Chart der PepsiCo-Aktie

Quelle: TradeNavigator, © GenesisFT, www.duo-strategie.com

Gewerkschaften und linke Politiker gelten ja nicht gerade als sonderlich aktionärsfreundlich. Wenn man bedenkt, wie sich ein Einkommen aus einem Topf voller Dividenden zahlender Aktien Jahr für Jahr entwickelt, dann muss man sich doch fragen: Warum wird gerade Arbeitnehmern, die durch ihre Arbeit maßgeblich zu den Gewinnen der Firmen beitragen, nicht von jedem Gewerkschaftsfunktionär und jedem Politiker dringend geraten, ihr Geld in ein Aktienportfolio zu investieren anstatt es aufs Sparbuch zu legen?

Bevor wir uns im nächsten Kapitel der praktischen Umsetzung widmen, will ich unbedingt noch auf einen ganz wichtigen Punkt verweisen. Wenn du die bisher in diesem Buch beschriebenen Ideen zumindest ansatzweise verstanden hast, dann ist dir klar geworden, wie sinnvoll es ist, Dividendenaktien zu kaufen und diese wenn möglich sehr lange zu behalten. In der Praxis – und daran wird auch dieses Buch nichts ändern – passiert allerdings einem Großteil der Anleger Folgendes: Du gehst jetzt vielleicht los, suchst dir ein paar schöne Aktien, die dir für die nächsten Jahre ein steigendes Einkommen versprechen, und kaufst diese in dein Depot. Du erhältst dann auch die ersten Dividenden und siehst, dass das, was ich dir in diesem Buch beschrieben habe, tatsächlich auch in der Praxis funktioniert. Nehmen wir nun an, wir würden jetzt einen Test mit 1.000 Lesern dieses Buches machen und alle würden zu einem bestimmten Zeitpunkt anfangen, diese Strategie umzusetzen. Und jetzt machen wir eine kleine Zeitreise, zehn Jahre in die Zukunft. Was glaubst du, wie viele der 1.000 Leser werden in zehn Jahren immer noch einen ständig ansteigenden Dividendenstrom haben? Ich behaupte, es werden wahrscheinlich weniger als 50 sein! Warum ist das aber so? Hat es etwa bei den 950 anderen nicht funktioniert? Haben diese 950 einfach die falschen Aktien ausgewählt? Mussten diese 950 die Umsetzung der Strategie aus persönlichen Gründen abbrechen? Nichts von alledem wird passiert sein. Der Grund, warum geschätzt tatsächlich nur fünf Prozent aller Einsteiger die einmal begonnene Dividendenstrategie über zehn Jahre durchhalten, ist nicht etwa die falsche Auswahl der Aktien. Der Hauptgrund, mit dieser Idee zu brechen, wird sein, dass innerhalb der nächsten zehn Jahre (und dafür muss ich kein Hellseher sein) irgendwann einmal eine Zeit kommen wird, in der die Aktienmärkte deutlich nachgeben werden und der Preis der Aktien sehr deutlich unter die Räder kommen wird. Und dann werden viele Anleger ihre Aktien verkaufen, selbst wenn das regelmäßige Einkommen aus Dividenden und Optionsprämien immer noch reibungslos fließt und Geld aufs Konto spült, weil sie es nicht ertragen können, dass ihr Aktiendepot im Wert deutlich fällt. Daher ist es extrem wichtig, dass du dir eine Sache ganz deutlich vor Augen hältst: Dein Aktiendepot als solches ist im Grunde genommen lediglich Mittel zum Zweck. Natürlich wird sich auch der Wert deines Depots im Laufe der Jahre erhöhen und je länger du dir dafür Zeit gibst, umso größer ist die Wahrscheinlichkeit dafür. Ich persönlich betrachte daher meine Aktiendepots nicht als eine Ansammlung von Papieren, die einen bestimmten monetären Wert darstellen, sondern 1) als tatsächliche Beteiligung an Unternehmen und 2) als eine Art Gelddruckmaschine, die regelmäßig Geld für mich druckt. Ich weiß, dass diese Maschine Jahr für Jahr eine größere Summe Geld für mich drucken wird, und daher will ich diese Maschine unbedingt in meinem Besitz behalten. Was ein Außenstehender bereit wäre, mir für diese Maschine zu bezahlen, spielt für mich dabei überhaupt keine Rolle. Benjamin Graham, der Gründervater des sogenannten Value-Investings, also des Investierens nach Werthaltigkeit, hat dies schon vor beinahe 100 Jahren sinngemäß so beschrieben: Er bezeichnete den Aktienmarkt als Person – Mr. Market –, die manisch-depressiv ist. An einem Tag ist diese Person bereit, dir deine Firma zu einem völlig überhöhten Preis abzukaufen, und an einem anderen Tag wird dir dieselbe Person für exakt dieselbe Firma mit denselben Gewinnen und denselben Umsätzen lediglich die Hälfte des vorherigen Preises zahlen wollen. Dieses Verhalten ist völlig zufallsbedingt und von dir auch nicht vorhersagbar. Aus diesem Grund soll man auf die Umsätze und Gewinne achten, die eine Firma erwirtschaftet, und nicht darauf, was der Markt gerade bereit ist, dafür zu zahlen. Warren Buffett, der hier schon häufig angeführte Superinvestor aus Omaha, lernte übrigens noch persönlich bei Benjamin Graham und hält dessen Werk noch heute für das Wichtigste, was er jemals über das Investieren gelesen und gelernt hat.

So simpel, wie dies jetzt klingt, so schwer ist es doch in der Praxis für viele Investoren, sich daran zu halten. Und genau das ist der Grund, warum von 1.000 Investoren, die mit guten Vorsätzen und einer guten Strategie an der Hand ihre Karriere an den Märkten starten, letztendlich nur 50 übrig bleiben, die regelmäßig und konstant Geld verdienen. Ich möchte dich jetzt aber keineswegs entmutigen. Wenn du dich nämlich entscheidest, zu den fünf Prozent Gewinnern zu gehören, dann liegt es ganz allein bei dir, dies umzusetzen. Rufe dir bitte immer wieder die kleine Geschichte über Mister Market ins Gedächtnis. Gerade in Zeiten, in denen es nicht so läuft, wie du es erwartest, wird dir dies eine enorme Unterstützung und Hilfe sein.

KAPITEL

10

Das DuO-Prinzip in der Praxis

Hinweis für ganz eilige Leser:

Wahrscheinlich hat der eine oder andere schon weitergeblättert, um nachzulesen, wie man denn nun die ganzen Dinge, die auf den vorherigen Seiten beschrieben wurden, kombinieren und in der Praxis umsetzen kann. „Gemach, junger Padawan", kann ich da nur sagen. Denn einer der Gründe, warum die meisten Menschen an der Börse scheitern, ist neben einer falschen Erwartungshaltung auch die Ungeduld. Habe ich dich jetzt erwischt? Falls ja, dann blättere wieder zurück und lies bitte alles, was vor diesem Kapitel kommt, weil es wichtig ist, dass du die Grundidee, die hinter dem DuO-Prinzip steckt, verstanden hast.

Jetzt geht es los.

Das Ziel des DuO-Prinzips besteht darin, die beiden Komponenten D = Dividende und O = Optionen so miteinander zu kombinieren, dass du damit einen regelmäßigen und im Laufe der Zeit permanent ansteigenden Einkommensstrom generieren kannst. Wie du dies tun kannst, erläutere ich dir auf den nächsten Seiten. Da ich einige Zeilen weiter oben aber schon einmal das Thema Erwartungshaltung angesprochen habe, hier noch ein ganz wichtiger Hinweis: Obwohl es natürlich großartig wäre, wenn allein das Lesen dieses Buches dich in die Lage versetzen würde, das DuO-Prinzip sofort und fehlerfrei umzusetzen, musst du dir über eines im Klaren sein: Nichts auf der Welt funktioniert in der Praxis, nur weil man zuvor die Theorie in einem Buch gelesen hat. Egal, welchen Bereich du dir heraussuchst, alles beginnt mit theoretischen Grundlagen, die du aus einem Buch oder Büchern, aus Seminaren, Lehrgängen, Videos, Vorträgen oder durch die Zusammenarbeit mit einem persönlichen Lehrer, Coach oder Trainer lernst. Um dann aber wirklich Erfolg zu haben, musst du diese theoretischen Grundlagen in der Praxis anwenden und – Achtung! – so lange wiederholen, bis dir das Ganze in Fleisch und Blut übergegangen ist. Glaubst du, dass jemand Spitzenkoch wird, nur weil er sämtliche Kochbücher der Welt gelesen hat? Glaubst du, dass jemand ein herausragender Programmierer wird, nur weil er sich jedes Youtube-Video über Programmierung angeschaut hat? Oder würdest du dich von einem Arzt behandeln lassen, der in seinem Kopf zwar sämtliches theoretische Wissen zum Thema Medizin hat, aber in seinem Leben noch nicht mit einem Patienten gearbeitet hat? Du wirst über diese Beispiele vielleicht schmunzeln, aber genau so geht ein Großteil der Börseneinsteiger vor. Daher ist es ganz wichtig, dass du dir zu Beginn die richtige Erwartungshaltung zurechtlegst. Ich garantiere dir, dass jeder, der sich intensiv mit dem Thema beschäftigt, die Möglichkeit hat, mithilfe von Optionen und Dividenden an der Börse ein regelmäßiges Einkommen zu erwirtschaften. Dies geht aber nicht von heute auf morgen und es wird auch nicht komplett ohne Rückschläge und

Fehler ablaufen. Gott sei Dank! Denn wir Menschen lernen ausschließlich aus Fehlern, die wir begehen. Ein kleines Kind lernt laufen, indem es die theoretischen Informationen, die es über das Laufen hat und die in seiner DNA abgespeichert sind, in die Praxis umzusetzen versucht. Es fängt an zu krabbeln, es beginnt sich an Stühlen, Tischbeinen oder Sofas hochzuziehen und irgendwann steht es dann zum ersten Mal auf seinen eigenen kurzen Beinen. Unsicher und instabil und auch ein bisschen verwundert, was da gerade passiert. Und nach einem kurzen Augenblick fällt es wieder auf seinen Hosenboden. Anstatt nun aber zu jammern und die Umstände zu beklagen, die dazu geführt haben, dass es wieder umgefallen ist, beginnt das Kind das gleiche Spiel wieder von vorn. Und während der nächsten Tage und Wochen wiederholt sich dieser Prozess Hunderte Male. Aber jedes Mal steht es wieder auf, verändert eine Kleinigkeit und eines Tages kann es dann die ersten Schritte machen. Und nach den ersten Schritten folgen ein paar mehr Schritte, bis das Laufen irgendwann selbstverständlich geworden ist. Als Vater von drei Kindern durfte ich das ausführlich miterleben. Daher sollten wir uns auch bei unserem Börsenhandel an der Ausdauer von Kindern orientieren. Natürlich werden deine ersten Versuche noch ungeschickt sein. Du wirst dir vielleicht die falsche Option oder die falsche Aktie heraussuchen. Du wirst vielleicht nicht den optimalen Zeitpunkt treffen und deinen Börsenhandel zu einem ungünstigen Zeitpunkt umsetzen. Du wirst ganz viele Fehler machen und diese Fehler werden dazu führen, dass du zwar immer wieder kleine Rückschläge erleidest, aber dadurch auch lernst, wie es wirklich funktioniert. Genau wie es bei einem Kind vollkommen egal ist, ob es ein paar Wochen früher oder später laufen kann, ist es auch bei dir vollkommen egal, ob du für die erfolgreiche Umsetzung des DuO-Prinzips ein paar Monate mehr oder weniger benötigst. Es spielt keine Rolle! Hat ein Kind einmal gelernt, wie das Prinzip des Laufens funktioniert, dann wird es dies bis zum Ende seines Lebens ohne große Überlegungen umsetzen können. Dir wird es bei der Anwendung des DuO-Prinzips genauso ergehen. Wenn du einmal verstanden hast, wie das

Prinzip funktioniert und wie du es in der Praxis erfolgreich umsetzt, kannst du diesen Handelsansatz über Jahre und Jahrzehnte nutzen. Das Beste dabei ist: Je länger du das DuO-Prinzip erfolgreich anwendest, desto weiter wird dein Einkommen ansteigen. Vielleicht beträgt dein erster Gewinn aus einer verkauften Option nur 50 Euro. Vielleicht sind die ersten Dividenden, die du ausgezahlt bekommst, nur ein paar Dollar. Denke aber bitte immer an die ersten zaghaften Schritte eines Kindes zurück. Auch der schnellste Mann der Welt, der Jamaikaner Usain Bolt, wurde nicht geboren und lief die 100 Meter sofort in unter zehn Sekunden. Er fiel genauso auf den Hosenboden wie du. Und auch Warren Buffett wurde nicht als Milliardär geboren und seine ersten Gewinne an der Börse betrugen weniger als 50 Dollar. Daher bitte ich dich eindringlich, dass du dir selbst genügend Zeit gibst, um dich mit dem Prinzip zu beschäftigen und es in die Praxis umzusetzen.

Wer kann das Prinzip umsetzen?

Grundsätzlich kann jeder, der über ein paar Euro verfügt, das Prinzip umsetzen. Heutzutage kannst du bereits mit 25 Euro im Monat Sparpläne für einzelne Aktien starten. Um die ersten Optionen und einzelne Aktien kaufen zu können, solltest du aber über ein Mindestkapital von ein paar Tausend Euro verfügen. Ich selbst habe meinen allerersten Handel an der Börse im Jahr 1996 mit circa 400 D-Mark, also etwa 200 Euro, getätigt. War das in Bezug auf die Kosten effektiv? Wahrscheinlich nicht, es hat mich aber auch nicht interessiert, weil ich einfach anfangen wollte. Wir sprechen später noch über das Thema Broker. Ich kann dir aber an dieser Stelle schon verraten, dass die Kosten beim Börsenhandel zwar wichtig sind, aber von vielen Einsteigern maßlos überschätzt werden. Dass 95 Prozent aller Einsteiger beim Börsenhandel Verluste machen, liegt nicht etwa an den Kosten, die durch den Handel entstehen, sondern an ganz anderen Dingen, die ich dir in diesem Buch schon beschrieben habe. Wenn du also ein paar Tausend Euro hast, dann kannst du das DuO-Prinzip direkt umsetzen. Wenn du bereits über eine größere Summe verfügst, also mindestens 50.000 Euro, dann solltest du beim Einstieg bitte auf Folgendes achten: Wenn du deine ersten Positionen eröffnest, dann geh bitte nicht gleich am allerersten Tag All In, das heißt, investiere nicht sofort dein komplettes Kapital. Beginne mit einer einzelnen kleinen Option, die dir vielleicht lediglich 30 oder 40 Euro einbringt. Insgesamt gesehen spielt diese Summe zwar keine Rolle, hier geht es aber auch viel mehr um den Lerneffekt. Immer wieder habe ich erlebt, dass Einsteiger gleich in den ersten Tagen sofort ihr komplettes Kapital investiert und dabei natürlich auch den einen oder anderen Fehler gemacht haben. Du wirst nicht vermeiden können, dass du diese Fehler machst. Du musst nur bedenken, dass Fehler an der Börse in der Regel Geld kosten, und da ist es schon ein großer Unterschied, ob du diesen Fehler mit 500 Euro oder mit 50.000 Euro machst. Starte also langsam und vor allem mit kleinen Positionen und taste dich so in der Praxis nach und nach an das Geschehen heran. Um es mit den Worten von Meister Yoda zu sagen: „Geduld du haben musst, junger Padawan."

Wie setzt du das DuO-Prinzip um?

Die Grundidee besteht darin, dass du Aktien, die eine Dividende auszahlen, mit dem Verkauf von Put-Optionen kombinierst. Erinnere dich bitte noch einmal an die Funktionsweise von Optionen, die wir zu Beginn des Buches behandelt haben. Optionen beinhalten Rechte und Pflichten. Käufer von Optionen haben ein Recht und die Verkäufer von Optionen können in die Pflicht genommen werden. Beim DuO-Prinzip konzentrieren wir uns auf Put-Optionen. Bei einer Put-Option hat der Käufer das Recht, 100 Aktien eines bestimmten Unternehmens zu einem vorher festgelegten Preis (dem Strike) innerhalb einer festgelegten Laufzeit zu verkaufen. Er wird dies nur tun, wenn der Preis der Aktie am Verfallstag unterhalb des vorher festgelegten Preises (Strike) notiert. Hat also ein Besitzer von Apple-Aktien (Preis circa 214 Dollar – siehe nächste Grafik) einen Put mit einem Strike von 180 Dollar gekauft und die Aktie von Apple notiert am Verfallstag der Option unterhalb dieser 180 Dollar, dann wird er die Aktien zum Preis von 180 Dollar verkaufen (können). Damit er dieses Recht hat, musste er für die Put-Option (Versicherung) einen Preis (Versicherungsprämie) bezahlen, angenommen 100 Dollar. Diese 100 Dollar hat der Verkäufer der Put-Option (Versicherer) erhalten und diese darf er in jedem Fall auch behalten. Notiert der Preis der Apple-Aktie am Verfallstag der Option oberhalb von 180 Dollar, dann wird die Option wertlos verfallen und beim Verkäufer der Option verbleiben die 100 Dollar als Gewinn.

Befindet sich der Preis der Apple-Aktie am Verfallstag dagegen unterhalb der 180 Dollar, dann muss der Verkäufer der Put-Option (Versicherer) 100 Apple-Aktien zum Preis von jeweils 180 Dollar kaufen, und zwar unabhängig davon, zu welchem Preis die Aktie aktuell am Markt gehandelt wird.

Grafik 34

Chart der Apple-Aktie mit Short-Put – Strike bei 180 US-Dollar

Quelle: TradeNavigator, © GenesisFT, www.duo-strategie.com

Beim DuO-Prinzip agieren wir stets als Verkäufer von Optionen. Wir suchen uns also zu Beginn eine Reihe von Aktien heraus, die wir gern in unserem Depot hätten. Nachdem wir uns eine Liste von Aktien aufgeschrieben haben, die wir im Depot sehen wollen, können wir diese entweder sofort kaufen oder aber Put-Optionen auf diese Aktien verkaufen.

Wie gestalten sich nun unsere Einnahmen? Kaufen wir die Aktien direkt, sind wir quasi sofort Dividendeninvestoren. Wir besitzen jetzt Aktien und erhalten regelmäßig Dividenden. Zur Erinnerung: Die meisten europäischen Aktiengesellschaften zahlen einmal im Jahr eine Dividende, wohingegen US-amerikanische Gesellschaften meistens einmal im Quartal eine Dividende ausschütten.

Was aber, wenn dir der Preis der Aktie, die du kaufen möchtest, momentan zu hoch erscheint? Dann kaufst du die Aktie eben nicht direkt, sondern du verkaufst eine Put-Option auf diese Aktie. Die Einnahme, die du damit generierst, ist eine Optionsprämie. Fällt der Preis der Aktie nun innerhalb der von dir gewählten Laufzeit der Option nicht auf beziehungsweise unter deinen Wunschpreis (Strike), dann wird die von dir verkaufte Option verfallen. Du kannst nun erneut eine Option nach dem gleichen Schema verkaufen und wieder die Optionsprämie kassieren.

Mir ist es schon passiert, dass ich für eine Aktie zehnmal hintereinander Optionen verkauft habe, ohne dass mir die Aktie zugeteilt wurde. „Niemals zugeteilt“ bedeutet, die Aktie fiel niemals auf oder unter den Preis, den ich haben wollte (Strike), und daher verfielen alle von mir verkauften Optionen immer wertlos. Ich hatte so zwar nie die Aktie im Depot und konnte auch keine Dividenden kassieren, da diese ja nur an die Besitzer der Aktien ausgezahlt werden, allerdings habe ich dafür zehnmal die Prämie aus dem Verkauf der Optionen kassiert. Erst als die Aktie dann einmal deutlicher zurückkam und am Verfallstag der Option unterhalb meines Wunschpreises notierte, bekam ich sie ins Depot eingebucht. Für mich bedeutete dies, dass ich einerseits monatelang die Optionsprämien kassiert hatte und darüber hinaus nun die Aktien zu einem deutlich günstigeren Preis in mein

Depot gebucht bekommen hatte. Diese Herangehensweise hat für die meisten Investoren auch einen unschätzbaren mentalen Vorteil. Viele trauen sich nicht, Aktien zum aktuellen Kurs zu kaufen, weil sie immer die Befürchtung haben, dass die Aktien im nächsten Monat billiger werden könnten und sie sie somit zu teuer gekauft hätten. Verkaufst du allerdings Optionen auf diese Aktien, dann wirst du die Aktien immer erst dann erhalten, wenn ihr Preis gefallen ist. Hin und wieder wird das zwar dazu führen, dass du die eine oder andere stark ansteigende Akte nicht bekommst, in vielen Fällen kannst du so aber Aktien zu einem günstigen Preis einkaufen.

Prinzip des Einkommens:
Verkauf Put-Option = Prämieneinnahme
Kauf/Zuteilung der Aktie = Dividendeneinnahme

Vollkommen egal, für welchen Weg du dich entscheidest, wichtig ist, dass du dir bewusst machst, dass es immer um die Erzielung eines regelmäßigen Einkommens geht. Ob sich dieses aus einer Dividende oder einer Optionsprämie speist, spielt für dich keine Rolle.

An dieser Stelle noch ein wichtiger Hinweis für die Praxis: Bitte bedenke, dass sich eine Option immer auf 100 Stücke einer Aktie bezieht. Unabhängig davon, ob es sich bei der Aktie um eine (in absoluten Zahlen betrachtet) günstige oder teure Aktie handelt (kein Bewertungsmaßstab), solltest du für den Fall einer Zuteilung der Aktien immer dafür sorgen, dass eine entsprechende Menge Geld auf deinem Depot frei ist. Verkaufst du also wie im Beispiel beschrieben einen 180er-Put auf Apple-Aktien und dir werden die Aktien zum Preis von 180 Dollar pro Stück zugeteilt, dann musst du 100 Aktien bezahlen, wofür du 18.000 Dollar benötigst (180 Dollar × 100 = 18.000 Dollar). Dein Konto muss diesen Betrag enthalten, um diese Idee überhaupt umsetzen zu können. Und da du wahrscheinlich nicht nur Apple-Aktien in deinem Depot haben möchtest (Diversifizierung!), sollte dein Konto in diesem speziellen Fall sogar noch deutlich größer sein. Was aber, wenn dein Konto nicht so groß ist? Zum einen kannst du natürlich auf den Verkauf von Optionen auf solch (zumindest optisch) teure Aktien verzichten und dir stattdessen ein paar einzelne Stücke direkt kaufen, um dennoch ein paar Anteile am Unternehmen zu halten. Dann erzielst du zwar keine Prämieneinnahmen, bist aber eben sofort an den Dividendenausschüttungen der Gesellschaft beteiligt. Oder aber du suchst dir für den Verkauf von Put-Optionen nur solche Aktien heraus, von denen du problemlos 100 Stück kaufen könntest. Hast du also beispielsweise ein Konto von angenommen 10.000 Dollar und findest eine Aktie, die pro Stück 50 Dollar kostet, dann kannst du auf diese Aktie problemlos eine entsprechende Put-Option schreiben. Und noch eine Sache solltest du dir bewusst machen: Falls du noch ganz am Beginn deiner Karriere als Investor stehst und nur eine geringe Summe zur Verfügung hast, dann gehe bitte nicht davon aus, dass dieses Kapital ausreichen wird, um deine finanziellen Wünsche und Träume zu erfüllen. Wenn du also nur über einige wenige Tausend Euro verfügst, dann musst du dafür sorgen, dass dieses Konto permanent von dir „gefüttert" wird. Ich persönlich handhabe es so, dass ich alle Konten, die ich nach dem DuO-Prinzip handle, zusätzlich über monatliche Sparpläne permanent mit neuem Kapital füttere. Der Effekt, der dabei entsteht, ist nicht zu unterschätzen. Auch wenn es uns ja vorrangig um das regelmäßige Einkommen geht, will ich dir dies anhand eines Beispiels für den Wertzuwachs aufzeigen.

Ausgangssituation A:
Einmalanlage 10.000 Euro, jährlicher durchschnittlicher Gewinn 8 Prozent, Anlagedauer 20 Jahre
Endergebnis: 46.609,57 Euro
(aus Vereinfachungsgründen wurden steuerliche Auswirkungen nicht berücksichtigt)

Ausgangssituation B:
Einmalanlage 10.000 Euro, jährlicher durchschnittlicher Gewinn 8 Prozent, Anlagedauer 20 Jahre, zusätzlich 200 Euro monatlicher Sparplan

Endergebnis: 161.197,53 Euro
(aus Vereinfachungsgründen wurden steuerliche Auswirkungen nicht berücksichtigt)

In der Ausgangssituation B wurden zur Einmalanlage von 10.000 Euro noch zusätzlich 48.000 Euro durch den Sparplan eingezahlt. Vergleicht man nun allerdings A und B, dann beträgt der Gewinn in Ausgangssituation A insgesamt 36.609,57 Euro. In Ausgangssituation B wurden zwar insgesamt 58.000 Euro eingezahlt, der Gewinn liegt allerdings bei 103.197,53 Euro. Die mickrigen 200 Euro im Monat, die du zusätzlich zu deiner Einmalanlage investierst, summieren sich also innerhalb von 20 Jahren durch den Zinseszinseffekt auf einen Mehrgewinn von nahezu 70.000 Euro. Albert Einstein wird nachgesagt, dass er den Zinseszins als ein weiteres Weltwunder bezeichnet hat.

Grafik 35

Variante A:	
Startkapital:	10.000,00 €
Sparplan:	0,00 €
Einzahlungen gesamt:	10.000,00 €
Jährliche Rendite:	8,00 %
Ergebnis nach 20 Jahren:	46.609,57 €
Gewinn vor Steuern:	36.609,57 €

Variante B:	
Startkapital:	10.000,00 €
Sparplan (monatlich):	200,00 €
Einzahlungen gesamt:	58.000,00 €
Jährliche Rendite:	8,00 %
Ergebnis nach 20 Jahren:	161.197,53 €
Gewinn vor Steuern:	103.197,53 €

Vergleich der Ergebnisse eines Sparplans gegenüber einer Einmalkapitalisierung des Depots

Du findest im Internet eine ganze Reihe von Zinsrechnern, mit denen du kostenlos deine persönlichen Zahlen und Wunschvorstellungen durchrechnen kannst. Auf der Website zum Buch (www.duo-strategie.com) habe ich dir einen Link zu einem solchen Zinsrechner hinterlegt.

Und noch ein letzter Tipp speziell für Unternehmer und Selbstständige: In den letzten Jahren habe ich immer wieder mit Unternehmern gesprochen, die gut laufende Firmen hatten. Allerdings wiesen sie bei der Frage nach der persönlichen Vorsorge deutliche Schwachpunkte auf. Wenn du als Unternehmer oder Selbstständiger bislang Sparpläne hast, die weniger als 2.000 Euro im Monat betragen, dann solltest du dringend etwas daran ändern. Da die meisten Unternehmer genau wie ich keine noch so kleine gesetzliche Rentenvorsorge haben, ist es unverantwortlich, nichts für deine finanzielle Vorsorge zu tun. Wenn du jetzt sagst, dass du dir ein paar Tausend Euro im Monat nicht leisten kannst, dann überlege bitte einmal, wie viel Geld du jeden Monat an deine Mitarbeiter, die Krankenkassen, die Rentenkassen, den Steuerberater oder auch beispielsweise an das Finanzamt überweist. Leider ist es oftmals sogar so, dass viele Unternehmer und Selbstständige monatlich mehr Geld für ihr Auto ausgeben als für ihre finanzielle Freiheit. Aber keine Sorge, falls das bei dir auch so ist. Es ist nie zu spät, Dinge zu verändern und anzufangen. Falls du dabei (oder auch bei anderen Fragen rund um das Thema Altersvorsorge) Hilfe benötigst, melde dich einfach bei mir unter jensrabe.de/termin.

Welche Aktien soll ich nun kaufen?

Ein paar Zeilen weiter oben habe ich dir erklärt, dass du dir eine Liste mit Aktien erstellen sollst, die du entweder direkt kaufen möchtest oder aber auf die du Put-Optionen verkaufen würdest. Für viele scheint dies ungeheuer kompliziert zu sein und sie wissen nicht, wie sie anfangen sollen. Und allein über das Thema der richtigen Auswahl von Aktien wurden schon Hunderte, wenn nicht gar Tausende von Büchern geschrieben. Wie also starten? Auch in dieser

Angelegenheit bin ich ein großer Verfechter des sogenannten KISS-Prinzips. KISS bedeutet, dass du dir die Dinge einfach machen solltest. Lass uns daher mit einer ganz simplen Übung beginnen. Nimm dir am besten einen Zettel und schreibe dir all die Dinge auf, mit denen du täglich zu tun hast. Das heißt, geh einfach einmal durch deine Wohnung oder durch dein Haus und schau nach, welche Produkte du tagtäglich benutzt oder welche in deinem Haushalt benutzt werden. Hier als kleine Anregung für dich ein paar Stichpunkte:

Zahnpasta, Rasierschaum, Duschbad, Damenhygiene, Waschpulver, Weichspüler, Süßigkeiten, Getränke, Lebensmittel, Snacks, Schuhe, Autos, Fast-Food-Ketten, Luxusprodukte wie Uhren, Handtaschen oder Designerkleidung, Kaffee, Urlaube, Fluglinien, Versicherungen, Banken (okay, vergiss die Banken), Bücher, Mobilfunk, Musik, Kinofilme und so weiter.

All diese Produkte werden von Firmen hergestellt, die in den allermeisten Fällen an den Börsen als Aktiengesellschaft notiert sind. Und viele von ihnen verfügen wiederum über stabile Geschäftsmodelle und Einnahmen und schütten daher an ihre Aktionäre jede Menge Dividenden aus. Die Liste so zu erstellen ist vielleicht nicht perfekt, aber sie ist zumindest ein guter Einstieg in das Thema. Mittlerweile gibt es auch im Internet jede Menge kostenlose und nützliche Informationen zum Thema Dividenden. Du könntest zum Beispiel einfach nach den Stichworten Dividendenaktien, Dividendenchampions, Dividendenaristokraten und so weiter suchen und ich bin mir sicher, dass du eine Vielzahl von Informationen finden wirst, die du als Anregungen für eigene Ideen nutzen kannst. Ganz wichtig dabei ist allerdings, dass du dir eigene Gedanken machst und nicht einfach blind irgendwelche Aktien kaufst, bloß weil du auf irgendeiner Website oder in einer Börsenzeitschrift gelesen hast, dass dies ein gutes Unternehmen sei. Ich bin überzeugt, dass es für 99 Prozent der Privatanleger Zeitverschwendung ist, sich in die Bilanzen von Unternehmen einzulesen. Die meisten Privatanleger verfügen nämlich weder über das Wissen noch über die Zeit, sich ausführlich damit zu beschäftigen. Gerade in der heutigen Zeit ist es auch gar nicht mehr so einfach, die Bilanz eines großen, weltweit agierenden Unternehmens tatsächlich zu verstehen. Denn mittlerweile gibt es extrem viele Kennzahlen und ständig kommen neue hinzu, sodass heute nicht mehr auf einen Blick erkennbar ist, wie viel Geld eine Firma tatsächlich verdient. Diese Aussage stammt nicht etwa von mir, sondern ist ein sinngemäßes Zitat von Warren Buffett aus einer Rede, die er anlässlich der Hauptversammlung seiner Firma im Jahr 2018 in Omaha im US-Bundesstaat Nebraska hielt. Zusammen mit seinem Partner Charlie Munger sprach er dort ausführlich über die seiner Meinung nach unlogischen Bilanzierungsregeln, die heute den Unternehmen aufgezwungen werden und die dazu führen, dass es selbst Profis immer schwerer fällt, einen genauen Einblick in die beziehungsweise den Durchblick über die Qualität der Unternehmen zu erhalten. Nun sollten wir aber deshalb nicht den Kopf in den Sand stecken und alles den Profis überlassen. Ich persönlich versuche bei meinen Investments in Aktien immer ein paar Fragen zu beantworten. Die Antworten auf diese Fragen sollen mir helfen, das Risiko eines Geschäfts abzuschätzen und damit auch das Risiko in Bezug auf zukünftig ausbleibende Gewinne der Gesellschaft zu kalkulieren. Natürlich hat niemand eine Glaskugel und kann voraussagen, wie sich die Geschäfte eines Unternehmens in Zukunft entwickeln werden. Wir leben in Zeiten, in denen innerhalb kürzester Zeit neue Unternehmen aus dem Nichts entstehen und zu Riesen werden und gleichzeitig Geschäftsmodelle, die jahrzehntelang Bestand hatten, verschwinden. Ein paar der größten Firmen, die es heute auf der Welt gibt, waren vor 20 Jahren noch nicht einmal gegründet oder standen noch ganz am Anfang. Facebook, Google, Amazon, Alibaba, Uber und Airbnb sind Beispiele für solche Gesellschaften. Andere Unternehmen wie etwa Yahoo!, Ebay, AOL, Saab (ehemals größter schwedischer Automobilhersteller), Nokia oder Schlecker sind Beispiele für Firmen, die – egal ob börsennotiert oder nicht – einst ganz oben standen und heute entweder ganz verschwunden oder nur noch ein Schatten ihrer Glanzzeiten sind. Und vielleicht wirst auch du die Aktien eines Unternehmens kaufen, bei dem sich in fünf, zehn oder

20 Jahren herausstellt, dass es keine Chance auf ein Überleben gibt. Aber das macht nichts. Ich gehe davon aus, dass ich dir nicht erklären muss, dass du nicht dein ganzes Geld in ein einzelnes Unternehmen stecken darfst, sondern dass du, wie bereits besprochen, dein Kapital auf mehrere Aktiengesellschaften aufteilen solltest. Und selbst wenn dir auch das noch zu riskant ist, kannst du das DuO-Prinzip mithilfe von ETFs und Optionen auf diese ETFs umsetzen. Meine Kritikpunkte an ETFs habe ich dir ja bereits weiter vorne im Buch erläutert. Wenn du dich aber mit einem ETF wohler fühlst, dann kannst du dies natürlich gern tun. Du fragst dich jetzt vielleicht, welche Fragen du dir stellen solltest, um das Risiko abschätzen zu können. Daher folgen hier nun einige Fragen, die ich mir stelle, wenn ich auf ein Unternehmen aufmerksam werde.

Verstehe ich das Geschäftsmodell?

Diese Frage halte ich für extrem wichtig, da ich persönlich in keine Firma investieren möchte, deren Geschäftsmodell ich nicht ansatzweise verstehe. Hier ein kleines Beispiel dazu: Ich verstehe das Geschäftsmodell von Coca-Cola. Coca-Cola produziert seit über 100 Jahren Softdrinks, die es weltweit und nahezu überall zu kaufen gibt. Ich weiß, dass die Firma riesige Beträge in Werbung investiert, damit die Verbraucher die Produkte der Firma ständig und überall zu Gesicht bekommen und sie daher nahezu automatisch kaufen. Neben den bekannten Softdrinks wie etwa Coca-Cola, Fanta oder Sprite gibt es weltweit jede Menge zusätzliche Produkte, die aus dem Hause Coca-Cola stammen, von denen aber die meisten gar nicht wissen, dass sie dazugehören. Hier eine kleine Auswahl aus Deutschland: Apollinaris-Mineralwasser, Powerade, Fuze Icetea, Kinley Bitter Lemon, Chaqwa-Kaffeeautomaten (oft in Freizeitparks) und viele mehr. In den letzten Jahren hat Coca-Cola sehr stark in Märkte wie Kaffee, Mineralwasser, Säfte und Energydrinks investiert. Die Firma hatte in den letzten Jahren mit dem aufkommenden Gesundheitstrend (weg vom Zucker) zu kämpfen und hat daraufhin eine Reihe von neuen Produkten lanciert, die das neue Gesundheitsbewusstsein der

Menschen bedienen. Außerdem ist die Firma bereit (und verfügt auch über die entsprechenden finanziellen Mittel), neue oder kleinere Konkurrenzunternehmen zu übernehmen oder aus dem Markt zu drängen.

Nehmen wir als Gegenbeispiel eine x-beliebige Biotechnologiefirma. Kann ich das Geschäftsmodell dieser Firma wirklich verstehen? Wäre ich Biologe oder hätte ich Medizin oder Chemie studiert, dann wäre es mir vielleicht möglich, das Geschäftsmodell einer solchen Firma zu verstehen. Mit den mir zur Verfügung stehenden Ressourcen kann ich das aber nicht. Daher würde ich mein Geld tendenziell eher in eine Firma wie Coca-Cola investieren als in eine Biotechnologiefirma. Das hat nichts damit zu tun, ob die eine Firma besser ist als die andere, sondern damit, dass ich die Dinge, die sich in der Welt tun, und deren Auswirkungen auf die Geschäftsmodelle beider Firmen viel eher für Coca-Cola als für die Biotechnologiefirma interpretieren kann. Viele berühmte Investoren sagen unisono, dass man sein Geld immer nur dort investieren sollte, wo ein gewisses Verständnis vorliegt. Durch die simple Frage, ob ich das Geschäftsmodell verstehe, kann ich somit sehr viele Firmen aussortieren. Natürlich wird es auch dazu führen, dass es hin und wieder eine Firma gibt, die ich vielleicht nicht verstehe und die sich im Nachgang als exzellente Investitionsmöglichkeit herausstellt. Dies ist bedauerlich, aber nicht zu ändern. Viel häufiger werde ich aber meine Finger von Investments lassen, die ich nicht verstehe und die sich genau deshalb für mich persönlich schlecht entwickelt hätten. Nehmen wir beispielsweise an, der Aktienkurs einer Firma entwickelt sich schlecht und sogar die Dividende wird reduziert. Dies kann eine hervorragende langfristige Gelegenheit sein, günstig in die Akte zu investieren, genauso kann es aber auch sein, dass dies der Vorbote einer baldigen Insolvenz ist. Ich habe zwar keine hundertprozentige Garantie, aber wenn ich das Geschäftsmodell zumindest in groben Zügen verstehe, fällt es mir leichter, eine Entscheidung zu treffen. Verstehe ich das Geschäftsmodell der Firma überhaupt nicht, kann ich auch nicht abschätzen und für mich rational begründen, ob ich meine Anteile an dieser Firma behalten soll oder nicht. Mein Tipp ist daher, dass du dir bei allen Aktien, die du entweder schon besitzt oder aber (ob nun direkt oder über den Verkauf von Put-Optionen) erwerben möchtest, die Frage nach dem Geschäftsmodell stellst. Kannst du diese Frage nicht ohne große Recherchen beantworten, dann lass lieber die Finger von dieser Aktie.

Wird es die Firma in zehn Jahren noch geben?

Zugegeben, mit dieser Frage bemühen wir ein wenig die Kristallkugel und versuchen in die Zukunft zu schauen. Es gibt natürlich sehr viele Dinge, die innerhalb von zehn Jahren passieren können, und eine Firma, die heute noch gut dabei ist und am Börsenhimmel steht, kann in wenigen Jahren in totaler Bedeutungslosigkeit verschwunden sein. Wenn du dazu einige Beispiele brauchst, dann suche doch im Internet nach der Geschichte von Firmen wie Enron oder Worldcom – lehrreiche Warnungen.

Grafik 36

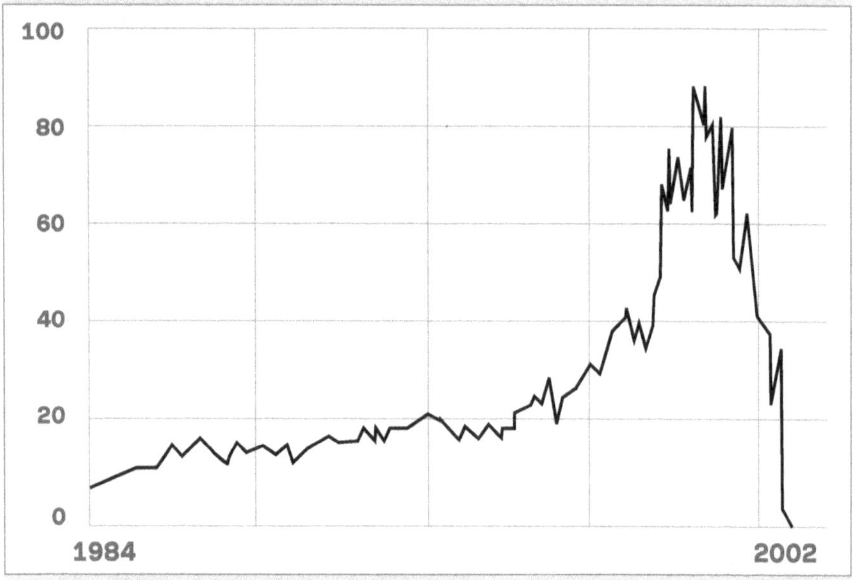

Historischer Chart der Enron-Aktie

Quelle: TradeNavigator, © GenesisFT, www.duo-strategie.com

Grafik 37

Historischer Chart der Worldcom-Aktie

Quelle: TradeNavigator, © GenesisFT, www.duo-strategie.com

Aber auch hier sollten wir einfach unserem gesunden Menschenverstand vertrauen. Zwei einfache Beispiele dazu: Vergleichen wir eine Firma wie McDonald's mit Bayer. McDonald's betreibt aktuell weltweit circa 41.000 Filialen, in denen fast 490.000 Mitarbeiter arbeiten. Pro Sekunde betreten statistisch betrachtet 750 Menschen eine Filiale von McDonald's. Im August 2019 gibt es auf der Welt lediglich zwei Länder, nämlich Kuba und Nordkorea, in denen es keine McDonald's-Niederlassungen gibt. Völlig unabhängig davon, ob die Menschen in zehn Jahren immer noch Hamburger, Pommes Frites oder Cola konsumieren werden, ist die Wahrscheinlichkeit sehr hoch, dass McDonald's auch weiterhin Jahr für Jahr Millionen Kundinnen und Kunden in seinen Restaurants bedienen wird. Daher gehe ich fest davon aus, dass es McDonald's auch noch im Jahr 2029 geben wird.

Stellen wir die gleichen Überlegungen für das deutsche Unternehmen Bayer an. Bayer wurde bereits im Jahr 1863 gegründet und ist in den Bereichen Arzneimittel und Pflanzenschutzmittel tätig. Weltweit beschäftigt die Firma aus Leverkusen fast 117.000 Mitarbeiter. Der Umsatz betrug 2018 fast 40 Milliarden Euro. Eigentlich doch ein solides Unternehmen, möchte man meinen. Allerdings kaufte die Firma 2018 das US-amerikanische Unternehmen Monsanto. Da Monsanto unter anderem auch das Pflanzenschutzmittel Glyphosat herstellt, das im Verdacht steht, krebserregend zu sein, wird der neue Besitzer Bayer mittlerweile mit Tausenden von Klagen überzogen, die sich auf mehrere Milliarden US-Dollar mögliche Forderungen aufsummieren. Inzwischen sind mehrere aktivistische Investoren bei Bayer eingestiegen und es kann gut sein, dass es die Firma in der Form, wie sie heute dasteht, in zehn Jahren nicht mehr gibt. Ich gehe per Stand August 2019 zwar nicht davon aus, dass die Firma Insolvenz anmelden muss, aber ich kann überhaupt nicht einschätzen, welche Folgen eine mögliche Aufspaltung oder Zerschlagung in einzelne Geschäftsteile für mich als Aktionär hätte. Daher meide ich die Aktie in meinen langfristigen Depots. Dasselbe gilt übrigens auch für Firmen wie etwa die Deutsche Bank oder die Commerzbank. Da ich nicht einschätzen kann, ob es diese Firmen in zehn Jahren überhaupt noch gibt, konzentriere ich mich bei meinen Investitionen eher auf Aktiengesellschaften, bei denen ich eine größere Chance sehe, dass es sie in zehn Jahren noch geben wird. Meine Einschätzung muss übrigens überhaupt nicht richtig sein, es geht lediglich darum, dass ich mich mit meinen Investments wohlfühle und Vertrauen in sie habe. Denn ich weiß, dass es Zeiten geben wird, in denen die Kurse der von mir gehaltenen Aktien nachgeben werden, und dann möchte ich mich nicht mit dem Gedanken herumschlagen müssen, ob ich vielleicht einen Pleitekandidaten in meinem Depot habe.

Nutze ich die Produkte der Firma?

Diese Frage mag dir vielleicht ein wenig sonderbar vorkommen, ich glaube aber, dass man besser mit Investments fährt, zu denen man ein persönliches Vertrauensverhältnis hat. Viele Dinge in unserem persönlichen Umfeld werden von Firmen hergestellt, die börsennotiert sind. Dies haben wir bereits bei der Erstellung der Liste potenzieller Aktien festgestellt. Daher macht es für mich natürlich auch Sinn, mich auf Firmen zu konzentrieren, deren Produkte ich nutze, da ich somit selbst am besten abschätzen kann, ob die Produkte gut sind oder eben im Zweifelsfall auch nicht. Die meisten von uns unterscheiden sich in ihren Konsumgewohnheiten kaum von der breiten Masse. Wir kaufen in den gleichen Läden, wir essen die gleichen Dinge, wir tragen die gleiche Kleidung, wir fahren die gleichen Autos, wir schauen die gleichen Filme und Serien, wir nutzen die gleichen Apps, wir spielen die gleichen Computerspiele und so weiter und so fort. Natürlich ist nicht alles exakt gleich, aber doch in großem Maße stark vergleichbar. Und daher kann ich auch selbst sehr gut abschätzen, ob ein Produkt, das ich tagtäglich nutze, mich so sehr begeistert oder mir solche Vorteile bringt, dass ich bereit bin, Geld dafür auszugeben. Auch dazu ein simples und einfaches Beispiel: Ich schreibe dieses Buch auf einem Laptop von Hewlett-Packard. Als Schreibprogramm nutze ich Word von Microsoft. Für Recherchen zu diesem Buch schicke ich meinen Mitarbeitern sehr häufig Sprachnachrichten über WhatsApp, das auf meinem iPhone installiert ist. Das heißt, ich habe hier vier Firmen, deren Produkte ich intensiv nutze: Hewlett-Packard, Microsoft, Facebook (WhatsApp gehört zu Facebook) und Apple. Wenn ich mir diese vier Firmen anschaue, dann spielt es für mich keine große Rolle, wer der Hersteller meines Laptops ist, und daher fällt Hewlett-Packard aus meiner potenziellen Kaufliste heraus. Facebook ist ein hochgradig interessantes Unternehmen, zahlt aber aktuell (Stand August 2019) noch keine Dividenden, sodass die Aktie für mich als Dividendeninvestor ebenfalls uninteressant ist. Bleiben also Microsoft und Apple übrig. Auf Produkte beider Anbieter möchte ich ungern verzichten und ich bin auch bereit, neue und weitere Produkte dieser Anbieter zu kaufen. Daher glaube ich, dass es neben mir noch Millionen andere Anwender gibt, die ähnlich denken wie ich. Somit habe ich hier zwei potenzielle Kaufkandidaten, bei denen ich mir jetzt weitere Gedanken machen kann. Ich kann mir nun die beiden obigen Fragen nach dem Geschäftsmodell und der zehnjährigen Überlebenschance stellen. Kann ich beide Fragen positiv beantworten, liegt es nahe, mich intensiver mit beiden Aktien zu beschäftigen.

Es gibt natürlich noch viele weitere Dinge, die ich hinterfrage und mir anschaue und die mir bei der Erstellung meiner potenziellen Kaufliste helfen. Das oben Beschriebene soll dir daher lediglich helfen, einen Einstieg in das Thema zu finden. Je nachdem, wie intensiv du dich mit diesem Thema auseinandersetzen möchtest, kannst du natürlich noch deutlich tiefer ins Detail gehen und weitere umfangreiche Recherchen anstellen.

Letztendlich geht es darum, dass du dir eine Liste mit Unternehmen erstellst, an denen du gerne beteiligt wärst, und deren Aktien du dir dann entweder direkt oder über den Verkauf von Put-Optionen ins Depot holst. Den einen oder anderen mag die Schlichtheit dieses Ansatzes vielleicht enttäuschen. Ich weiß aber, sowohl aus meiner persönlichen Erfahrung als auch aus der Zusammenarbeit mit vielen Tausenden Investoren in den letzten 20 Jahren, dass es genau solche simplen Ansätze sind, die langfristig für 99 Prozent der börsenbegeisterten Menschen funktionieren. Langfristiger, erfolgreicher Börsenhandel ist keine Raketenwissenschaft, auch wenn uns die Finanzindustrie dies immer wieder weismachen will. Aber wozu benötigt man ein hochkompliziertes und für die meisten von uns nicht umsetzbares Regelwerk, wenn es doch selbst den Profis nicht gelingt, dieses mit einer Outperformance gegenüber dem Markt umzusetzen?

Es gibt einen Spruch, der da lautet: Gewinnen beginnt im Kopf. Daher ist es viel wichtiger, mit der richtigen Einstellung (neudeutsch „Mindset“) an die Umsetzung der Strategie zu gehen, als die Strategie selbst zu verkomplizieren. Wir beschäftigen uns im nächsten Kapitel deswegen vorrangig mit dem Thema Einstellung.

KAPITEL

11

Das Wichtigste, was Anfänger nicht hören wollen

Dieser ganze Mindset-Kram

Fragt man erfolgreiche Unternehmer, Sportler, Künstler oder auch Investoren, was der Hauptschlüssel zu ihrem Erfolg ist, dann erhält man sehr oft Antworten, die allesamt in die gleiche Richtung tendieren. Es ist nämlich nicht das angeborene Talent, das manche Menschen zu Überfliegern macht, sondern es sind vor allem der Fleiß und die Ausdauer, mit denen erfolgreiche Menschen ihre Ziele verfolgen. Von dem kanadischen Schriftsteller Malcolm Gladwell stammt die Idee, dass Menschen dann erfolgreich werden, wenn sie in eine Sache mindestens 10.000 Stunden investieren. In einem seiner Bücher beschreibt er dies anhand verschiedener Beispiele. So führt er unter anderem an, dass die Beatles jahrelang in kleinen Clubs in Hamburg und Liverpool auftraten und dort nächtelang durchspielten, bevor sie ihren weltweiten Durchbruch hatten. Oder aber das Beispiel von Microsoft-Gründer Bill Gates: Als Schüler verbrachte er die Nächte mit Programmieren, bevor er sein Unternehmen gründete und zum reichsten Mann der Welt wurde. Ob die Idee mit den 10.000 Stunden tatsächlich zutrifft oder vielleicht auch 5.000 Stunden ausreichen oder eventuell 15.000 Stunden notwendig sind, spielt an sich keine Rolle. Fakt ist, dass erfolgreiche Menschen in der Regel immer deutlich fleißiger und ausdauernder als diejenigen sind, die ihnen später den Erfolg neiden.

Ein weiterer wichtiger Punkt, der für die Erreichung von Erfolg notwendig ist, ist die richtige Einstellung oder (wie es neudeutsch genannt wird) das Mindset. Dies ist kein Buch darüber, wie du zur richtigen Einstellung kommst und was du tun kannst, um deinen Erfolg mithilfe der richtigen Gedanken und Emotionen zu fördern. Mir geht es lediglich darum, aufzuzeigen, dass sehr viele Investoren zwar grundsätzlich eine gute Strategie haben, dieser dann aber nicht treu bleiben, wenn es mal schwieriger wird. Zur Erläuterung will ich ein kleines Beispiel anführen. Angenommen, du würdest heute gefragt werden, ob du rückwirkend (also vor 20, 30, 40 oder gar 50 Jahren) in das Unternehmen von Warren Buffett investieren würdest. Hier eine kleine Entscheidungsgrundlage: Wer im Jahr 1980 für 10.000 Dollar Aktien der Investment-Holding von Warren Buffett (Berkshire Hathaway) gekauft hat, der verfügt heute über ein Vermögen von circa elf Millionen Dollar. Hättest du also gern rückwirkend in diese Aktie investiert? Wahrscheinlich werden jetzt die allermeisten Leser diese Frage mit Ja beantworten und sollte die gute Fee kommen und mich fragen, würde ich natürlich auch sofort Ja sagen. Allerdings bin ich überzeugt, dass ein Großteil derjenigen, die jetzt davon ausgehen, dass sie damals dieses Geld investiert hätten (falls sie die Möglichkeit gehabt hätten), es nicht geschafft hätten, ihre Aktien bis heute zu halten. Und der Grund dafür liegt darin, dass eben auch die Wertentwicklung der Aktie von Berkshire Hathaway nicht linear nach oben lief, sondern teilweise heftigen Schwankungen unterlag. Die Aktie wurde erstmals im Jahr 1965 an der Börse gelistet. Nachfolgend findest du die Wertentwicklung in jedem einzelnen Jahr von 1965 bis 2018.

Grafik 38

Berkshire-Hathaway-Performance vs. S&P-500-Performance

Jahr	Buchwert je Berkshire-Aktie	Marktwert je Berkshire-Aktie
1965	23,8	49,5
1966	20,3	-3,4
1967	11,0	13,3
1968	19,0	77,8
1969	16,2	19,4
1970	12,0	-4,6
1971	16,4	80,5
1972	21,7	8,1
1973	4,7	-2,5
1974	5,5	-48,7
1975	21,9	2,5
1976	59,3	129,3
1977	31,9	46,8
1978	24,0	14,5
1979	35,7	102,5
1980	19,3	32,8
1981	31,4	31,8
1982	40,0	38,4
1983	32,3	69,0
1984	13,6	-2,7
1985	48,2	93,7
1986	26,1	14,2
1987	19,5	4,6

Jahr	Buchwert je Berkshire-Aktie	Marktwert je Berkshire-Aktie
1988	20,1	59,3
1989	44,4	84,6
1990	7,4	-23,1
1991	39,6	35,6
1992	20,3	29,8
1993	14,3	38,9
1994	13,9	25,0
1995	43,1	57,4
1996	31,8	6,2
1997	34,1	34,9
1998	48,3	52,2
1999	0,5	-19,9
2000	6,5	26,6
2001	-6,2	6,5
2002	10,0	-3,8
2003	21,0	15,8
2004	10,5	4,3
2005	6,4	0,8
2006	18,4	24,1
2007	11,0	28,7
2008	-9,6	-31,8
2009	19,8	2,7
2010	13,0	21,4
2011	4,6	-4,7
2012	14,4	16,8
2013	18,2	32,7
2014	8,3	27,0
2015	6,4	-12,5
2016	10,7	23,4
2017	23,0	21,9
2018	0,4	2,8
durchschn. jährl. Wachstum 1965-2018	**18,7 %**	**20,5 %**
Gesamtperformance 1965-2018	**1.091.899 %**	**2.472.627 %**

Wertentwicklung der Berkshire-Hathaway-Aktie

Mister Market lässt wieder einmal grüßen. Schauen wir uns einige Jahre im Detail an.

1973 verlor die Aktie 2,5 Prozent. Im darauffolgenden Jahr verlor die Aktie erneut, diesmal sogar 48,7 Prozent. Das heißt, ein Investor, der zu Beginn des Jahres 1973 eingestiegen war, musste einen Wertverlust von über 50 Prozent seines Kapitals verbuchen. Und da die Gesellschaft bis heute keine Dividenden auszahlt, gab es auch keine Kompensation in Form eines jährlichen Rückflusses. Was glaubst du, wie viele Aktionäre hätten ihre Aktien mit der Erwartungshaltung gehalten, es würde schon alles wieder gut werden? Oder schauen wir auf das Jahr 1998. Die Aktie stieg um 52,2 Prozent. Was für eine herausragende Performance! Anleger neigen sehr häufig dazu, genau dann in den Aktienmarkt einzusteigen, wenn er schon sehr gut gelaufen ist. Allerdings wäre ein Aktionär, der motiviert von dem Ergebnis von 1998 zu Beginn des neuen Jahres in die Aktie eingestiegen wäre, wohl ziemlich enttäuscht gewesen, wenn er am Ende des Jahres 1999 fast ein Fünftel seines investierten Kapitals verloren hätte, da die Aktie in diesem Jahr 19,9 Prozent an Wert verlor. Das gleiche Spiel wiederholte sich dann noch einmal 2007/2008 mit einem Gewinn von 28,7 Prozent im Jahr 2007 und einem Verlust von 31,8 Prozent im folgenden Jahr. In 53 Jahren gelang es Warren Buffett, eine durchschnittliche jährliche Wertentwicklung von 20,5 Prozent pro Jahr zu erzielen. Im selben Zeitraum stieg der S&P 500 Index nur um 9,7 Prozent pro Jahr an. Um den Unterschied in Zahlen darzustellen: Wer sein Kapital 53 Jahre lang mit 20,5 Prozent pro Jahr wachsen lassen kann, der kann bei einer Anlage von 10.000 Euro am Ende die unglaubliche Summe von 196 Millionen Euro sein Eigen nennen. Die gleiche Summe 53 Jahre lang mit 9,7 Prozent pro Jahr angelegt ergibt ein Sümmchen von gerade einmal 1,3 Millionen Euro. Wir reden hier also über einen Unterschied von rund 195 Millionen Euro.

Grafik 39

Berkshire-Hathaway-Performance vs. S&P-500-Performance

Jahr	Buchwert je Berkshire-Aktie	Marktwert je Berkshire-Aktie	S&P 500 einschließlich Dividenden
1965	23,80	49,50	10,00
1966	20,30	-3,40	-11,70
1967	11,00	13,30	30,90
1968	19,00	77,80	11,00
1969	16,20	19,40	-8,40
1970	12,00	-4,60	3,90
1971	16,40	80,50	14,60
1972	21,70	8,10	18,90
1973	4,70	-2,50	-14,80
1974	5,50	-48,70	-26,40
1975	21,90	2,50	37,20
1976	59,30	129,30	23,60
1977	31,90	46,80	-7,40
1978	24,00	14,50	6,40
1979	35,70	102,50	18,20
1980	19,30	32,80	32,30
1981	31,40	31,80	-5,00
1982	40,00	38,40	21,40
1983	32,30	69,00	22,40
1984	13,60	-2,70	6,10
1985	48,20	93,70	31,60
1986	26,10	14,20	18,60
1987	19,50	4,60	5,10
1988	20,10	59,30	16,60
1989	44,40	84,60	31,70
1990	7,40	-23,10	-3,10
1991	39,60	35,60	30,50
1992	20,30	29,80	7,60
1993	14,30	38,90	10,10

Jahr	Buchwert je Berkshire-Aktie	Marktwert je Berkshire-Aktie	S&P 500 einschließlich Dividenden
1994	13,90	25,00	1,30
1995	43,10	57,40	37,60
1996	31,80	6,20	23,00
1997	34,10	34,90	33,40
1998	48,30	52,20	28,60
1999	0,50	-19,90	21,00
2000	6,50	26,60	-9,10
2001	-6,20	6,50	-11,90
2002	10,00	-3,80	-22,10
2003	21,00	15,80	28,70
2004	10,50	4,30	10,90
2005	6,40	0,80	4,90
2006	18,40	24,10	15,80
2007	11,00	28,70	5,50
2008	-9,60	-31,80	-37,00
2009	19,80	2,70	26,50
2010	13,00	21,40	15,10
2011	4,60	-4,70	2,10
2012	14,40	16,80	16,00
2013	18,20	32,70	32,40
2014	8,30	27,00	13,70
2015	6,40	-12,50	1,40
2016	10,70	23,40	12,00
2017	23,00	21,90	21,80
2018	0,40	2,80	-4,40
durchschn. jährliches Wachstum 1965-2018	**18,7 %**	**20,5 %**	**9,7 %**
Gesamtperf. 1965-2018	**1.091.899 %**	**2.472.627 %**	**15.019 %**

Wertentwicklung der Berkshire-Hathaway-Aktie im Vergleich zur Performance des S&P 500

Natürlich kann man die Leistung von Warren Buffett über einen solch langen Zeitraum nur bewundern und gar nicht hoch genug schätzen. Hört man ihm aber persönlich zu und liest die Dinge, die er beispielsweise in seinem jährlichen Aktionärsbrief veröffentlicht, dann stellt man fest, dass er neben seinem genialen Verständnis von Unternehmen vor allem eine herausragende Einstellung zum Leben selbst hat. Immer wieder betont er die positiven Aussichten, die die Welt hat, und wie wir alle davon profitieren werden. Und genau darin könnte einer der Schlüssel zu seinem langjährigen Erfolg liegen. Was, wenn die Kurse an den Börsen einmal fallen? Die meisten Aktionäre verstehen nicht, warum die Kurse fallen, und wenden sich dann Hilfe suchend an die Finanzmedien. Was aber finden sie dort? Nicht etwa die Einordnung des aktuellen Geschehens in den historischen Kontext, sondern Weltuntergangsszenarien und Horrorvisionen. Immer ist irgendein Crash-Guru zur Hand, der erklärt, warum die Welt ausgerechnet jetzt untergeht. Und sollten die Kurse noch etwas tiefer fallen, kommen auch schnell noch ein paar Politiker angelaufen, die den bösen Spekulanten die Schuld am ganzen Desaster geben. Dabei wäre es doch so einfach, sich klarzumachen, was passiert, wenn Aktienkurse fallen. Die Börsenlegende André Kostolany hat die Börse und die Wirtschaft einmal mit einem Herrchen und seinem Hund verglichen. Die Wirtschaft ist das Herrchen und die Börse ist der Hund. Manchmal läuft der Hund dem Herrchen voraus, dann kommt er wieder zurück und läuft seinem Herrchen manchmal auch hinterher. Grundsätzlich laufen allerdings beide gleich. Und da ist es doch nur normal, dass Aktienkurse, wenn sie lange gut gelaufen sind und sich schneller und besser entwickelt haben als das Wachstum der Wirtschaft, ab und zu etwas zurückkommen müssen, damit dieses Verhältnis wieder in die richtigen Bahnen gelenkt wird. Dies hat nichts mit Weltuntergang zu tun, sondern mit einem ganz normalen Ablauf, der seit Jahrhunderten so funktioniert. An sich sind das vollkommen einfache Zusammenhänge, aber dennoch sind sie den meisten Menschen nicht bekannt und schon gar nicht verständlich. Wie soll ich aber langfristig an der

Börse erfolgreich sein, wenn mich jeder kleine Kursrücksetzer und der alle paar Jahre auftretende größere Kursrücksetzer in Angst und Schrecken versetzen?

Was wir oben am Beispiel der Berkshire-Hathaway-Aktie gezeigt haben, ist auch bei anderen Aktien zu beobachten. Egal, ob Microsoft, Apple, Google, McDonald's, Coca-Cola, Amazon und viele andere: Alle haben in den letzten Jahren oder Jahrzehnten gigantische Wertzuwächse erzielt. Die meisten Anleger haben jedoch von diesen Wertzuwächsen nichts gehabt, weil sie die Aktien immer viel zu früh und dazu auch noch zum falschen Zeitpunkt verkauft haben.

Grafik 40

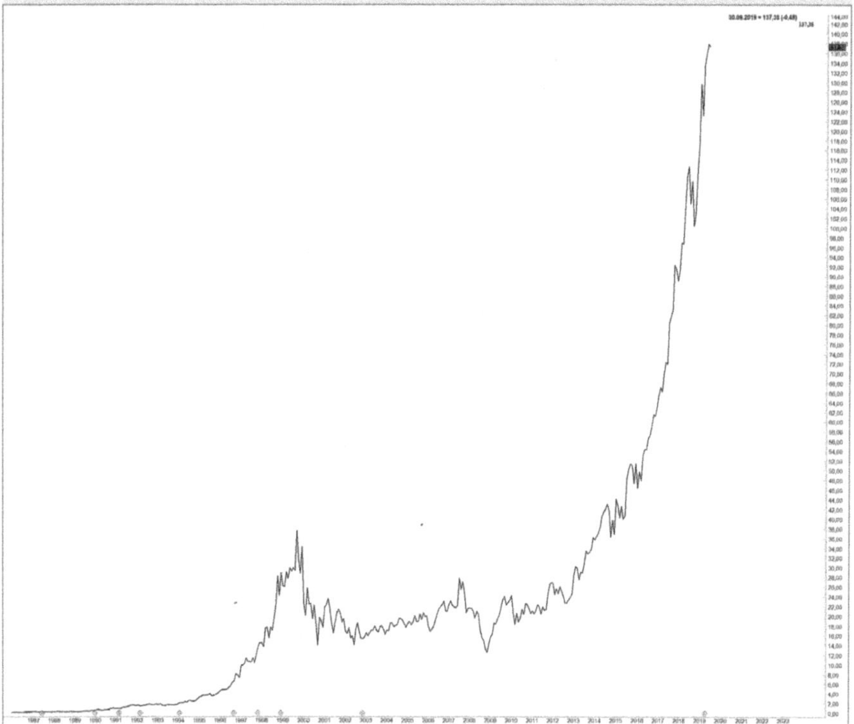

Historischer Chart der Microsoft-Aktie

Quelle: TradeNavigator, © GenesisFT, www.duo-strategie.com

Grafik 41

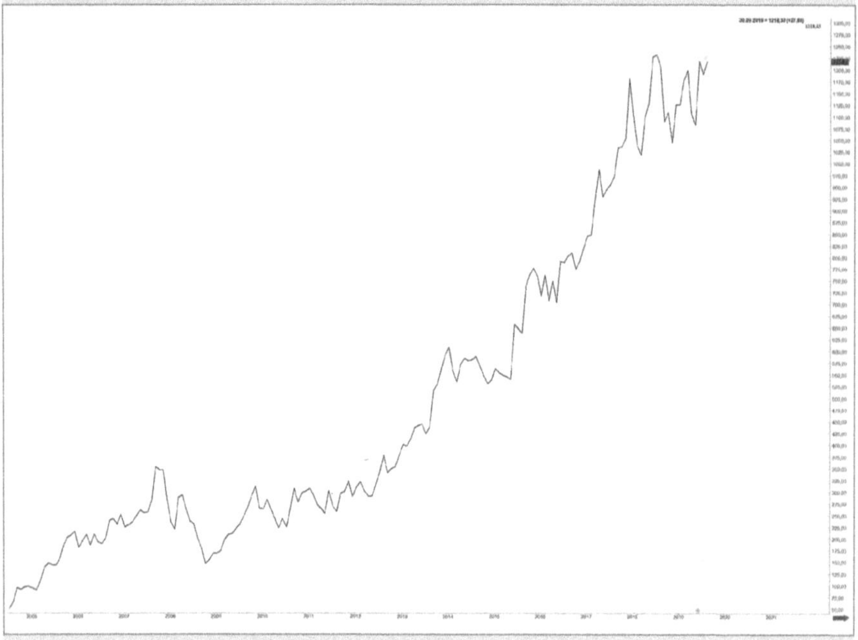

Historischer Chart der Apple-Aktie

Quelle: TradeNavigator, © GenesisFT, www.duo-strategie.com

Daher wird auch der Traum vieler ETF-Anleger platzen, die glauben, mit einem passiven Investment besser zu fahren als mit der einzelnen Aktie. Das Problem ist aber, wie schon beschrieben, nicht das passive Investment an sich, sondern der aktive Investor, der immer dann eingreift, wenn er stattdessen lieber passiv bleiben sollte. Daher ist es aus meiner Sicht unumgänglich, dass du dich eingehend mit deiner Einstellung zum Thema Geld und Finanzen beschäftigst. Die meisten Anleger sind ständig auf der Suche nach neuen und besseren Strategien. Jeder versucht, die nächste Apple oder Microsoft zu finden. Dabei ist dies überhaupt nicht die Lösung des Problems. Denn finanziell wohlhabend kannst du mithilfe der Börse auch werden, ohne die jeweils beste Aktie im Depot gehabt zu haben. Viel wich-

Grafik 42

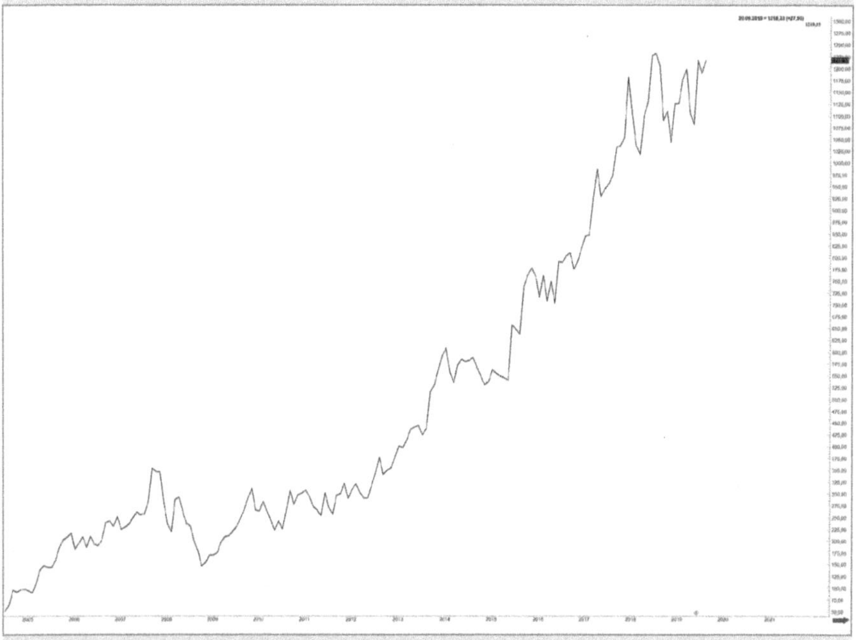

Historischer Chart der Google-Aktie

Quelle: TradeNavigator, © GenesisFT, www.duo-strategie.com

tiger ist es, dauerhaft und langfristig investiert zu sein und immer dann, wenn die Masse der Anleger aus den Märkten flieht, herzhaft zuzugreifen. Dies nehmen sich zwar viele Anleger immer wieder vor, aber meist nur, solange der tatsächliche Rücksetzer oder Crash nicht eintritt. Sobald die Kurse auch nur ein wenig schwanken, geraten die Anleger in Panik, werfen ihre guten Vorsätze über den Haufen und verlassen fluchtartig das Spielfeld. Dauerhafter Erfolg ist somit unmöglich.

Ist dies bei der hier vorgestellten Strategie anders? Grundsätzlich nicht, es gibt aber etwas, mit dessen Hilfe du es schaffen kannst, am Markt engagiert zu bleiben.

Grafik 43

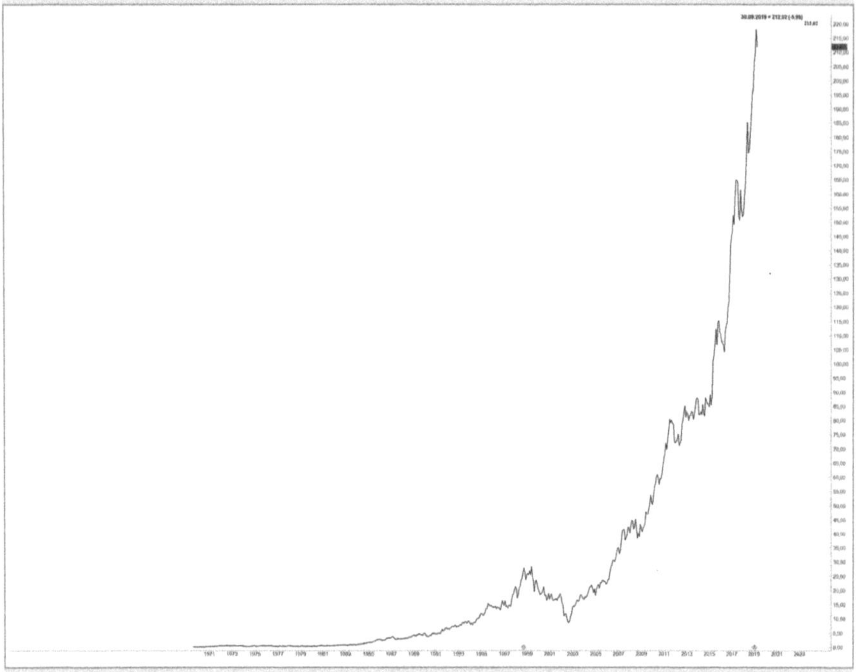

Historischer Chart der McDonald's-Aktie

Quelle: TradeNavigator, © GenesisFT, www.duo-strategie.com

Konzentriere dich auf das Wesentliche

Wenn du, vielleicht auch motiviert durch dieses Buch, beginnst, ein Portfolio zusammenzustellen, die ersten Put-Optionen verkaufst und die ersten Aktien kaufst, dann wird es für deinen Erfolg von entscheidender Bedeutung sein, ob du dir die richtigen Fragen stellst. Die meisten Aktionäre betrachten ihr Depot permanent aus dem Blickwinkel der Wertentwicklung. Sind die Aktien gestiegen, sind sie gefallen, Fragen dieser Art. Und mit der Technologie der letzten Jahre ist es uns möglich, den monetären Wert unseres Portfolios ständig und überall in Echtzeit abzufragen. Du solltest allerdings dein Depot aus

Grafik 44

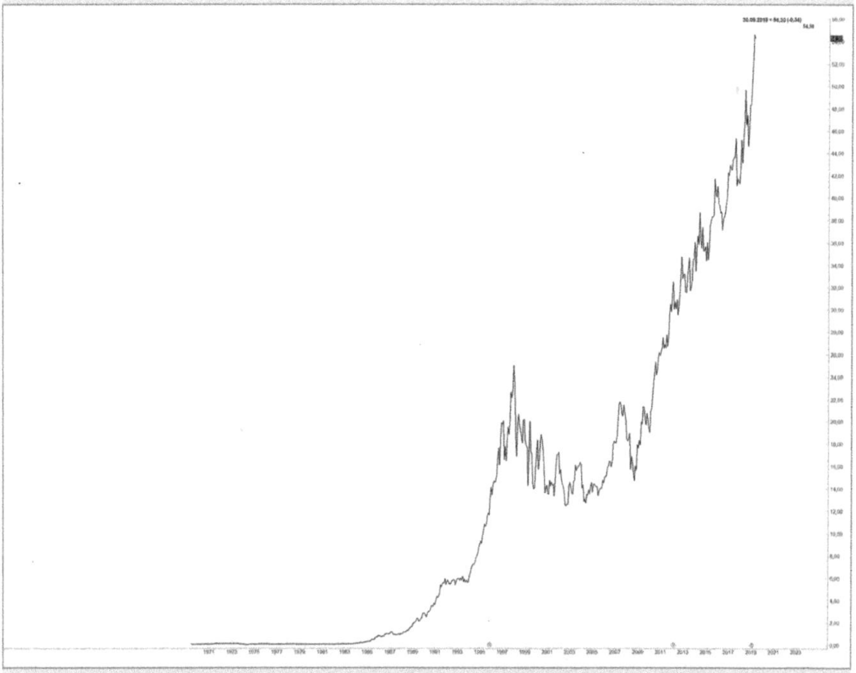

Historischer Chart der Coca-Cola-Aktie

Quelle: TradeNavigator, © GenesisFT, www.duo-strategie.com

einem vollkommen anderen Blickwinkel betrachten – nämlich unter dem Gesichtspunkt, wie viel Einkommen dir dein Depot verglichen mit einem vorherigen Zeitraum eingebracht hat. Ich will dir das an einem kleinen Beispiel illustrieren. Stell dir vor, du hast 50.000 Euro mithilfe von Optionsverkäufen und direkten Investments in verschiedene Dividendenaktien investiert. Angenommen, diese Aktien bringen dir eine aktuelle Dividendenrendite von drei Prozent pro Jahr, also bezogen auf die Gesamtsumme 1.500 Euro. Zusätzlich verkaufst du hin und wieder auch noch ein paar Optionen, die dir ebenfalls drei Prozent pro Jahr einbringen. Du hast also weitere 1.500 Euro an Einkommen erzielt. Unter dem Strich liegt dein Einkommen aus deinem

Grafik 45

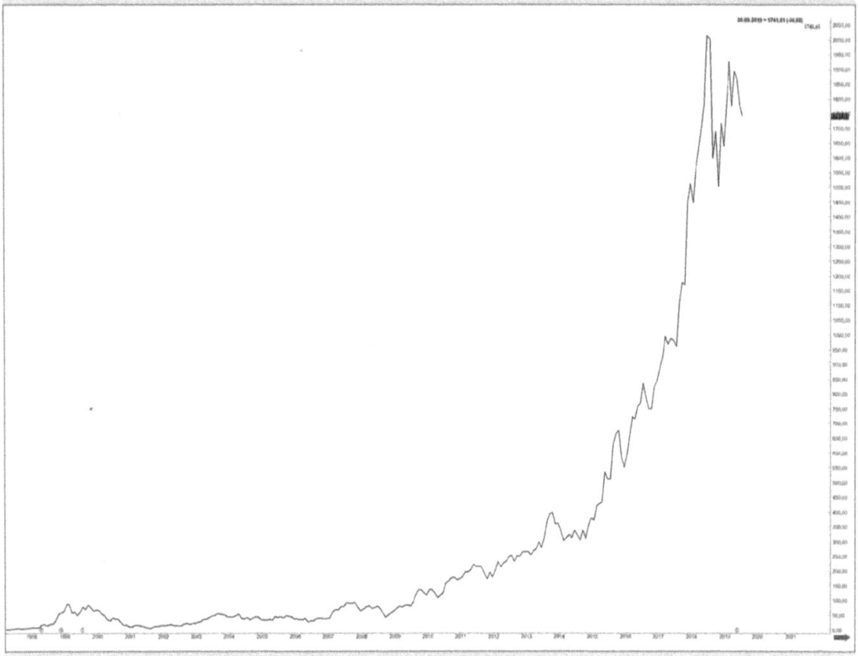

Historischer Chart der Amazon-Aktie

Quelle: TradeNavigator, © GenesisFT, www.duo-strategie.com

Depot damit bei 3.000 Euro. Ein Jahr später sind die Börsen um 20 Prozent gefallen und der Wert deines Depots ebenso. Wenn du also jetzt auf deinen Kontoauszug schaust, siehst du einen Wert von 40.000 Euro dort stehen. Aus Vereinfachungsgründen lassen wir an dieser Stelle sämtliche Aspekte wie Steuern, zusätzliche Einzahlungen und so weiter unberücksichtigt. Der typische Anleger, also derjenige, der zu den 95 Prozent der Verlierer gehört, sieht nun einen Verlust von 10.000 Euro – und 10.000 Euro Verlust sind eben nun einmal kein Beweis für eine erfolgreiche Strategie, auch wenn es sich lediglich um eine Momentaufnahme handelt. Wie solltest du dein Depot stattdessen betrachten? Innerhalb eines Jahres sollten deine Dividenden um einige Prozentpunkte angestiegen sein. Falls du dich fragst, warum, dann lies dies bitte im Kapitel „Zehn Prozent Lohnzuwachs – Jahr für Jahr" noch einmal nach. Das heißt, aus deinen 1.500 Euro Dividenden sind nun 1.650 Euro Dividenden geworden. Des Weiteren nehmen wir an, dass deine Einnahmen aus Verkäufen von Optionen stabil bei 1.500 Euro im Jahr geblieben sind. Anmerkung: Erfahrene Optionshändler wissen, dass gerade in Zeiten, in denen die Börsenkurse zurückfallen, die Optionsprämien ansteigen und sich somit das Einkommen aus dem Verkauf von Optionen erhöhen kann. Für unser Beispiel gehen wir aber von stabilen Einnahmen aus. Du kommst also nun auf ein Einkommen von 3.150 Euro und damit auf fünf Prozent mehr als im Vorjahr. Diese fünf Prozent mehr sind entstanden, obwohl der „Wert" deines Depots um 10.000 Euro gesunken ist. Ich habe das Wort „Wert" ganz bewusst in Anführungszeichen gesetzt, denn wenn du es einmal gründlich durchdenkst, ist der wirkliche Wert deines Depots nicht gesunken, sondern gestiegen. Denn das Depot hat im ersten Jahr Dividendeneinnahmen von 1.500 Euro erzielt. Jetzt, im zweiten Jahr, liegt dein Einkommen aus Dividenden mit demselben Depot schon bei 1.650 Euro. Also hat dein Depot ein zehn Prozent höheres Einkommen generiert. Ist dieses Depot für dich nun also mehr oder weniger wert?

Grafik 46

Kapital zu Beginn:	50.000 €
Dividenden (Jahr 1):	1.500 €
Optionsprämien (Jahr 1):	1.500 €
Summe der Einnahmen:	3.000 €

Kapital nach 1 Jahr:	40.000 €
Dividenden (Jahr 1):	1.650 €
Optionsprämien (Jahr 1):	1.500 €
Summe der Einnahmen:	3.150 €

Grundlegende Betrachtungsweise des Werts deines Depots

Erkennst du den Unterschied? Ein Anleger kann den Wert seines Depots vollkommen unterschiedlich betrachten. Die meisten Amateure (und ich meine das jetzt nicht respektlos, sondern möchte den Unterschied gegenüber dem Profi verdeutlichen) konzentrieren sich immer und ausschließlich auf den Wertzuwachs ihrer Aktien. Die wirklichen Profis konzentrieren sich dagegen immer auf die Erträge, die ihnen ihre Investments bringen. Das oben Geschriebene ist übrigens einer der Gründe dafür, warum es mehr Menschen gelingt, mit Immobilien Vermögen aufzubauen als mit Aktieninvestments. Kaufe ich beispielsweise ein Mehrfamilienhaus und vermiete dieses, dann konzentriere ich mich darauf, dass alle Wohnungen in dem Haus vermietet sind und ich pünktlich jeden Monat meine Mieten erhalte. Der Wert des Hauses an sich spielt erst einmal keine Rolle und er ist auch in den meisten Fällen überhaupt nicht feststellbar. Wäre an jedem Haus neben der Eingangstür ein kleines elektronisches Preisschild angebracht, auf dem im Sekundentakt der jeweilige Preis des Hauses angezeigt wird, dann würden wahrscheinlich vor vielen Häusern die Besitzer stehen, permanent auf dieses Schild schauen und sich dabei die Haare raufen. Betrachte daher dein Depot wie eine Art Mehrfamilienhaus. Bloß wohnen in den einzelnen Wohnungen keine Menschen, sondern Unternehmen, die regelmäßig Miete zahlen. Das Schöne an dieser Überlegung ist, dass dir diese Unternehmensmieter sogar freiwillig jedes Jahr eine höhere Miete überweisen und du keine Sorgen haben musst, dass du von der Politik eine Mietpreisbremse vorgeschrieben bekommst.

Ich habe, seitdem ich 1996 meine allererste Aktie kaufte, viele Preiseinbrüche, Kursrücksetzer und sogar zwei wirklich große Börsencrashs erlebt. Beim Platzen der Dotcom-Blase der 2000er-Jahre brachen die Preise von 2000 bis 2003 um nahezu 50 Prozent ein, Technologie-Aktien sogar um bis zu 90 Prozent. Während der Finanzkrise der Jahre 2007-2009 fielen die Preise erneut im Schnitt um 50 Prozent. Auch ich habe damals den Fehler gemacht und Aktien von Unternehmen verkauft, die ein kerngesundes Geschäftsmodell hatten und ihre Ausschüttungen an die Anteilseigner sogar in diesen Zeiten erhöhten. Und der Grund dafür war, dass ich mich einfach auf die falschen Dinge konzentrierte, nämlich auf den scheinbaren Wert meines Depots in absoluten Zahlen und nicht auf den wirklichen Wert, der sich aus dem daraus ergebenden Einkommen bemisst. Erst als ich verstand, dass ein regelmäßiges Einkommen deutlich wichtiger ist als der reine Wert eines Depots, stellte ich meinen gesamten Investmentprozess um. Seither kann ich deutlich besser schlafen, weil mir Kursrücksetzer keine Sorge mehr bereiten, und damit einhergehend verbesserten sich auch meine Ergebnisse dramatisch. Daher bin ich auch ein Verfechter von Investments, die einen Cashflow, also ein Einkommen, produzieren. Stelle dir bitte Folgendes vor: Eines Tages wachst du auf und in deinem Garten liegt ein Würfel aus purem Gold. Seine Kantenlänge beträgt 21,56 Meter. Dies ist nämlich die Menge allen jemals geförderten Goldes, das es auf der Welt gibt – ein Würfel mit einer Länge von 21,56 Metern, einer Breite von 21,56 Metern und einer Höhe von 21,56 Metern. Du bist damit auf einen Schlag der reichste Mensch der Welt. Klingt gut, oder? Dieses Vermögen in Form eines unproduktiven Würfels aus Gold würde dir jedoch keinerlei Einkommen verschaffen. Nicht einen einzigen Cent. Wahrscheinlich hättest du sogar noch jede Menge Kosten, denn du müsstest dir eine kleine Armee gut bewaffneter Sicherheitskräfte halten, die deinen Schatz vor Diebstahl schützt. Damit wärst du also nicht der reichste, sondern genauer gesagt der ärmste reichste Mann der Welt. Dieses kleine Gedankenexperiment sollte dir noch einmal aufzeigen, warum die Konzentration auf das Wesentliche, das Einkommen eines Investments, für dich so wichtig ist. Mister Market wird dafür sorgen, dass der Wert deines Depots permanent schwankt. An manchen Tagen wirst du die Börse bejubeln, an anderen Tagen wirst du sie verdammen und hassen. Es sei denn, du änderst deine Betrachtungsweise und konzentrierst dich auf das Einkommen, das dir regelmäßig aus deinem Depot zufließt.

Jeder Profi hat einen – und du?

Als Boris Becker am 7. Juli 1985 in einem sensationellen Endspiel zum ersten Mal das Turnier von Wimbledon gewinnt, sitzt auf der Tribüne sein Trainer Günter Bosch. Am 1. Juni 2019 gewinnt der FC Liverpool das Endspiel der Champions League gegen Tottenham Hotspur. Auf der Trainerbank sitzt der Deutsche Jürgen Klopp. Als Warren Buffett seine Karriere als Investor beginnt, studiert er bei Benjamin Graham und steigt nach der Beendigung seines Studiums als Angestellter in dessen Investmentfirma ein. Ich könnte dir Hunderte von Beispielen vorführen, dass Menschen, die außergewöhnliche Erfolge vorzuweisen haben, diese mithilfe eines Trainers, Coaches oder Mentors erreicht haben. Arnold Schwarzenegger, der gleich in drei Bereichen eine Weltklassekarriere hingelegt hat – als Bodybuilder, als Schauspieler und als Gouverneur von Kalifornien –, hat einmal in einer Rede über das Phänomen des Selfmademans gesprochen. In dieser Rede sagte er, dass viele Menschen ihn immer als Selfmademan glorifizieren würden, was er aber gar nicht sei. Er zählte dann eine Reihe von Menschen auf, die ihm von seinen Anfängen in Österreich bis zu seinen größten Erfolgen in Amerika zur Seite standen und von denen er gelernt hat. In jedem Beruf ist es vollkommen normal, dass es einen „Lehrmeister" gibt. Niemand käme auf die Idee, sich von einem Arzt behandeln zu lassen, dessen komplettes Wissen auf Büchern, kostenlosen Vorträgen und Youtube-Videos fußt. Für uns ist es selbstverständlich, dass der Arzt, dem wir unsere Gesundheit anvertrauen, ein Studium absolviert hat, bei dem ihm erfahrene Mediziner alle wichtigen theoretischen Grundlagen beigebracht haben. Und es ist genauso selbstverständlich für uns, dass dieser Arzt, der uns behandelt, nach seinem Studium ein mehrjähriges Fachpraktikum absolviert hat, bei dem er von erfahrenen und praktizierenden Ärzten lernen durfte. Nur weil wir sicher sind, dass der Arzt diese ausführliche Ausbildung hinter sich hat, schenken wir ihm unser Vertrauen. Im Finanzbereich hingegen glauben immer noch ganz viele Einsteiger, dass sie in der Lage wären, ohne einen Mentor oder Coach erfolgreich zu sein. Ein Buch wie dieses hier, ein paar Webinare, die von einem Broker veranstaltet werden, und ein paar Youtube-Videos und fertig ist die Finanzausbildung. Die Ergebnisse sehen dann aber eben auch entsprechend aus. Nun macht es dir die Finanzindustrie natürlich auch nicht gerade leicht, einen guten Coach und Mentor zu erkennen. Durch die sozialen Medien ist es heute sehr einfach geworden, sich als erfolgreicher Coach darzustellen. Ein schickes Auto, eine goldene Uhr und ein paar markige Sprüche und fertig ist der Erfolgstrainer. Glaubst du aber, dass du daran einen guten Coach oder Trainer erkennen kannst? Wahrscheinlich nicht. Daher will ich dir ein paar Ansprüche aufzeigen, die ich an einen solchen Coach habe, bevor ich ihn engagiere.

Ja, auch ich arbeite, obwohl ich seit mittlerweile 23 Jahren an der Börse aktiv bin, immer noch mit Coaches und Mentoren zusammen und ich habe vor, dies auch in den kommenden Jahren und Jahrzehnten zu tun. Der Grund dafür ist ganz einfach. Es gibt immer Menschen, die in ihrer persönlichen Entwicklung oder ihrem Können auf einem bestimmten Gebiet weiter sind als du und von denen du daher noch viel lernen kannst. Wenn du mehr verdienen willst, dann musst du Menschen fragen, die mehr verdienen als du. Leider fragen Menschen mit einem geringen Einkommen immer andere Menschen mit einem geringen Einkommen, wie sie wohl zu mehr Einkommen gelangen könnten. Finde den Fehler! Auch meine Karriere habe ich mehreren Mentoren und Coaches zu verdanken. Immer wieder gab es Menschen in meinem Umfeld, die mir geholfen haben, die nächsthöhere Stufe zu erklimmen. Und manchmal sorgt ein Coach sogar dafür, dass man anstatt einer einzelnen Stufe gleich ganze Stockwerke nach oben kommt. Mir ging es beispielsweise so, als ich, kurz nachdem ich mich als Börsenhändler selbstständig gemacht hatte, für ein paar Tage in Chicago war und die größte Terminbörse der Welt, die CME, besichtigte. Einer meiner Coaches hier in Deutschland hatte mir einen Kontakt zu einer Bekannten von ihm vermittelt, die an der CME arbeitete. Mein Glück war, dass Barbara nicht nur nahezu jeden Händler auf dem Parkett kannte, sondern auch noch mit einem Deutschen verheiratet war und dass wir daher von Beginn an hervorragend kommunizieren konnten. Barbara brachte mich dann mit einigen Händlern zusammen. Ganz speziell ein Händler, sein Name ist Jack, begeisterte mich so sehr, dass ich ihn spontan fragte, ob er das, was er da tut, auch mir beibringen könne. Seine Antwort war: Das kostet dich 5.000 Dollar und du kannst nächste Woche anfangen. Also flog ich nach Hause, überwies die 5.000 Dollar, was damals für mich sehr viel Geld war, packte meine Koffer erneut und flog wieder nach Chicago. Rückblickend betrachtet war das, was ich bei Jack in Sachen Börsenhandel lernte, gar nicht einmal das Wertvollste. Er verschaffte mir aber so viele Kontakte und Möglichkeiten, dass ich die folgenden zwei Jahre nahezu im Monatsrhythmus nach Chicago flog und bei den Besten der Besten lernen durfte. Durch ihn bin ich also nicht nur eine Stufe weiter nach oben gekommen, sondern ganze Stockwerke. Und auch heute freue ich mich noch jedes Mal, wenn ich nach Chicago fliege, ihn zu treffen und mich mit ihm auszutauschen. Diese Begegnung war für mich ein Schlüsselerlebnis. Seither weiß ich, wie wichtig es ist, mit Menschen zusammenzuarbeiten, die in der Lage sind, mich auf meinem Weg zu fördern und dadurch erfolgreicher zu machen.

Wenn ich mich für einen Coach entscheide, dann muss dieser gewisse Voraussetzungen erfüllen. Besonders wichtig ist natürlich, dass mein Coach in der Lage ist, mich tatsächlich voranzubringen. Nun wird natürlich jeder, der eine Coaching-Leistung anbietet, dies von sich behaupten. Und oftmals ist es schwer, anhand der Außendarstellung des Coaches – siehe oben – zu erkennen, ob dies tatsächlich der Wahrheit entspricht. Daher gehe ich hier ganz rational vor und schaue mir einfach den Ist-Zustand des Coaches an. Wenn ich also beispielsweise einen Personal Trainer engagiere, damit dieser mich fitter macht, dann muss er einfach deutlich fitter sein als ich. Ein Theoretiker, der mir zwar jede Menge Übungen zeigen kann, aber weniger Liegestütze als ich macht oder die zehn Kilometer langsamer läuft als ich, kann mir nicht helfen, besser zu werden, und kommt daher für mich nicht infrage. Beim Thema Geld oder Unternehmertum ist es genauso. Ein Coach, der im Jahr 50.000 Euro verdient, kann einem Unternehmer, der ein millionenschweres Depot hat, schwer aufzeigen, wie man Geld verdient, denn wenn er wüsste, wie das geht, würde er es selbst tun. Ein Coach, der vorgibt, Führungskräfte anleiten zu können, selbst aber überhaupt keine Mitarbeiter hat, kann per se auf diesem Gebiet kein guter Coach sein. Ein Börsen- oder Investmentcoach, der seinen Kunden erklärt, wie sie sich als Börsenhändler selbstständig machen können, dies aber vom heimischen Küchentisch aus und ohne Mitarbeiter tut, kann in meinen Augen keinen wirklichen Mehrwert für seine Kunden bringen. Gerade in unserer Branche gibt es eine Vielzahl von Blendern, die vorgeben, erfolgreich zu sein, in der Realität aber häufig näher an der persönlichen Insolvenz sind als an einem finanziell sorgenfreien Leben. Und dies ist gleich einer der nächsten Punkte, der für mich mittlerweile bei der Auswahl eines Coaches sehr wichtig ist. Ich möchte, dass jemand, der von sich behauptet, erfolgreich zu sein, diesen Erfolg auch tatsächlich nachweisen kann. Erfolgreich = reich an Erfolg. Und dies zeigt sich aus meiner Sicht an zwei Dingen. Erstens, der Coach ist sich bewusst, dass er seine Kunden erfolgreicher machen kann, als sie es jetzt sind, und in diesem Bewusstsein ist es für ihn auch vollkommen normal, hohe Honorare zu verlangen. Zweitens kann der Coach nachweisen, dass seine Kunden tatsächlich Erfolg haben.

Nehmen wir Erfolg genauer unter die Lupe. Jürgen Klopp hat als Spieler keinerlei Erfolge vorzuweisen, die man gemeinhin von einem Spitzenspieler erwartet. Er hat keine deutsche Meisterschaft gewonnen, er hat nie in der Champions League gespielt, er war auch kein Nationalspieler. Aber immerhin bestritt er für den 1. FSV Mainz 340 Pflichtspiele und erzielte 52 Tore in der zweiten Liga. Als Trainer schaffte er es mit Mainz 05, in die erste Bundesliga aufzusteigen. Als Trainer des BVB Dortmund schaffte er es, die Mannschaft von einem Abstiegskandidaten zu einer europäischen Spitzenmannschaft zu formen. Er gewann mit ihr zweimal die deutsche Meisterschaft und zum ersten Mal auch das Double aus Meisterschaft und DFB-Pokal. 2013 erreichte er mit seiner Mannschaft das Finale der Champions League. Später wechselte er zum FC Liverpool und gewann, wie schon erwähnt, im Jahr 2019 die Champions League gegen Tottenham Hotspur. Jürgen Klopp ist heute einer der höchstbezahlten Fußballtrainer weltweit und der FC Liverpool lässt sich seine Dienste jedes Jahr viele Millionen Euro kosten. „Kloppo" ist also im wahrsten Sinne des Wortes erfolg-reich. Er ist in der Lage, seine Kunden (in dem Fall eine Fußballmannschaft) zu Erfolgen zu führen, und da er sich dessen bewusst ist, verlangt er auch eine entsprechende Bezahlung für seine Dienstleistung. Ich weiß, dass gerade der letzte Punkt bei dem einen oder anderen Leser für Unverständnis sorgen wird. Meine Erfahrung hat mich aber gelehrt, dass der Versuch, einen Billigheimer als Coach zu engagieren, von vornherein zum Scheitern verurteilt ist, und zwar aus zwei Gründen: Wenn du nicht bereit bist, für einen wirklich guten Coach ein gutes Honorar zu zahlen, und dich lieber mit dem Zweit- oder Drittbesten zufriedengibst, dann wundere dich nicht, wenn du auch nur das zweit- oder drittbeste Ergebnis erzielst. Und an der Börse heißt dies, noch schlechter als das Mittelmaß zu sein. Ein Coach oder Trainer, der sich billig verkauft, tut dies in der Regel nur, weil er von seinen eigenen Fähigkeiten nicht überzeugt ist. Und wenn er nicht daran glaubt, dass er etwas kann, wie soll er dir dann etwas beibringen? Natürlich ist ein hoher Preis keine Garantie dafür, dass der Coach dich erfolgreich macht. Ich kann dir aber garantieren, dass die Wahrscheinlichkeit, dass du mithilfe eines Coaches, der keine hohen Preise verlangt, erfolgreich wirst, bei null Prozent liegt. Und letztendlich ist der Preis auch vollkommen sekundär. Ein Coach, dem du 10.000 Euro zahlen musst, der dir aber dazu verhilft, 100.000 Euro zu verdienen, ist doch allemal besser als einer, der 1.000 Euro kostet und dir keine Ergebnisse liefert.

Ich kann dir nur dringend empfehlen, dir einen persönlichen Coach zu suchen und mit ihm zu arbeiten. Ein paar Kriterien, nach denen du den richtigen Coach für dich auswählen kannst, habe ich dir hier beschrieben. Letztendlich solltest du aber auch immer auf dein Bauchgefühl hören. Darüber hinaus ist es aus meiner Sicht zwingend erforderlich, vor einer Entscheidung für oder gegen einen Coach mit diesem zu sprechen und ihn kennenzulernen.

KAPITEL

12

Partner, ohne die es nicht geht – Broker und Co

Er ist dein Partner – nicht dein Freund

Willst du Börsengeschäfte abwickeln, benötigst du einen Broker. Ein Broker ist ein Dienstleister, der deine Handelsgeschäfte an die Börse übermittelt. Viele meinen, ein Broker sei eine Art Zwischenhändler, das stimmt aber nicht. Willst du eine Aktie kaufen oder eine Option verkaufen, dann findet dieser Handel an einer Börse statt. An der Börse gibt es professionelle Händler, die dafür sorgen, dass es zu jeder Zeit Kurse sowohl zum Kauf als auch zum Verkauf von Wertpapieren gleich welcher Art gibt. Die Börse selbst tut nichts anderes, als die Interessen von Käufern und Verkäufern zur Deckung zu bringen. Das heißt: Wenn jemand Aktien von Coca-Cola verkaufen möchte, gibt er diesen Auftrag an die Börse. Möchte ein anderer Händler Aktien von Coca-Cola kaufen, dann gibt er diesen Auftrag ebenfalls an die Börse. Die Börse führt diese beiden Aufträge zusammen und sollten sich Käufer und Verkäufer über einen Preis einigen können, wird der Handel ausgeführt. Für dieses Zusammenführen der verschiedenen Interessengruppen erhält die Börse eine kleine Gebühr. Außerdem überwacht sie, dass der Verkäufer vom Käufer sein Geld erhält und umgekehrt die Aktien (oder andere Wertpapiere) vom Verkäufer an den Käufer geliefert werden. Große institutionelle Banken und Vermögensverwalter sind oftmals Mitglieder dieser Börsen und können somit direkt an der Börse handeln. Privatanleger müssen dagegen nahezu immer auf einen zwischengeschalteten Vermittler zurückgreifen, den Broker. Um über einen Broker handeln zu können, musst du als Erstes ein Konto bei diesem eröffnen. Der Broker führt zwar dein Handelskonto, das Geld allerdings, das du auf dieses Konto einzahlst, liegt nicht beim Broker selbst, sondern wird bei einer Depotbank zwischengelagert. Somit ist sichergestellt, dass dein Geld den größtmöglichen Schutz genießt, da auch im Falle einer Insolvenz des Brokers weder deine Aktien oder sonstigen Wertpapiere noch dein Geld davon betroffen sind. Achtung: Das gerade Gesagte gilt nicht in jedem Fall. Für Broker, die sich mit dem Handel von Währungen (Forex) oder Kryptowährungen (Bitcoin und Co) beschäftigen, gelten andere Regeln. Willst du beispielsweise eine Aktie kaufen oder eine Option verkaufen, dann gibst du diese sogenannte Order, also den Auftrag, an deinen Broker. Früher erfolgte diese Order per Fax oder Telefon. Mittlerweile wird das Ganze aber über eine elektronische Handelsplattform auf deinem PC oder sogar über eine App auf deinem Smartphone erledigt. Der Broker gibt dann deine Order an die entsprechende Börse weiter. Für diese Weiterleitung erhält er eine Gebühr. Ob du an der Börse Geld verdienst oder verlierst, ist für den Broker grundsätzlich unerheblich, da er immer dann eine Gebühr erhält, wenn du eine Order über ihn tätigst. Genau darin liegt aber auch der mögliche Interessenkonflikt, dessen du dir bewusst sein solltest. Bevor ich dir diesen näher erläutere, sei aber Folgendes gesagt: Ohne einen Broker kannst du keine Börsengeschäfte tätigen. Er ist also für deinen Börsenhandel ein unverzichtbarer Partner und als solchen solltest du ihn auch betrachten. In der Praxis bedeutet das, dass du nicht ausschließlich darauf schauen solltest, einen Broker mit möglichst niedrigen Gebühren zu finden, sondern einen, der dir auch gute Dienstleistungen und Services anbietet. Und natürlich ist es immer so, dass sich sehr guter Service und sehr gute Dienstleistungen niemals zu Billigtarifen einkaufen lassen. Nichtsdestotrotz sind natürlich die Gebühren ein wichtiger Punkt, da alles, was du an Gebühren zahlst, ja von deinem Einkommen abgezogen wird. Ich handhabe es deswegen immer so, dass ich bei der Auswahl meiner Broker nach dem Motto „leben und leben lassen" agiere. Ich möchte gute Gebührensätze für mich haben, bin aber gleichzeitig bereit, so viel zu bezahlen, dass mein Broker in der Lage ist, die für mich notwendigen Dienstleistungen zu erbringen.

Um zum gerade angesprochenen Interessenkonflikt zurückzukommen: Du musst verstehen, dass der Broker natürlich vorrangig daran interessiert ist, dass du möglichst häufig Handelsgeschäfte über ihn tätigst, da er ja (wie oben bereits erwähnt) für jede Transaktion, die du über ihn tätigst, entlohnt wird. Stelle dir vor, dass zwei Kunden zu Beginn des Jahres beim selben Broker jeweils ein Konto eröffnen und die gleiche Summe einzahlen. Folgendes Szenario könnte sich ergeben: Kunde A investiert am ersten Tag des Jahres sein komplettes Geld in Wertpapiere und handelt bis zum Ende des Jahres nicht mehr. Dies bedeutet für den Broker, dass er bis auf die Anfangsgeschäfte, die zum Kauf der Wertpapiere notwendig waren, keinerlei Gebühren mehr von diesem Kunden erhält. Angenommen, Kunde B würde dagegen jeden Tag mehrere Orders über seinen Broker abwickeln und dadurch vielleicht bis zum Ende des Jahres sein komplettes Kapital verlieren, dann wäre Kunde B natürlich für den Broker der bessere Kunde. Aus diesem Grund versuchen Broker, ihre Kunden permanent zum Handeln zu animieren. Dies geschieht natürlich nicht, indem die Kunden direkt zum Handeln aufgefordert werden. Viele Broker erstellen stattdessen für ihre Kunden regelmäßig Handelsempfehlungen in Form von täglichen Signalen, Webinaren, Alarmen, die an die Kunden verschickt werden, und anderen Dingen, welche die Kunden unterschwellig dazu bringen sollen, Handelsgeschäfte zu tätigen. Dies ist kein verwerfliches Tun des Brokers. Wir sollten uns aber bewusst machen, was die Absicht dahinter ist. Der Broker ist also ein Partner, den du brauchst, aber er ist nicht dein Freund. Es gibt an der Börse den Spruch „Hin und her macht Taschen leer" und diesen kann ich absolut unterschreiben. Für die meisten Privatanleger ist es viel sinnvoller, einer langfristigen Strategie (wie der hier im Buch beschriebenen) zu folgen und nur gelegentlich Orders an der Börse zu platzieren, als jeden Tag aktiv zu handeln. Der Broker hingegen wird immer versuchen, dich für tägliches Handeln zu motivieren und zu begeistern. Und es gibt auch viele Coaches in unserer Branche, die mit Brokern Verträge haben, in denen sogenannte Kick-back-Vereinbarungen getroffen wurden. Diese sehen so aus, dass die Kunden des Coaches aufgrund seiner Empfehlung ein Konto bei einem speziellen Broker eröffnen. Der Coach erhält dann einen Anteil an den Gebühren, die der Kunde diesem Broker bezahlt. Und auch hier entsteht natürlich sofort ein Interessenkonflikt, weil der Coach mehr verdient, wenn seine Kunden mehr handeln. So kann es passieren, dass die Kunden von ihrem Coach zu einem zu häufigen Handel animiert werden.

Die Brokerlandschaft ist in den letzten Jahren enorm im Umbruch begriffen. Meine erste Kauforder für eine Aktie habe ich noch persönlich bei meiner Hausbank erteilt und es dauerte zwei Tage, bis ich eine Rückmeldung erhielt, zu welchem Preis die Aktie letztendlich gekauft worden war. Heute kann man über die elektronischen Handelsplattformen oder sogar eine App seine Orders selbst platzieren, wobei die Gebührensätze dramatisch gesunken sind. Außerdem haben in den letzten Jahren einige ausländische Broker den europäischen Markt betreten, die durch eine starke Orientierung hin zum rein elektronischen Handel die Art und Weise, wie man mit einem Broker handelt, nachhaltig verändert haben.

Ich selbst habe meine Konten bei verschiedenen Brokern, sowohl im Inland als auch im Ausland. Per Stand August 2019 haben die inländischen Konten den Vorteil, dass man sich um die Versteuerung der Erträge keine Gedanken machen muss, weil die derzeit noch in Deutschland geltende Abgeltungsteuer automatisch vom Broker beziehungsweise der Bank abgeführt wird. Allerdings haben inländische Broker oftmals den Nachteil, dass sie wesentlich teurer sind und auch viele Geschäfte, wie etwa den Handel mit Optionen, nicht im Angebot haben. Ausländische Broker sind hingegen oftmals wesentlich günstiger und bieten auch deutlich mehr Möglichkeiten zum Handel verschiedenster Wertpapiere im In- und Ausland an. Allerdings muss man die hier angefallenen Gewinne und Verluste eines Jahres selbstständig gegenüber dem Finanzamt erklären. Ich persönlich betrachte dies aber nicht als Nachteil. Wer dies allerdings zum ersten Mal tut, sollte dafür ein wenig Zeit einplanen. Zum Thema Broker könnte ich an dieser Stelle noch viele weitere Dinge ansprechen, dies würde aber den Rahmen dieses Buches sprengen. Damit du leichter einen für dich geeigneten Broker findest, habe ich dir auf der Website www.duo-strategie.com eine Liste hinterlegt, die dich bei deiner Entscheidung unterstützen kann.

Den Aktienwald vor lauter Chartbäumen nicht sehen

Du hast in diesem Buch schon etliche Charts gesehen, in denen die Kursverläufe verschiedenster Aktien dargestellt sind. Gerade Einsteiger stellen mir immer wieder die Frage, wo man solche Charts herbekommt beziehungsweise welches Programm man dafür nutzen sollte. Alle Charts in diesem Buch stammen aus einem Programm, mit dem ich schon seit über 15 Jahren arbeite und das ich damals für viel Geld gekauft habe. Mittlerweile habe ich mich so an dieses Programm gewöhnt, dass ich es auch weiterhin nutze und sogar monatlich dafür eine geringe Gebühr bezahle. Solltest du allerdings noch nicht über solch ein Programm verfügen, dann kann ich dir versichern, dass die Entscheidung für ein Programm keinerlei Einfluss auf dein langfristiges Einkommen aus Börsengeschäften haben wird. Gerade die in diesem Buch beschriebene Systematik nach dem DuO-Prinzip erfordert keinerlei komplizierte oder kostenintensive Programme zur Darstellung des Preisverlaufs der einzelnen Aktien. Mittlerweile ist das Internet voll mit Anbietern von Finanzinformationen, auf deren Websites du dir die Charts der Aktien, für die du dich interessierst, anschauen kannst.

Viele Neueinsteiger glauben, dass es notwendig ist, sich gleich zu Beginn eine teure und umfangreiche Ausrüstung für den Börsenhandel in Form von speziellen Computern oder Programmen zuzulegen. Nichts könnte falscher sein. Jeder, der über einen PC oder ein Tablet Zugriff auf das Internet hat, besitzt schon alles, was er für die erfolgreiche Umsetzung der in diesem Buch beschriebenen Strategien benötigt. Natürlich wirst du in unseren Büros eine sehr umfangreiche und teilweise auch teure Ausstattung für den Börsenhandel finden. Dies hat aber hauptsächlich mit dem Umfang der bei uns getätigten Geschäfte zu tun sowie mit der Tatsache, dass meine Firma den Börsenhandel als Geschäft betreibt. Du kannst dir natürlich exakt die gleichen Computer und die gleichen Programme kaufen, die wir nutzen. Dies ist aber eben keine Garantie dafür, dass du damit auch die gleichen Gewinne erzielst wie wir. Investiere daher dieses Geld viel lieber in den Wissenserwerb und füttere dein Depot mit klug ausgewählten Produkten. Solltest du schon mit einem Chartprogramm arbeiten, dann habe ich an dieser Stelle noch einen kleinen Tipp für dich. Entferne bitte aus deinem Chart all die Dinge, die du nicht wirklich benötigst. Dazu zählen sämtliche Indikatoren und andere Hilfsmittel, die dir angeblich zeigen sollen, ob der Preis der Aktie jetzt und in Zukunft nach oben oder unten tendiert. Ohne hier auf die Details dieser Indikatoren eingehen zu wollen, musst du nur eines verstehen: All diese Indikatoren sind immer nur mathematische Ableitungen des Preises und daher sind alle Informationen, die in ihnen stecken, bereits im Kurs der Aktie enthalten. Das soll nicht heißen, dass die Anwendung der sogenannten Charttechnik keine Berechtigung hätte. Auch ich nutze die Charttechnik, um hin und wieder Entscheidungen zu treffen, ob und wann und zu welchem Preis ich Aktien kaufen oder Optionen verkaufen soll. Aber gerade bei einer Systematik wie dem langfristigen Kauf von Dividendenaktien in Kombination mit dem Verkauf von Put-Optionen ist Charttechnik nicht sonderlich wichtig und auch nicht hilfreich. Gerade wenn deine Konten oder Depots noch ganz am Anfang stehen, solltest du deine Energie und deine Zeit für andere Dinge verwenden und nicht darauf, stundenlang irgendwelche Charts und die Preisverläufe der Vergangenheit zu betrachten.

In der Praxis ist es sogar so, dass sehr viele Neueinsteiger durch das permanente Betrachten von Charts vor allem im kurzfristigen Bereich animiert werden, Dinge zu tun, die sich hinterher häufig als kontraproduktiv herausstellen. Natürlich ist es sinnvoll, zu schauen, wie sich eine Aktie in der Vergangenheit entwickelt hat und ob die Aktie jetzt gerade eher im Steigen oder Fallen begriffen ist. Dafür benötigst du aber weder hochkomplizierte Chartprogramme noch musst du dazu Daten abonnieren, damit der Preisverlauf in Echtzeit angezeigt wird. In den meisten Fällen ist es noch nicht einmal notwendig, sich die täglichen Kursverläufe der Aktien anzuschauen, sondern du solltest lieber auf Wochen- oder Monatscharts zurückgreifen. Du musst dir eines immer wieder vor Augen halten: Schaust du einen Chart an, dann siehst du, wie sich der Preis der Aktie in der Vergangenheit entwickelt hat. Du kannst aus diesem Chart nicht die Zukunft erschließen, da du nicht weißt, nicht wissen kannst, wie sich der Preis der Aktie entwickeln wird. Wird Mister Market in den nächsten Wochen manisch sein und werden die Preise steigen oder wird er sich depressiv verhalten und die Kurse werden fallen? Schlussendlich solltest du bedenken, dass du in einem Chart immer nur den Preis einer Aktie und ihren Verlauf erkennst, nicht aber den Wert, den der Anteil dieser Aktie für dich und dein Einkommen aus diesem Unternehmen hat, wenn du diese Aktie jetzt erwirbst.

Warren Buffett, der erfolgreichste Investor der Welt, hat bis heute keinen Computer auf seinem Schreibtisch stehen und sagt von sich selbst, dass er sich den Preisverlauf von Aktienkursen nur sehr selten anschaut. Es gibt Dinge, die wir von den wirklich Erfolgreichen übernehmen sollten.

Vater Staat will auch seinen Teil

Kurz vor Ende dieses Buches möchte ich das Thema Steuern noch kurz ansprechen. Fakt ist, dass Gewinne aus Börsengeschäften versteuert werden müssen. Die Staaten haben unterschiedliche Steuersätze festgelegt. Diese unterscheiden sich aber nicht nur in ihrer Höhe, sondern auch in ihrer Art. Nicht jedes Börsengeschäft wird in jedem Land also gleich besteuert. Aufgrund der Tatsache, dass heutzutage alle Banken und Broker verpflichtet sind, regelmäßig Mitteilungen über Gewinne und Verluste ihrer Kunden an die jeweiligen Steuerbehörden eines Landes zu machen, besteht überhaupt nicht mehr die Möglichkeit, Gewinne an der Steuer vorbeizuschleusen. Da die verschiedenen Steuersätze und Abrechnungen in jedem Land unterschiedlich sind, solltest du dich von einem Steuerberater beziehungsweise einem entsprechenden Fachmann beraten lassen. Ich möchte dir allerdings an dieser Stelle noch eine Möglichkeit aufzeigen, wie du dem Finanzamt dennoch ein Schnippchen schlagen kannst. Soweit mir bekannt ist, trifft das nun Folgende nicht nur in Deutschland zu, sondern auch in allen anderen Ländern der westlichen Welt. Gewinne aus Börsengeschäften müssen nur dann versteuert werden, wenn sie realisiert werden. Kaufst du also für 1.000 Euro Aktien und im Laufe der Zeit steigt der Preis dieser Aktien an und sie erreichen einen Wert von 2.000 Euro, dann ist der Wertzuwachs von 1.000 Euro erst einmal nicht von der Steuer betroffen. Du musst erst dann den Gewinn von 1.000 Euro versteuern, wenn du die Aktien verkaufst und somit den Gewinn realisiert.

Solange du aber deine Aktien behältst, musst du die Gewinne, die anfallen, nicht versteuern, selbst wenn diese in die Millionen gehen. Aus diesem Grunde ist es überaus sinnvoll, Aktien möglichst lange zu halten, da der daraus resultierende Zinseszinseffekt deutlich höher ist, wenn du zwischenzeitlich keine Steuern bezahlen musst. Das nachfolgende Rechenbeispiel soll dir dies aufzeigen.

Grafik 47

Möglichkeit 1

Nach 5 Jahren einmalig 25 % Steuern zahlen (zur Vereinfachung bei 100 % Rendite p. a.):	
Start:	1.000 €
Jahr 1:	2.000 €
Jahr 2:	4.000 €
Jahr 3:	8.000 €
Jahr 4:	16.000 €
Jahr 5:	32.000 €
Steuerzahlung nach Jahr 5:	32.000 € * (1 - 25,00 %) = 24.000,00 €

Möglichkeit 2

Nach jedem Jahr werden 25 % Steuern gezahlt (zur Vereinfachung bei 100 % Rendite p. a.):			
Start:	1.000,00 €		
Jahr 1:	2.000,00 €	nach Steuern:	1.750,00 €
Jahr 2:	3.500,00 €	nach Steuern:	3.062,50 €
Jahr 3:	6.125,00 €	nach Steuern:	5.359,37 €
Jahr 4:	10.718,75 €	nach Steuern:	9.378,90 €
Jahr 5:	18.757,80 €	nach Steuern:	16.413,08 €
Endergebnis nach 5 Jahren:	= 16.413,08 €		= 16.413,08 €
Es fehlen einem also rund 32 % Rendite nur aus steuerlichen Gründen!			

Wie man auch als Privatperson Steuern klug bezahlen kann

Die Einnahmen, die du aus den Dividenden und den Optionsprämien erzielst, musst du allerdings immer gleich versteuern. Erhältst du Dividenden von Aktiengesellschaften aus anderen Ländern, dann wird dir in der Regel schon dort eine Steuer abgezogen, die anschließend hier verrechnet werden kann. Dies ist über diverse Doppelbesteuerungsabkommen geklärt, die zwischen den meisten großen Ländern bestehen. Aufpassen musst du bei Aktiengesellschaften aus Ländern, in denen die Quellensteuer höher ist als die hiesige Abgeltungsteuer. Dies ist beispielsweise in Frankreich der Fall. Du kannst dir zwar auf Antrag die Differenz der Steuer direkt aus Frankreich erstatten lassen, dies ist aber mit einem teilweise sehr aufwendigen und auch kostenintensiven Prozess verbunden. Wenn du also Aktien aus Frankreich oder anderen Ländern mit einer hohen Quellensteuer kaufst, dann mach dir bewusst, dass am Ende nicht die komplette Dividende bei dir ankommen wird. Ebenso gibt es in den USA einige spezielle Unternehmensformen, die zwar sehr hohe Dividenden ausschütten, welche dann aber einer gesonderten Besteuerung unterliegen, was sie für europäische Anleger wieder uninteressant macht. Aber keine Angst, dies alles sind Spezialfälle und bei den meisten Aktien, die du kaufst, wirst du die Dividende ganz normal erhalten. Wir könnten uns natürlich darüber aufregen, dass der Staat einen Anteil an deinen Dividenden haben möchte, weil diese ja ohnehin aus bereits versteuerten Gewinnen ausgeschüttet werden. Diese Diskussion wäre jedoch fruchtlos, weil wir es ohnehin nicht ändern können.

Eine andere Option, die du in Betracht ziehen könntest, ist die Möglichkeit, dass du deine Geldanlagen in einer Kapitalgesellschaft wie etwa einer GmbH hältst anstatt als Privatperson. Auch wenn Politiker aller Fraktionen stets betonen, dass sie Gesetze für den kleinen Mann machen, ist es eine Tatsache, dass sehr viele Gesetze Vorteile für Kapitalgesellschaften und große Unternehmen mit sich bringen. Dies gilt insbesondere für viele Steuergesetze. Daher ist es bereits bei Summen ab 100.000 Euro durchaus sinnvoll, sich mit einem Steuerfachmann zusammenzusetzen und die Gründung einer solchen Gesellschaft zu besprechen. Ich bin kein Steuerberater und kann dir daher natürlich keine fachlichen Ratschläge in diesem Bereich geben. Ich selbst habe meine Kapitalanlagen aber mithilfe eines guten Steuerberaters so strukturiert, dass ich die Vorteile, die große Unternehmen aus den Steuergesetzen ziehen können, auch für mich in Anspruch nehmen kann. Und dies auf ganz legale Art und Weise und ohne dass ich dafür meine Gelder in irgendwelche obskuren Steueroasen transferieren musste. So kann zum Beispiel das Halten von Aktien in einer vermögensverwaltenden GmbH oder einer Holdingstruktur dazu führen, dass Gewinne, die man als Privatperson mit aktuell 25 Prozent Abgeltungsteuer (Stand August 2019 Deutschland) versteuern muss, lediglich mit zwei Prozent versteuert werden. Du kannst dir den enormen Effekt, der sich daraus langfristig ergibt, sicherlich vorstellen. Wenn du mit deinen Kapitalanlagen gerade erst am Anfang stehst, ist dies für dich noch nicht entscheidend. Dennoch solltest du dich beizeiten mit diesem Thema beschäftigen und dir entsprechenden Rat suchen. Auf meinem Youtube-Kanal habe ich dazu bereits das eine oder andere Video veröffentlicht. Diese kannst du als ersten Einstieg in das Thema gern nutzen. Solltest du bereits über größere Summen verfügen, die du investieren möchtest, dann würde ich dir empfehlen, vorab den Rat eines entsprechenden Fachmanns einzuholen. Du kannst dazu über meine Website gern mit mir Kontakt aufnehmen, damit ich dir entsprechende Fachleute empfehlen kann.

Die Politik sieht Kapitalanleger derzeit nicht sehr positiv und möchte sie gern höher besteuern. Natürlich ist dies aus meiner Sicht kontraproduktiv für die Vermögensentwicklung in Deutschland, aber es gibt natürlich eine große Mehrheit der Deutschen, die keine Kapitalanleger sind und denen man solche Steuern gut verkaufen kann. Auch wenn ich natürlich nicht erfreut bin über höhere Steuern, sehe ich sie dennoch nicht als Problem an, da ich weiß, dass die Politik die Steuergesetze immer wieder so gestalten wird, dass es für Unternehmen und Unternehmer genügend Raum gibt, Kapitalanlagen auch in Zukunft steuergünstig zu gestalten. Das Thema Steuern ist für viele deutsche Anleger ein sehr wichtiges Thema, dem sie viele andere Dinge unterordnen. Dies hat aber in der Vergangenheit auch dazu geführt, dass Kapitalanlagen, deren wirtschaftliche Sinnhaftigkeit oftmals sehr fragwürdig war, ausschließlich aus steuerlichen Gründen getätigt wurden. Als Stichworte möchte ich hier nur die Themen Bauherrenmodelle, Rürup-Rente oder auch Ost-Immobilien nennen. Deshalb mein Rat an dich: Kümmere dich immer zuerst um die Wirtschaftlichkeit deiner Geldanlagen und schaue erst dann, ob du sie steuerlich optimieren kannst. Lieber eine hervorragende Geldanlage in einer etwas schlechteren steuerlichen Situation als eine katastrophale Geldanlage mit Steuervorteilen, die du am Ende nicht brauchst, weil dir deine Geldanlage sowieso keine nennenswerten Gewinne bringt.

Kurz vor Drucklegung dieses Buches gibt es Entwicklungen, die befürchten lassen, dass die Versteuerung von Optionensgewinnen beziehungsweise -verlusten für private Anleger ab 2021 deutlichen Veränderungen unterliegen wird. Eine Verschlechterung der bisherigen Praxis scheint vorprogrammiert. Bislang gibt es aber noch keine wirklich 100-prozentige Klarstellung, wie die neue steuerliche Gestaltung aussehen wird. Ich kann dich als Leser des Buches aber beruhigen. Der Einsatz von Cash Secured Puts bleibt weiterhin sehr lukrativ, eine Verschlechterung der Situation wird auch durch die neuen Steuerparagrafen nicht eintreten. Bitte informiere dich aber unbedingt auch weiter über das Thema Steuern, da es langfristig einen nicht unerheblichen Einfluss auf dein Kapitalvermöge haben wird. Wenn du mir über meinen Youtube-Kanal – Jens Rabe – folgst, halte ich dich über die weiteren Entwicklungen auf dem Laufenden.

KAPITEL

13

Dein Warten macht die anderen reich – von einem, der nie loslief

Gerade heute, wo ich die letzten Zeilen dieses Buches schreibe, habe ich etwas Interessantes auf Instagram gelesen. Es ist schon erstaunlich, was uns die sozialen Medien tagtäglich an Inhalten anbieten, und hin und wieder sind darunter echte Perlen. Dieser Post ist definitiv eine solche Perle. Er lautet: Es gibt zwei Arten von Menschen. Die einen, die nicht nach Ausreden suchen, sondern einfach loslegen, und die anderen, die erst noch 100 Fragen stellen, das Für und Wider mit anderen diskutieren und die ultimative Bestätigung dafür suchen, dass das alles auch ja funktioniert. Weiter schreibt derjenige, der diesen Post veröffentlicht hat (übrigens ein Weltklasse-Fitnesstrainer aus den USA): „Ich arbeite ausschließlich mit der ersten Gruppe zusammen, weil diese Menschen es einfach tun, keine Zeit verschwenden und sich dem Erfolg verpflichten. Die zweite Gruppe überdenkt alles und verschwendet nur meine Zeit."

Auch wenn dies natürlich eine Aufforderung an die Follower dieses Trainers ist, sein Fitnessprogramm zu kaufen, steckt in diesen Aussagen extrem viel Wahres. Als ich vor fast 20 Jahren das allererste Mal auf einer Finanzmesse war, war alles, was ich dort sah, für mich neu und unglaublich beeindruckend. Ich stand damals ja selbst noch auf der anderen Seite, war also noch kein Teil der Finanzindustrie, sondern einer, der einfach loslaufen und Geld verdienen wollte. In den darauffolgenden Jahren habe ich immer wieder Messen und Veranstaltungen besucht, Trainings absolviert, Tausende Bücher gelesen, unzählige Seminare besucht, mich mit anderen Händlern ausgetauscht und dabei natürlich auch viele neue Dinge kennengelernt. Im Laufe der Zeit habe ich erkannt, dass einige Dinge, die ich ganz zu Beginn als hilfreich erachtete, mir letztendlich doch keinen Vorteil brachten und dass auch einige Enttäuschungen und Rückschläge meinen Weg pflasterten. Ich hätte diese Enttäuschungen und Rückschläge allesamt vermeiden können, wenn ich niemals angefangen hätte, irgendetwas von dem, was ich kennenlernte, umzusetzen. Ja, das ist die Wahrheit. Du kannst jegliche Enttäuschung und jeden Rückschlag vermeiden, wenn du einfach nie anfängst. Du wirst dir jede Menge Lehrgeld ersparen, du wirst keine Nächte erleben, in denen du darüber nachdenkest, ob das, was du tust, das Richtige ist. Du vermeidest den Schmerz, den du erlebst, wenn du innerhalb kürzester Zeit einen größeren Rücksetzer in deinem Depot hast, und du musst dich auch nicht über die Steuern ärgern, die du auf deine Gewinne zahlen musst, weil du nämlich niemals Gewinne haben wirst. Und genau das ist die Kehrseite der Medaille. Im Laufe der letzten 23 Jahre habe ich unzählige Menschen kennengelernt, die alle große Vorsätze hatten und auch große Ziele, aber weder die Vorsätze umsetzten noch die Ziele erreichten. Und der Grund war, dass sie niemals angefangen haben. Selbst bei meinen eigenen Kunden habe ich es erlebt, dass einige wenige meine Arbeit verfolgten, meine Videos sahen, meinen Newsletter und mein Buch lasen, sogar auf mehreren meiner Seminare waren, aber letztendlich niemals den Mut fanden, tatsächlich anzufangen. Es gab immer noch eine weitere Unklarheit, die erst beseitigt werden musste, noch eine offene Frage, die erst beantwortet werden musste, ein weiteres Chartprogramm, das zunächst getestet werden musste, ein weiteres Buch, das noch durchgelesen werden musste, und so weiter und so fort. Mittlerweile habe ich begriffen, dass es einfach Menschen gibt, die Veränderungen ablehnen. Vielleicht nicht direkt und offensichtlich, aber doch insgeheim und tief in ihrem Inneren. Und das sind die, die nie losliefen und daher auch nie die Chance hatten, am Ziel anzukommen.

Vielleicht hast du in diesem Buch eine für dich vollkommen neue Welt kennengelernt und überlegst, ob du diese nun betreten sollst. Vielleicht waren dir diese Dinge auch alle bereits bekannt und du hast dich beim Lesen daran erinnert, wo du all dies schon einmal gehört oder gelernt hast. Fakt ist: Dieses Buch wird dich nicht erfolgreich machen. Dieses Buch beschreibt ein Prinzip, das sich millionenfach in der Praxis bewährt hat und das mir selbst jeden Monat ein Einkommen beschert, das für mich persönlich noch vor einigen Jahren unvorstellbar war. Mir und auch vielen anderen Menschen hat dieses Prinzip geholfen, finanziell unabhängig zu werden. Aber dieses Prinzip allein wird dich weder erfolgreich noch finanziell unabhängig werden lassen. Denn das, was dazu noch fehlt, ist die Umsetzung des Ganzen in der Praxis. Und der einzige, der dies tun kann, bist du selbst. Du musst nun eine für dich eine ganz wichtige Entscheidung treffen. Du musst entscheiden, ob dir dieses Prinzip dabei behilflich sein soll, dir ein regelmäßiges Einkommen aufzubauen und innerhalb einiger Jahre finanziell unabhängig zu werden. Damit dies geschehen kann, musst du aber das Heft in die Hand nehmen und beginnen. Du musst das in dem Buch Beschriebene in der Praxis umsetzen und anwenden. Der einzige Mensch, der die Verantwortung dafür trägt, bist du selbst. Nur du kannst entscheiden, wie sich dein weiteres Leben von jetzt an gestaltet. Wenn du dieses Buch bis hierher gelesen hast, dann hast du schon mehr getan als 80 Prozent derjenigen, die dieses Buch gekauft haben – denn ein Großteil der Bücher, die gekauft werden, werden entweder gar nicht erst gelesen oder nicht zu Ende gelesen. Du bist also jetzt schon weiter als viele andere. Du musst nun aber entscheiden, ob du bereit bist, den nächsten Schritt zu gehen. Aus meiner eigenen Erfahrung würde ich dir natürlich dringend dazu raten, ihn zu gehen. Letztendlich ist es aber eine Entscheidung, die du ganz allein treffen musst. Mache dir bitte bewusst, dass Erfolg von „erfolgen" kommt und nicht von „erwarten". Viele Menschen warten ihr ganzes Leben darauf, dass etwas für sie passiert und dass jemand anderes ihr Leben regelt und für sie sorgt. Andere wiederum nehmen ihr Schicksal selbst in die Hand und gestalten ihr Leben selbst. Frage dich einfach, was für dich schlimmer wäre. Wäre es schlimmer, dass du es versuchst und dabei vielleicht scheiterst, oder aber wäre es schlimmer, wenn du am Ende deines Lebens zurückschaust und dir eingestehen musst, dass du es nie versucht hast? Ja, es kann passieren, dass du scheiterst. Aber du kannst nicht verlieren! Von Nelson Mandela stammt ein wunderbares Zitat, das ich zu einem meiner Lebensleitsätze gemacht habe:

> **„Ich verliere nie. Entweder ich gewinne oder ich lerne."**
>
> Nelson Mandela

Bitte nimm dir jetzt ein paar Minuten Zeit und denke über dieses Zitat nach.

Begreifst du jetzt, dass du überhaupt nicht verlieren kannst? Das Schlimmste, was passieren kann, ist, dass du etwas lernst, und das ist ja nun definitiv nichts Schlimmes. Überlege noch einmal, was passieren kann, wenn du jetzt mit der Umsetzung des DuO-Prinzips startest. Na klar, die erste Aktie, die du kaufst, könnte nicht die allerbeste sein. Die erste Option, die du verkaufst, könnte nicht die optimale sein. Du könntest vielleicht ein paar Euro verlieren, weil du eine falsche Entscheidung triffst. Wie groß ist aber das Risiko, dass du dabei nichts lernst? Ich sage es dir: Dieses Risiko gibt es nicht. Wenn du eine falsche Aktie kaufst, wirst du daraus lernen, es beim nächsten Mal besser zu machen. Wenn du einen Fehler beim Verkauf deiner ersten Option machst, wirst du daraus lernen und es beim nächsten Mal besser machen. Erinnerst du dich noch an das Beispiel mit dem Kleinkind? Das Kleinkind, das krabbelt, auf dem Boden liegt und aus einem inneren Drang heraus laufen möchte. Was wäre mit diesem Kind passiert, wenn es damals darüber nachgedacht hätte, was alles schiefgehen könnte? Du warst dieses Kind und du hast keinen einzigen Gedanken daran verschwendet, dass es nicht funktionieren könnte, sondern du hast einfach angefangen. Und auch wenn du Hunderte Versuche brauchtest und immer wieder hingefallen bist, hast du nicht aufgegeben. Du hast dich nicht einmal gefragt, warum du hingefallen bist, sondern du bist einfach wieder aufgestanden und hast es weiter versucht. Und zwar so lange, bis du erfolgreich warst und laufen konntest. Du siehst also, es gab schon einmal eine Zeit, in der alles, was möglich war, auch für dich erreichbar erschien. Warum sollte etwas, was du schon einmal geschafft hast, heute nicht mehr für dich möglich sein? Du willst ein Leben in finanzieller Freiheit? Dann fang einfach an. Du willst ein regelmäßiges Einkommen an der Börse verdienen? Dann fang einfach an. Niemand außer dir selbst trägt dafür die Verantwortung und niemand außer du selbst kann dich dabei aufhalten. Wenn du möchtest, dann stehe ich dir mit meinem Team als Coach gern zur Seite und helfe dir, den Weg, den schon viele Tausende gegangen sind, auch zu gehen. Das einzige, was du dazu tun musst, ist: anfangen! Ich weiß, dass du dazu in der Lage bist und alle Fähigkeiten hast, die dafür erforderlich sind. Ich weiß das, weil ich es konnte und du es deswegen auch kannst. Lauf einfach los und fang an!